존 템플턴의 성공론

WORDWIDE LAWS OF LIFE:
TWO HUNDRED ETERNAL SPIRITUAL PRINCIPLES
By John Marks Templeton
Copyright ⓒ 1997 by Templeton Foundation Press
All rights reserved.

Korean Translation Copyright ⓒ 2006 by Goodmorning Books
Korean edition is published by arrangement with Templeton Foundation Press
through Imprima Korea Agency.

이 책의 한국어판 저작권은 Imprima Korea Agency를 통해
Templeton Foundation Press와의 독점 계약으로 굿모닝북스에 있습니다.
저작권법에 의해 한국 내에서 보호를 받는 저작물이므로
무단전재와 무단복제를 금합니다.

성공과 행복을 부르는 200가지 삶의 법칙

WORLDWIDE
Laws of Life
200 Eternal Spiritual Principles

존 템플턴의 성공론

Sir John Templeton

존 템플턴 지음 | 권성희 옮김

굿모닝북스

목차 | 성공론

머리말 ······················ 7

1장 실패의 법칙 ······················ 13

2장 목표의 법칙 ······················ 37

3장 계획의 법칙 ······················ 57

4장 고난의 법칙 ······················ 75

5장 의지의 법칙 ······················ 95

6장 변화의 법칙 ······················ 123

7장 신념의 법칙 ······················ 141

8장 행운의 법칙 ······················ 169

9장 열정의 법칙 ·························· 189

10장 인내의 법칙 ··························205

11장 책임의 법칙 ··························227

12장 지혜의 법칙 ·························247

13장 대화의 법칙 ·························271

14장 가능성의 법칙 ························ 293

15장 배려의 법칙 ·························· 321

머리말

"앞으로 어떤 일이 일어날까? 미래는 어떻게 전개되어 갈까? 갈등과 경쟁으로 가득한 것처럼 보이는 세상을 어떻게 혼자의 힘으로 헤쳐나갈 수 있을까? 매일 매일의 스트레스와 압박에는 어떻게 대처해야 할까? 바쁜 생활의 한가운데서 어떻게 마음의 평안을 찾을 수 있을까? 세상에 휘둘리지 않고 살아나가려면 어떻게 해야 할까? 내 삶이 행복해지고 이 세상에 유용해지려면 어떻게 해야 할까?"

오늘날 많은 사람들이 이런 질문들을 가슴 속에 안고 살아간다. 다행스러운 점은 진심으로 배우고자 한다면 누구든 삶을 풍요롭게 해주는 긍정적인 응답과 명확한 지침을 얻을 수 있다는 것이다. 행복하고 이 세상에 꼭 필요한 사람이 되기 위해서는 삶의 법칙들을 이해하고 실천하는 것이 중요하다. 이 법칙들은 우리가 살아가면서 의지할 수 있는 일련의 규율들이다. 이 법칙들은 성경을 비롯한 여러 종교 경전, 동서고금의 각종 철학과 사상, 이솝 같은 이야기 작가 및 아이작 뉴턴 같은 과학자, 그리고 여러 예술가와 역사학자 등 광범위한 출처를 가지고 있다. 이런 삶의 법칙들은 문자 그대로 수백 가지나 존재하고, 사랑과 정직 같은 법칙은 너무나 명확해서 전세계 모든 문화와 사회에서 높은 가치로 받아들인다.

지구라고 불리는 작은 행성에서 우리가 머무는 시간은 짧다. 그러나 어떤 삶을 선택하느냐에 따라 우리는 이 세상을 우리가 처음 이 세상에 왔을 때보다 더 훌륭한 곳으로 만들어 놓고 떠날 수 있는 좋은 기회를 가지고 있다. 지속적으로 발전할 수 있는 한 가지 방법은 삶의 법칙을 자신의 것으로 만드는 것이다. 미국의 시인 헨리 워즈워드 롱펠로우는 "위대한 사람들의 인생은 삶을 숭고하게 만들어 시간이라는 모래 위에 발자취를 남기고 떠날 수 있음을 우리에게 일깨워준다"라고 말했다.

세상이 중력과 물리학적인 법칙들에 의해 작동하는 것과 똑같이 세상은 정신적인 법칙들에 의해 작동한다. 이 법칙들이 무엇인지 배우고 이 법칙들에 의해 살기로 결정하는 것은 우리에게 달려 있다. 정신적인 법칙은 무엇인가? 아마도 그것은 눈에 보이지 않는 것이고, 영혼에 관한 것이고, 물리적인 법칙에 지배되지 않는 것이라고 대답할 수 있을 것이다. 정신적인 법칙은 현재의 여론이나 유행에 의해 만들어진 것이 아니다. 정신적인 법칙은 사람들이 결정한 것이 아니다. 정신적인 법칙은 전세계적으로 모든 사람들에게 똑같이 적용되기 때문에 공평하다. 이 법칙들은 편견이나 선입관 없이 언제 어떤 장소에서나 똑같이 작용한다. 이 법칙들은 스스로 작동하며 어떤 권위나 명령에 의존하지 않는다.

고대 중국의 현자 노자는 이 법칙들을 도(道)라고 가르쳤다. 도를 단순하게 말하자면 "일이 되어가는 것"이라고 할 수 있다. 도를 이해하는 한 가지 방법은 마음과 생각, 느낌, 상상, 그리고 이런 마음과 생각, 느낌, 상상을 표현하는 행동 사이의 관계를 깨닫는 것이다. 눈에 보이지 않는 우리 마음과 이런 마음의 결과로써 우리가 취하는 눈에 보이는 행동 사이에는 관계가 있다.

이 책은 사람들이 시간과 문화를 초월해 언제나 통용되는 삶의 전반적인 진리를 이해하는 데 도움이 되었으면 하는 목적에서 쓰여졌다. 나는 이 책을 통해 사람들이 더 행복하고 더 유용한 삶을 살았으면 한다. 이 책에 수록된 200가지 삶의 법칙들은 중요하며, 또 어떤 사람의 삶에도 모두 적용할 수 있다. 각각의 법칙은 에세이 형식으로 쓰여졌으며 풍부한 사례와 우화, 인용문 등을 함께 제시했다. 에세이의 제목은 거의 모든 상황에서 거의 모든 사람에게 진리가 되는 특별한 법칙이다.

이 책에 수록된 삶의 법칙들은 인생의 성공을 위한 교과서로, 효과적인 삶의 지침서로 활용할 수 있다. 이 법칙들을 꾸준히 실천하면 삶을 좀 더 유용하고 즐거운 여행으로 변화시킬 수 있는 힘을 끄집어낼 수 있을 것이다. 당신이 이미 괜찮은 삶을 살고 있다 해도 이 책에 실린 지혜를 자신의 것으로 만든다면 더 나은 삶을 살게 될 것이다. 내가 만약 대학생 나이에 이 책에 실린 200가지 기본적인 삶의 법칙들을 알았더라면 나의 삶은 훨씬 더 풍요로웠을 것이다. 이 책에 수록된 법칙들은 지금까지 당신이 꿈꿔왔던 무엇인가를 시도할 수 있도록 용기를 북돋워줄 것이다!

나는 이 책을 읽는 여러분들이 삶의 법칙들을 활용할 수 있는 다른 여러 가지 방법을 찾아낼 수 있을 것이라고 생각한다. 또 이 책의 200

가지 법칙 중 어떤 것은 지지하지만 어떤 것은 동의하지 않을 경우 그 이유를 설명하고, 각 법칙들의 타당성에 대한 의견이나 증거를 제시해 주기를 진심으로 바란다. 여러분들이 이 책을 어떻게 활용했고, 이 책의 내용을 실천한 결과 어떤 경험을 했는지 알려 준다면 나에게 큰 도움이 될 것이다.

지금 이 책에서 제시하고 있는 정보보다 더 정확하고 실질적인 예증, 혹은 이 책에 수록된 것과 다른 삶의 법칙을 발견하는 데 도움을 준다면 금전적인 보상도 하려고 한다. 당신이 발견한 법칙에 대해 1000~1500단어 분량의 에세이로 써서 보내달라. 당신이 발견한 법칙은 기독교, 불교, 이슬람교, 힌두교, 유대교 등 어떤 종교와 어떤 문화에서 나온 것이라도 좋다. 여러 분야의 학자들이 참여해주기를 바란다. 여러분이 보내준 자료를 이 책의 개정판에 활용할 경우에는 1000달러를 지불할 생각이다. 삶의 법칙에 대해 어떤 아이디어나 생각이 있다면 다음 주소로 보내주기 바란다.[John Templeton Foundation, P.O. Box 8322, Radnor, Pennsylvania 19087-8322, U.S.A.]

존 템플턴 재단은 또한 어떤 분야든 박사학위 소지자가 이 책에 소개된 200가지 법칙 중 한 가지가, 또는 이 책에 수록되지 않은 다른 삶의 법칙이 옳다거나 틀렸다는 사실을 입증하기 위해 통계를 내거나 과학적인 실험을 할 때 재정적으로 지원하고 있다. 수 년 전부터는 내가 어린 시절을 보냈던 미국 테네시 주 프랭클린 카운티에서 열리는 삶의 법칙을 주제로 한 백일장을 지원하고 있다. 1000~2000단어 길이의 에세이를 받아 매년 2회씩 시상하고 있는데 최우수상에는 2000달러, 우수상에는 800달러를 상금으로 주고 있으며, 이외에도 여러 편의 가작을 뽑고 있다. 이 백일장의 참가자 수는 계속 늘어나서 현재는 한번 열릴 때마다 600명 이상의 학생들이 참여하고 있다. 여러분이 살고 있는 지역에서도 프랭클린 카운티처럼 삶의 법칙을 주제로 한 백일장을 열고자 한다면 나에게 큰 기쁨이 될 것이다. 또한 전세계 젊은이들이 사랑과 정의, 친절, 우정, 헌신, 용서, 자존, 자비, 성실 등의 가치에 자신의 노력을 집중한다면 이는 전세계에 깜짝 놀랄 만한 전진이 될 것이다. 이 책이 이 같은 목표 달성을 단 몇 인치만이라도 앞당길 수 있다면 이 책의 가치는 충분히 증명되는 것이라고 생각한다.

나는 10대 시절 영국의 작가 루디야드 키플링의 《만약에If》라는 시를 읽고 용기와 비전을 가질 수 있었다. 이 시는 나에게 꿈을 꾸고, 그 꿈의 지배자가 되라고 가르쳤다! 나는 위대한 영국의 시인으로부터 세상은 전적으로 우리에게 속해 있으며, 용기와 열정이 있으면 자연히 발전이 따라온다는 사실을 배웠다. 《만약에》의 마지막 부분은 아직도 내 귀에 생생하게 울린다.

만약에 네가 용서할 수 없는 1분간의 순간을
60초 간격의 거리를 두고 바라볼 수 있다면,
세상과 그 안의 모든 것은 너의 것이 되고,
그리고 내 아들아, 너는 무엇보다도 한 사람의 어른이 된단다!

이 책의 밑바탕에는 과학이 우주의 자연법칙을 실험하고 연구하는 것과 마찬가지로, 미국의 시인 롱펠로우의 말을 빌자면 '숭고한 삶'으로 이끌어주는 기본법칙 역시 실험하고 연구할 수 있다는 나의 믿음이 깔려 있다. 삶의 법칙을 배우고 매일의 생활에서 이를 실천하면 점점 더 많은 사람들이 자신의 삶이 행복하고 성공적으로 변하고 있음을 깨닫게 될 것이다. "인생은 먼저 시험을 치르고 나중에 가르치는 어려운 학교"라는 말이 있다. 이 책의 진정한 목적은 인생의 시험을 치르기 전에 먼저 배움의 기회를 제공하는 것이다.

존 템플턴

WORLDWIDE
Laws of Life

01
실패의 법칙

굴복하지 않는 한 패배는 쓰지 않다
테드 엥스트롬

발명왕 토마스 에디슨은 전구를 발명할 때까지 1000번 이상 실패를 거듭했다! 그의 친구가 에디슨에게 실패할 때마다 포기하려는 생각이 들지 않았느냐고 물었다. 그러자 에디슨은 이렇게 대답했다. "실패는 일을 진행해가는 과정이라네. 실패할 때마다 나는 전구를 만들지 못하는 방법 하나를 발견하는 데 성공한 것이지. 나는 늘 실수에서도 무엇인가를 배우려고 노력하거든."

에디슨이라고 해서 항상 성공한 것은 아니었다. 그는 자신의 마음속에 패배감이 자리잡지 못하도록 했다. 에디슨은 여러 차례 실패를 경험했지만 그것에 굴복하지는 않았다. 패배에 굴복한다는 것은 무엇인가에 실패했다는 이유로 자신을 실패자라고 믿는 것이다. "나는 실패했다"와 "나는 실패한 사람이다" 사이에는 엄청난 차이가 있다. 패배에 굴복하는 것은 실패가 당신의 존재를 결정짓는다고 믿는 것이나 다름없다.

우리는 종종 실패를 맛본다. 사실 새로운 방식이나 신선한 개념을 시도하려고 노력할수록 적어도 단기적으로는 더 자주 실패하게 된다. 새로운 일을 처음 시도할 때 단번에 성공하기란 쉽지 않다. 때로는 실패하는 것이 두려워 실패할 위험을 떠안는 것을 주저하기도 한다. 그러나 앞으로 나아가지 않으면 퇴보한다. 성장하려면 실패와 패배를 감수하겠다는 의지가 있어야 한다. 이제 막 걸음마를 시작하는 아기였을 때 실패하는 것을 두려워했다면 우리 중에 과연 누가 걸을 수 있었겠는가? 우리 모두 걷는 것을 처음 배울 때는 넘어져 무릎이 까지고 정강이에 생채기가 나는 것을 감수해야 했다. 공자는 "우리의 가장 높은 명예는 넘어지지 않는다는 데 있는 것이 아니라 넘어졌을 때 일어난다는 데 있다"고 가르쳤다. 성공하기 위해, 또 승리하기 위해 우리는 실패할 위험을 감수해야 한다. 그러나 기억해야 할 것은 실패란 당신이 굴복하지만 않는다면 결코 패배가 아니라는 점이다.

위대한 지도자와 운동선수, 탐험가, 과학자, 발명가, 기업인 모두 실수를 했고, 어떤 형태로든 실패를 경험했다. 그러나 이들은 자신의 실패를 어느 누구의 탓으로도 돌리지 않았기 때문에 위대해질 수 있었다. 이들은 자신의 실수를 배움의 기회로 삼았다. 이들은 실패란 일시적인 것이지 영원한 패배를 의미하는 게 아니라는 사실을 잘 알고 있었다. 실패의 쓴맛에 굴복하지 않고 성공의 단맛을 향해 계속 분투했던 것이다.

패배는 우리가 그 경험에서 배우려고만 한다면 우리에게 일어난 최고로 좋은 일 중의 하나다. 패배는 비록 입에 쓸지 모르지만 쓴 것이 무조건 나쁜 것은 아니다. 어떤 음식은 '쓴맛'이 가미되지 않으면 '쓴맛'이 없을 때보다 오히려 맛이 덜하다. 마찬가지로 쓰디쓴 경험은 우리가 그 경험을 두려워하거나 비참한 것으로 받아들이지 않고 배우려고만 한다면 우리의 삶에 훌륭한 양념이 된다.

실패란 잠시 돌아가는 길일 뿐이다. 이 사실만 알고 있다면
당신은 이미 성공의 길에 들어선 것이다

코리 텐 붐

성공이 쉽다면 그것은 진정한 성공이 아닐 수도 있다. 역사에 기록될 만한 대단한 성공을 거둔 많은 영웅들은 성공보다는 실패에서 더 많은 것을 배웠다. 이들은 실패를 일을 추진하는 과정에서 자연스럽게 나타나는 부가적인 결과로 여겼다. 실패는 단지 목적지를 향해 가는 길 가운데 돌아서 가는 우회로일 뿐이라고 생각하면 희망이 성공을 낳는다.

성공을 어떻게 정의해야 가장 적절할까? 성공이란 단순히 어떤 임무를 잘 완수했다는 의미인가? 만약 그렇다면 잘못 배달된 편지를 되찾아 오는 것도 성공이라고 부를 수 있을까? 사소한 일이라도 잘 마무리했다면 성공이라고 할 수 있다. 그러나 성공은 훨씬 더 많은 것을 의미한다. 성공은 도전에 직면했을 때, 성공할 확률이 매우 낮은 상황에서 고군분투할 때 찾아온다. 역사적으로 성공은 여러 차례의 실패 뒤에 나타났다.

위대한 인물들도 수없이 실패를 경험했다. 에이브러햄 링컨 대통령은 처음 도전한 선거에서 큰 표 차이로 패배했고, 말을 더듬는 서투른 연설자로 여겨졌다. 그러나 링컨은 지금 미국 역사상 가장 위대한 대

통령으로 손꼽히고, 그의 연설은 설득력 있는 명연설로 기억되고 있다. 걸출한 소설가 윌리엄 포크너는 젊은 시절 출판사에서 원고를 거절당한 게 한두 번이 아니었다. 당시 출판사에서는 포크너의 파격적인 이야기 전개 방식을 이해하지 못했다. 그러나 포크너는 계속된 실패와 가난을 극복하고 미국을 대표하는 소설가로 성공을 거두었으며 노벨 문학상까지 수상했다.

자유분방한 영혼을 가진 한 늙은 여인의 이야기를 담은 패트릭 데니스의 소설 《앤티 메임Auntie Mame》은 1955년 뱅가드 출판사에서 출간되기 전 17개 출판사에서 거절 당했다. 그러나 이 소설은 출간되자마자 큰 인기를 얻었다. 이 소설은 10년 뒤《메임》이라는 제목의 뮤지컬로 만들어져 브로드웨이에서 장기 공연되었고, 1974년에는 로잘린 러셀 주연의 영화로 제작돼 호평을 받았다. 책은 200만부나 팔렸다. 패트릭 데니스가 한 번이 아니라 수십 차례의 출판 거절에도 포기하지 않았기 때문에 이루어낼 수 있었던 성공이다.

윈스턴 처칠은 여러 차례의 실패와 고난을 겪고 난 뒤인 62세에 영국 총리가 될 수 있었다. 우리가 기억하는 그의 업적 대부분은 예순이 넘은 다음에 성취한 것이다. 영국 최대의 레코딩 회사 데카는 1962년 비틀즈와 함께 일할 수 있는 기회를 거절했다. "그들의 음색이 별로 좋게 느껴지지 않은 데다 기타 그룹은 한물 갔다"는 이유 때문이었다. 물론 비틀즈는 그 때의 실패를 탁월한 성공으로 변화시켰다.

배움이란 갖가지 실패를 겪어나가는 과정이다. 따라서 실패는 성공으로 향하는 길에 늘 있게 마련이다. 실패를 연구하고 실패에서 배운 다음 다시 시작하는 것이 중요하다. 이런 과정이 성공으로 이끈다. 첫 번째 실패에서 포기해버린다면 그 다음에 이어질 시도를 개선시켜 줄 어떤 것도 배우지 못하고 어떤 기술도 익히지 못한다. 실패가 긍정적인 결과로 인도해주는 자연스러운 과정이라는 사실을 이해하면 실패로 인해 좌절하지 않고 실패가 막다른 골목이 아니라 돌아가는 길일 뿐이라는 사실을 받아들일 수 있다.

성공을 원한다면 기존의 알려진 길이나 이미 인정된 과정을 따르기보다는 새로운 길을 만드는 것이 중요하다. 어떤 사람은 실패와 성공의 차이를 어떤 일을 "거의" 잘 하는지, "완벽하게" 잘 하는지의 차이라고 지적했다. 조지 호러스 로리머는 이렇게 말했다. "어떤 사람이 한 번 실패하든 열두 번 실패하든 그가 죽거나 포기할 때까지는 그를 실패한 사람으로 여길 수 없다. 죽는 것이나 포기하는 것은 사실상 같은 것이다." 알버트 허버드는 "실패와 성공 사이에 그어진 선은 아주 미세하기 때문에 그 선 위에 서있으면서도 그 사실을 모르는 경우가 있다"라고 말했다. W. R. 비티는 그의 《명언집A Treasury》에서 "진정한 성공은 성공을 이루어가는 과정, 즉 계획을 세우고, 토대를 닦고, 자원을 선택하고, 수많은 구성요소들을 서로 연결해나가는 과정에서 느낄 수 있다"라고 강조했다. 사람이 느낄 수 있는 가장 큰 기쁨은 그 날 이룰 성과에 대한 기대와 일을 잘 해냈다는 만족에서 온다는 말이다.

시도해보기 전까지는 누구도 자신이
무엇을 할 수 있는지 모른다

퍼브릴리우스 사이러스

스코틀랜드 국왕 로버트 1세는 잉글랜드군의 침공에 맞서 열심히 싸웠다. 그러나 잉글랜드군에게 포위되자 하는 수 없이 성을 버리고 피신했다. 그는 동굴에 몸을 숨겼고, 그 곳에서 심한 좌절감과 어떤 일이 닥칠지 모른다는 불안에 떨어야 했다. 그는 모든 것이 끝났다고 느꼈다. 로버트 1세는 동굴 속에서 낙심한 채 앞으로 어떻게 해야 할지 고민하고 있었다. 그 때 작은 거미 한 마리가 거미집을 만드는 모습이 눈에 들어왔다. 거미는 거미집을 만들다가 잠시 멈추고 몇 분간 쉰 뒤 다시 거미집을 만드는 과정을 여러 차례 반복했다. 거미는 몇 번이나 실패한 끝에 마침내 거미집을 완성했다.

로버트 1세는 이 과정을 지켜보면서 거미에게서 세 가지 놀랄 만한 특징을 발견했다. 불굴의 끈기와 관용, 그리고 참을성이었다. 거미는 결코 포기하지 않았다.

로버트 1세는 모든 걱정을 떨쳐버렸다. 그는 평온해졌고 마음속의 갈등과 혼란이 사라지기를 기다렸다. 그는 좀 더 객관적으로 바라봤다. 그리고 자신을 오랫동안 괴롭혀온 현재의 상황에 생각을 집중했다. 그는 사람들을 다시 모아 임무를 완수할 때까지 절대 포기하지 않기로 결심했다. 그는 인내했고 꿈을 이룰 때까지 끈기 있게 나아갔다. 그는 자신의 위치를 확고하게 다졌고, 마침내 스코틀랜드 민족은 1328년 잉글랜드 군대를 몰아내고 독립을 선포할 수 있었다.

우리 모두에게는 로버트 1세가 거미에게서 발견했고, 그 자신이 직접 활용했던 놀랄 만한 세 가지 특징이 있다. 장애물이 우리 주위를 가로막고 있는 것처럼 보일지라도 우리의 영혼은 날개를 가지고 있다. 우리는 장애물을 뛰어넘을 수 있는 힘을 보유하고 있다. 어려운 난관에 부딪칠 때 우리가 가진 힘을 활용해 마음을 가라앉히고, 혼란스러운 생각이 멈추기를 참을성 있게 기다린 뒤 잘 계획된 전략을 가지고 장애물을 극복하기 위해 전진할 수 있다. 지금 바로 이 곳이 가장 좋은 출발점이다.

영국의 작가 서머셋 모옴은 유명해지기 전까지 12년간 무명작가로 지내야 했다. 모옴은 오랜 무명 시절 동안 많이 좌절하고 실망했다. 작가로서의 그의 경력은 실패로 끝날 것처럼 보였다. 그러나 모옴은 이런 장애물에 신경 쓰지 않았다. 대신 인간 본성에 관해 배웠던 교훈에 생각을 집중시키고 이런 깨달음을 희곡으로 표현했다. 그는 아무도 자신의 작품에 관심을 기울이지 않아도 개의치 않았고, 꾸준히 희곡을 써나갔다.

어느 날 런던의 한 연극 제작자가 너무 일찍 막을 내려버린 연극을 대체할 만한 작품을 찾고 있었다. 그는 모아두었던 원고를 살펴보다 오랫동안 관심을 가지지 않았던 희곡 하나를 우연히 발견했다. 그것은 모옴의 《레이디 프레드릭Lady Frederick》이었다. 이 희곡은 곧 무대에 올려졌다. 일종의 대용품으로 무대에 올려졌던 이 연극은 관객들의 엄청난 호응을 받아 하룻밤 사이에 대단한 히트작이 됐다. 곧 모든 사람들이 모옴의 희곡을 보고 싶어했다. 물론 모옴은 준비가 되어 있었다. 1년도 채 안돼 모옴의 세 작품이 잇달아 무대 위에 올려졌고, 비평가들은 새로 등장한 천재에게 찬사를 보냈다. 그러나 모옴은 폴란드의 피아니스트였던 파데레프스키가 말했듯이 "나는 천재이기 이전에 힘들고 단조로운 일을 꾸준히 하는 사람이었다"는 사실을 느끼고 있었을 것이다.

상황이 매우 어려워 보일 때, 단조롭고 힘든 일을 계속해야 하는 처지에 빠졌다고 느낄 때는 잠시 쉬어라. 그리고 로버트 1세가 직면했던 난관과 그가 다시 사람들을 모으는 계기가 되었던 발견에 대해 생각하라. 서머셋 모옴의 인내와 끈기를 기억하라. "시도해보기 전까지는 누구도 자신이 무엇을 할 수 있는지 모른다"는 말은 위대한 진리다.

진정한 성공은 한정된 목표에 만족하며
머물러 있는 것이 아니다

세이예드 후세인 나스르

성공은 종착지가 아니라 여정이다. 절반 정도 즐겁다면 거기에 도달하고 있는 것이다! 우리는 어떻게 "거기에 도달할" 수 있을까? 기쁨으로 가득 찬 인생과 악전고투하는 인생에는 어떤 차이가 있는 것일까? 우주의 가장 기본적인 두 가지 법칙, 관성의 법칙과 인력의 법칙이 이 질문을 좀 더 분명하게 해준다.

관성의 법칙은 "움직이고 있는 물체는 계속 움직이는 편이 쉽고, 멈춰 있는 물체는 계속 멈춰 있는 편이 쉽다"는 것이다. 이 법칙은 "시작이 반"이라는 말과 똑같다. 일단 일을 시작하면 관성의 법칙에 의해 일을 끝내게 된다. 사실 한번 일을 시작하면 중간에 그만 두는 게 오히려 일을 계속 하는 것보다 훨씬 더 어려운 경우도 많다. 반대로 동기가 없거나 포기한 채 쉬고 있는 상태라면 앞으로 나아가려고 노력하는 것보다 그냥 머물러 있는 편이 더 쉽다.

일단 쉬고 있는 상태의 관성을 극복하고 움직이기 시작하면 관성의 에너지를 이용해 처음에 의도했던 목적에 도달할 수 있다. 이런 식으로 "성공이 성공을 낳는다." 이 법칙은 당신이 과거에 창조했고, 지금도 창조하고 있는 것을 계속해 나가는 데 활용할 수 있다.

인력의 법칙 역시 성공을 낳는 법칙이다. 이 법칙은 "비슷한 것은 비슷한 것을 끌어당긴다"는 것으로, 우리 자신과 다른 사람들, 장소, 조건, 사물 등의 사이에서 발생하는 서로 끌어당기는 힘에 관한 법칙이다. 이 법칙은 우리의 생각과 믿음을 통해 드러난다. 우리의 생각과 믿음은 인력의 법칙을 통해 우주의 일부분인 다른 사람들, 즉 친척과 친구, 직장동료, 그리고 우리가 집착하는 많은 사람들을 우리에게 데려다 준다. 우리의 생각과 믿음은 또한 인력의 법칙을 통해 우리의 개인적인 세계를 형성하는 데 중요한 상황을 우리에게 가져다 준다. 이 법칙은 부메랑처럼 작용해 선한 것이든 악한 것이든 우리가 다른 사람에게 행한 대로 우리에게 돌아오게 한다.

이 우주에서 당신에게 끌어당겨질 수 있는 것에는 세 가지가 있다. 이 중 두 가지는 쉽다. 당신이 좋아하는 것, 그리고 당신 자신과 비슷한 것이다. 당신이 가장 존경하는 사람, 즉 정직하고 성실하고 자애로운 사람이 되면 당신은 이와 비슷한 품성을 지닌 사람들을 끌어당길 수 있다. 당신의 "내적인 성공"이 당신의 "외적인 성공"을 만들어줄 수 있다. 우리의 행동에 반영된 신실함과 정직함이 우리에게 돌아오기 때문에 개인적으로 헌신하는 것이 중요하다.

그러나 당신은 가끔 싫어하는 일도 만나게 된다. 어떤 사람도 불쾌한 일이나 사람, 상황을 만나고 싶어하지 않는다. 그러나 판단을 내리지 않고 억지로 저항하지 않으면 당신은 이런 부정적인 경험을 어느 정도 중화할 수 있다. 거부감은 그것에 저항하면 할수록 더 오래 지속된다. 판단과 저항을 유보하면 불쾌한 것들을 당신 쪽으로 끌어당기는 에너지를 날려버릴 수 있다.

당신 자신과 다른 사람의 좋은 면에 집중하면 사람들은 당신과 함께 있는 것을 좋아하게 될 것이다. 다른 사람들이 자기 자신에게 좋은 느낌을 가질 수 있도록 도와준다면 그들은 당신을 성공한 사람으로 대할 것이다. 이렇게 하면 긍정적인 사고방식의 효과를 더 잘 이해하게 될 것이고, 당신의 인생은 놀랄 만한 여행으로 변할 것이다. 성공은 종착지가 아니라 여정이다. 종착지라는 말은 여행이 끝났다는 의미이기 때문이다. 삶은 계속된다!

작은 시도를 반복하면 무슨 일이든 성취할 수 있다

오그 만디노

초등학교에 입학하는 아이들은 두려움을 갖기 마련이다. 이들에게 주어진 목표는 지금까지 경험했던 것에 비해 너무 높아보인다. 그러나 부모님과 선생님들의 도움을 받아 아이들은 조금씩 발전하고 여러 가지 기본적인 기능들을 습득한다.

알파벳이라는 전혀 알 수 없는 기호를 배워야 하는 아이들은 처음에는 압도당하기 마련이다. 아이들은 글을 배우기 전까지는 한번도 무엇인가를 기억하기 위해 힘들게 노력할 필요가 없었다. 그러나 인내를 가지고 한 글자 한 글자를 반복해서 쓰고 발음을 익히면 모든 아이들이 ABC를 배우게 된다. 일단 알파벳을 익히면 알파벳을 조합해 단어를 만들기 시작한다. 단어를 어떻게 만드는지 알게 되면 이제는 문장을 만들고, 곧 이어 한 문단 정도의 문장도 쓸 수 있게 된다. 그리고 나중에는 짧은 이야기 정도는 충분히 작문할 수 있을 만큼 실력을 갖추게 된다. 연습과 반복으로 점점 더 복잡해지는 일을 완수할 수 있게 되는 것이다. 처음에는 불가능해 보이는 일이라도 자꾸 해보면 일상적인 일이 되곤 한다. 읽고 쓰기를 배우는 사람들은 엄청난 과제를 부여 받은 셈이지만 매일 연습과 반복을 통해 읽고 쓰기를 익히게 된다. 학교에서는 매 학년마다 새로운 과제들이 주어진다. 이 과제들을 어떻게 해결하는지 배우면 좀 더 어려운 상황과 기회가 주어지는 다음 학년으로 올라가게 된다.

우리의 삶 역시 학교에서의 경험과 비슷하다. 우리 자신을 더 발전시키기 위해, 더 좋은 사람이 되기 위해, 또 우리 자신이 누구며 인생이란 무엇인가를 알기 위해 우리는 늘 새로운 문제에 직면하게 된다.

무엇인가 다른 것을 찾아 노력하거나 변화를 시도할 때면 새로운 문제가 발생하는 것처럼 보이기도 한다. 학교에서 이런 새로운 문제는 일상적인 일일 뿐이다! 마치 알파벳을 배우는 것과 같다. 우리 인생에 새로이 반영해야 할 변수와 조건, 상황이 나타날 수 있다. 우리가 이런 문제에 압도당하지 않고 확신을 갖고 서서히 나아가면 우리는 해야 할 일을 거의 모두 완수할 수 있다.

우리는 모두 자유로운 영혼이고, 우리가 그렇게 생각하지 않는 한 우리에게 한계는 없다. 옛말에 "고개를 밖으로 빼냈을 때에만 전진하는 거북이를 보라"는 말도 있지 않은가?

인생은 우리가 감당할 수 없는 도전, 극복할 수 없는 장애, 해결할 수 없는 문제는 주지 않는다. 우리는 긍정적인 태도로 상황에 접근해 한 번에 한 걸음씩 밟아나가면서 문제 해결은 다만 끈기와 시간의 문제일 뿐이라는 사실만 기억하면 된다. 어린아이들이 "반복되는 작은 시도들"을 통해 글을 배우고 여러 문제를 극복하는 것처럼 긍정적인 자세로 노력하면 우리는 어떤 일을 맡았든 그 일을 완수할 수 있다.

누구나 실패할 수 있다. 그러나 실패의 원인을 외부로 돌리기 전까지 그는 결코 실패자가 아니다

테드 엥스트롬

무엇인가를 배우려고 하면 반드시 실수하게 된다. 이 말은 사실이다. 그런데도 사람들은 실패가 두려워서, 그래서 실패자로 여겨지는 게 두려워서 새로운 일을 시도하려 하지 않는다.

그러나 실패하는 것과 실패자가 되는 것은 전혀 다른 문제다. 살아가면서 단 한 번도 실패하지 않고 배울 수 있는 일은 거의 없다. 당신은 한 번도 넘어지지 않고 롤러스케이트를 배웠는가? 당신은 한 번도 균형을 잃은 적 없이 자전거를 배웠는가? 아마 그렇지 않을 것이다. 롤러스케이트와 자전거를 배우고 싶은 마음이 너무나 간절해 실패는 금세 잊어버리고 다시 시도했을 것이다. 그리고 곧 기술을 익힐 수 있었을 것이다. 배움의 과정에서 몇 번의 실패가 있다 해도 당신은 패배자가 아니다. '실패'란 다시 시도할 수 있도록 열려 있는 문일 뿐이다!

무엇인가를 배우다 좌절에 빠져 지금 겪고 있는 어려움이 다른 사람 탓이라고 불평한 적이 있는가? 자전거를 배우고 있었다면 당신은 자전거를 잡아주며 옆에서 함께 달려주던 사람에게 불평했을 수도 있다. 당신은 그가 자전거를 잡고 있던 손을 놓아주면 혼자서도 잘 탈 수 있을 것이라고 생각했을 것이다. 그런데 그가 손을 놓자마자 넘어져

버리면 그가 손을 빨리 놓는 바람에 넘어졌다고 불평할 것이다.

　어느 정도 자전거를 탈 수 있게 되고 자신감도 생기면 사람들이 걸어 다니는 인도에서 자전거를 타게 된다. 그러다 넘어지면 주위 사람 누군가에게 이렇게 말할지도 모른다. "당신 때문에 넘어졌잖아요. 당신이 앞을 가로막지 않았다면 넘어지지 않았을 거라구요!" 그러나 그 사람 탓이 아니다. 당신이 자전거 타는 연습을 더 많이 하고 기술을 좀 더 익혔더라면 넘어지지 않았을 것이다.

　살아가다 보면 어떤 것 때문에, 혹은 어떤 사람 때문에 자신이 실패한 것처럼 보이는 상황을 만난다. 다른 사람이, 혹은 환경이 목표를 달성하는 데 방해가 된다고 느끼는 것이 드문 일은 아니다. 그러나 자신의 준비 상태와 노력을 살펴본 뒤 조금만 더 준비했더라면, 조금만 더 노력했더라면 더 잘할 수 있었을 것이라고 생각하는 편이 낫지 않을까? 최선을 다했는지, 자신의 실수와 부주의를 솔직하게 인정하고 있는지 스스로 물어보라. 실수한 것에 대해서는 자기 자신을 용서하고 앞으로는 실수하지 않겠다고 결심하라. 그리고 앞으로 전진하라. 자전거를 배울 때 계속 노력해서 점점 더 실력이 늘어나 자전거 타는 것이 걷는 것처럼 자연스러워진 것과 같이 다른 일에서도 노력과 시도를 멈추지 말라.

　당신이 실패했다고 해서 비난 받아야 할 사람은 없다. 당신 자신도 비난 받을 사람은 아니다. 자기 자신을 탓하거나 다른 사람, 혹은 환경을 비난할수록 고통에서 벗어나는 것이 늦어지고, 때로는 일시적인 문제를 실패로 고착시켜 버리는 결과까지 가져온다. 자기 자신을 탓하거나 다른 사람에게 화를 내는 대신 스스로 물어보라. "이제 어떻게 할까? 목적을 달성하기 위해 할 수 있는 다른 일은 없을까?"

다른 사람을 비난하는 데 시간과 에너지를 낭비하면 발전하기 위해, 더 나은 결과를 얻기 위해 무엇을 배워야 하는지 알 수 없게 된다. 얼마든지 실패할 수 있다. 다만 그 실패가 마지막이 되지 않도록 하면 된다. 실패했다 해도 다른 사람에 대한 비난과 자기 연민으로 목표 달성을 방해하지만 않는다면 결코 실패자가 아니다.

처음에 성공하지 못했다 해도 다시 시도하고, 또 다시 시도하라
윌리엄 에드우드 힉슨

J. W. 스완과 토마스 에디슨이 영국과 미국에서 전구를 발명했을 때 전구와 관련된 실험은 이제 끝났다고 여겨졌다. 거리와 빌딩을 안전하게 밝힐 수 있는 방법을 확실히 찾아낸 것이었다. 이보다 더 유용하게 쓰일 수 있는 전구를 만들어낼 수 있을까?

그러나 얼마 지나지 않아 과학자들은 자외선과 적외선을 사용하는 새로운 형태의 전구를 개발해냈다. 또 다른 과학자들은 공기 중의 박테리아를 죽이는 전구를 개발했고, 오래지 않아 병원과 학교, 가정, 심지어 양계장에 이르기까지 다양하게 사용되는 각양각색의 전구들이 쏟아져 나왔다. 할로겐등과 형광등도 등장했다.

이처럼 다양한 전구들은 완전해 보였던 첫 발명품에 단지 몇 가지 활용성을 추가한 것일 뿐이다. 지금도 과학자들은 전구를 새롭게 더 잘 사용할 수 있는 방법을 연구하고 있다. 여기에서 우리는 교훈을 얻을 수 있다. 대단한 성과를 일궈냈거나 획기적인 업적을 성취했을 때 우리는 스스로 너무 자랑스러워 그 영광에 머무르려 한다. 더 나은 것을 향해 가려는 노력을 중단해 버린다.

성공은 여러 가지로 정의할 수 있지만, 마음속으로 성공에 대한 개인적인 정의를 분명히 해두는 게 중요하다. 성공에 대한 개인적인 정의를 내렸다면 목표를 성취해가는 과정을 시작할 수 있다. 성공한 사람들은 목적지를 향해 가는 여정에서 숱한 어려움과 고난을 만나지만 이를 극복해 나간다. 어떤 어려움은 극복할 수 없는 것처럼 보이기도 한다. 그럴 때는 처음에 세웠던 목표를 떠올려보라. 다음 단계의 발전을 이룰 때까지 용기와 인내를 가질 수 있도록 반복해서 꿈을 그려보라. 새로운 도약에 필요한 것은 인내와 기대다.

성공은 매일매일 우리가 하는 모든 일에서 높은 수준의 노력과 정성을 기울일 때 비로소 얻을 수 있다. 성공이란 사실상 "도달할 수 없다"는 점을 이해하는 것이 중요하다. 성공은 목적지가 아니라 여행하는 과정에 가깝기 때문이다. 성공이란 각각의 상황에서 우리 자신을 더 나은 존재로 만들기 위해 노력하면서 구하고 배워가는 여정이다. 전구를 이용할 수 있는 새로운 방법을 계속 연구하는 과학자들처럼 우리도 가끔 넘어지고 실패하더라도 자신의 능력을 최대한 발휘할 수 있도록 노력해야 한다.

나는 오늘 내 인생의 어떤 영역에서 발전했는가? 당신 자신에게 한 번 물어보라. 우정에 충분한 관심을 기울였는가? 가족과 화목한 시간을 보냈는가? 당신의 일에 충분할 정도의 노력을 다했는가? 당신의 관심이 필요한 것에 충분한 관심을 기울였는가?

이 말을 늘 기억한다면 도움이 될 것이다. "처음에 성공하지 못했다 해도 다시 시도하고, 또 다시 시도하라."

실수하지 않는 사람은 진정한 성취를 이루기 어렵다
존 템플턴

마태복음 25장 14~30절을 보면 어떤 사람이 세 명의 종에게 돈을 맡기고 여행을 떠나는 이야기가 나온다. 주인은 첫 번째 종에게 달란트 5개(지금 가치로 약 5000달러), 두 번째 종에게 달란트 2개, 마지막 세 번째 종에게 달란트 1개를 각각 준다. 주인이 여행에서 돌아와 종들을 불러 받은 돈을 어떻게 했는지 물었다. 달란트 5개를 받았던 종은 투자를 해서 돈을 두 배로 불렸고, 달란트 2개를 받았던 종도 마찬가지로 돈을 두 배로 키웠다. 그런데 달란트 1개만 받았던 종은 돈을 잃을까 두려워 그 돈을 땅에 묻어뒀다가 그대로 달란트 1개만을 주인에게 돌려줬다. 주인이 맡긴 돈을 두 배로 불린 두 종은 크게 칭찬 받고 더 많은 돈을 받았다. 하지만 마지막 종은 주인으로부터 호된 꾸중을 받고 달란트 1개마저 빼앗겼다.

당신은 이 이야기에 나오는 겁 많은 종처럼 실수하는 것이 두려워 얼마나 많은 기회를 놓쳐 버렸는가? 혹시 다른 사람들의 눈에 어리석어 보일까 두려워 스스로 얼마나 많은 한계를 지우는가? 두려움 때문에 스스로 그어버린 한계는 벗어나기가 매우 어렵다. 이런 두려움에 대처하는 방법을 빨리 배울수록 더 많이 발전할 수 있다. 좀처럼 실수를 하지 않는 사람은 좀처럼 새로운 발견도 하지 못한다.

삶은 우리가 시도하는 발견만큼만 흥미롭고 재미있다. 이미 알려진 사고와 행동의 테두리 안에 머물러 있으면 실수는 피할 수 있지만 풍요롭고 흥미로운 삶까지도 가로막힌다. 생각과 감정과 행동의 새로운 영역을 탐험한다는 것은 당신이 이전에 가본 적이 없는 장소에 간다는 의미다. 그런 곳에서는 실수하기가 쉽다. 그러나 실수란 더 큰 성장을 방해할 때만 부정적이다. 실수가 두려워 새로운 해결책을 적용해보지 않거나 새로운 접근법을 시도해보지 않는다면 정말로 큰 실수를 저지르는 것이다. 미리 예측해보지도 않고 무작정 뛰어드는 것도 어리석지만 두려움 때문에 미지의 영역에 도전하지 못하는 것 역시 어리석고 무익하다. 발전하기 위해 전력을 다하면 자신이 새로운 상황에 점점 더 잘 대처하고 있다는 사실을 깨닫게 될 것이다. 당신은 자신의 직관을 통해서든, 다른 사람을 통해서든 길을 인도 받을 수 있고, 이런 길잡이는 반드시 나타나기 마련이다.

실수는 심적인 부담과 고통을 주지만 다음 기회에는 무엇을 하지 말아야 하는지 배울 수 있는 좋은 계기도 제공한다. 때로는 공식적인 지침보다 실수를 통해 성장할 수 있는 방법을 더 많이 배울 수 있다. 시행착오도 잘못된 판단이 가져온 피해를 분석할 수 있도록 해준다는 점에서 위대한 스승이 될 수 있다.

팀 한셀은 그의 저서 《당신은 계속 춤춰야 한다You Gotta Keep Dancing》에서 외부 조건과 겉으로 드러나는 실수를 극복하는 것이 얼마나 중요한지 설명했다. 그는 존 번연이 차디찬 감옥 안에서 어떻게 《천로역정Pilgrim's Progress》을 썼는지 소개했다. 플로렌스 나이팅게일은 너무 아파 침대를 벗어날 수 없는 어려운 시기에 영국 병원들을 재조직했다. 루이 파스퇴르는 뇌졸중으로 반신불수가 된 상태에서 뇌졸중이 재발할 수 있는 위험과 싸우며 질병 극복을 위한 연구에 지칠 줄 모르는 열정을 불살랐다. 미국의 역사학자인 프란시스 파크맨은 일생의 상당 기간 동안 육체적인 고통이 너무나 극심해 한번에 5분 이상 일하지 못했다. 게다가 시력도 너무 나빠 종이 한 장에 아주 큰 글씨 몇 자밖에 적지 못했다. 그러나 그는 이런 식으로 20권에 달하는 위대한 역사서를 남겼다. 이들은 불굴의 의지를 발휘해 자신이 가진 것을 최대한 활용했다. E. 스탠리 존스는 자신의 신념이 얼마나 강한지 이렇게 표현했다. "나는 태어날 때부터 내적으로 두려움이 아닌 신념을 향하고 있었다고 생각한다. 두려움은 나의 고향이 아니다. 신념이 나의 고향이다. 나는 그렇게 생겨났기 때문에 걱정과 불안은 삶이라는 기계 안에 끼어있는 작은 모래일 뿐이라고 믿는다. 빈면 신념은 기름이다. 나는 두려움과 의심과 불안보다 신념과 확신을 가질 때 더 잘 산다. 걱정하며 사는 것은 '현실'에 저항하며 사는 것이다."

이 사실을 완벽하게 인식하든 인식하지 못하든 당신은 성경 속에 등장하는 종과 같다. 당신은 삶 속에서 당신이 원하는 곳까지 멀리 나아갈 수 있을 만큼 '달란트'를 받았다. 실수가 두려워 달란트를 땅에 묻어두는 실수는 하지 말라. 훗날 당신의 삶을 돌아볼 때 실수하는 것이 두려워 기회를 활용하지 못했다며 후회하고 싶지는 않을 것이다. 달란트를 현명하고 자신있게, 최상의 이해력과 신념을 가지고 활용하라. 그러면 유익하고 기쁨이 넘치는 인생을 즐기게 될 것이다!

인생이란 성장해나가는 경험으로 각자의 앞에 펼쳐져 있다. 인생은 놀랍고도 흥미로운 경험이다. 인생의 길을 걸어가다 보면 문제도 만나고 도전도 만난다; 실수할 때도 있고 패배했다는 느낌이 들 때도 있다. 당신이 왜 그런 일들을 겪어야 하는지 이유를 이해할 때도 있지만 때로는 이해할 수 없을 때도 있다. 그러나 이유를 이해하는 것이 그 문제와 도전, 필요에 맞서 우리가 무엇인가 할 수 있다는 사실을 아는 것보다 중요하지는 않다. 실수가 걱정된다면 얼마 전 〈가이드포스트 Guidepost〉에 실렸던 글에서 용기를 얻을 수 있을 것이다. "슬픔은 뒤를 돌아보고, 걱정은 주위를 둘러보고, 신념은 위를 쳐다본다."

성공의 열쇠

에이브러햄 링컨은 마치 실패가 그림자처럼 따라다니는 상황에서도 꿈을 향한 전진을 결코 멈추지 않았다. 링컨을 깎아 내렸던 사람들은 그의 성장 배경에서 그가 미국 대통령으로 노예해방과 남북전쟁을 성공으로 이끌어낸 요소를 거의 발견하지 못했다. 다음은 링컨이 인간으로서 직면했던 수많은 실패들 가운데 일부다.

-어렸을 때 어머니와 누이의 죽음
-연인의 죽음
-신경쇠약으로 고통을 당함
-어린 세 아들의 죽음
-1832년 주의회 하원의원으로 출마했으나 낙선
-동업자와 하던 사업 파산
-동업자가 사망한 뒤 부채를 떠안음
-1843년 연방 하원의원 선거에 출마했으나 낙선
-1844년 연방 하원의원에 재도전했으나 또 낙선
-국유지 관리국 관리인 자리를 잃음
-1855년 연방 상원의원에 도전했으나 낙선
-1856년 소속 정당의 부통령 후보 지명전에 출마했으나 패배
-1858년 스티븐 더글라스와 연방 상원의원 자리를 놓고 경쟁했으나 패배

어떤 일이 일어나고 있는 것처럼 보이든 그렇지 않든 늘 새로운 기회가 있다. 내면의 평화와 고요함에 도달할 수 있는 길이 있다. 실패인 것처럼 보이는 상황에서도 박차고 일어나 성공할 수 있는 길이 반드시 있다. 당신 마음속에 있는 수많은 희망들을 성취할 수 있는 길이 있다. 길은 분명히 있다.

WORLDWIDE
Laws of Life

02

목표의 법칙

살아야 할 이유를 가진 사람은 삶의 어떠한
방식도 견뎌낼 수 있다

프리드리히 니체

오스트리아의 정신과 의사인 빅터 프랭클은 그의 유명한 저서 《삶의 의미를 찾아서 Man's Search for Meaning》에서 삶의 목표는 최악의 상황에서조차 개인들의 삶에 강력한 영향력을 미친다고 기록했다. 나치의 강제수용소에서 살아남은 프랭클은 수용소에 갇혀 있는 동안 살아야 할 아무런 이유를 갖지 못한 사람들은 죽었던 반면 자신에게 완수해야 할 사명이 있다고 느낀 사람들은 생존하기 위해 노력했다고 말했다. 프랭클은 삶의 의미가 될 수 있는 외적인 조건들을 모두 빼앗겨버린 생존자들이 깨달았던 사실을 이렇게 전했다. "우리가 삶에 기대하고 있는 것은 정말로 중요하지 않다. 오히려 삶이 우리에게 기대하고 있는 것이 더 중요하다." 수용소에서 살아남은 생존자들은 저마다의 방식으로 이 세상에 기여하겠다는 마음속의 목표가 있었기에 가장 끔찍한 육체적, 정신적 고통을 극복해낼 수 있었다.

잘 드러나지 않는 경우도 있지만 누구나 당장의 이해나 만족을 넘어서는 삶의 목표를 가지고 있다. 신은 우리에게 잠재된 형태로 모든 것을 주셨다. 우리는 신이 주신 선물을 발견할 필요가 있다. 많은 사람들이 그들의 삶 전체를 더 큰 안락과 즐거움을 찾는 데 바치고 있다. 자신의 존재에 의미를 주는 '이유'를 발견하지 못해도 물질적인 성공을 거둘 수는 있다. 그러나 삶에서 진정한 좋은 것들은 그들을 피해간다. 삶의 진정한 의미 가운데 하나는 우리가 가진 독특한 탁월함을 다른 사람들과 나누는 것이다.

특별한 삶의 목표를 발견하는 방법은 간단하다. 당신이 스스로 높이 평가하고 있는 장점과 다른 사람들이 당신에게서 좋아하는 점들을 적어보라. 유머 감각을 갖고 있다면 당신은 남을 즐겁게 해주고 분위기를 띄우는 재능이 있는 것이다. 사고가 논리적이고 아이디어를 발전시키는 능력이 뛰어나다면 이를 주위 사람들에게 도움을 줄 수 있는 재능으로 받아들이라. 우리는 가끔 자기 자신을 평가 절하하는 경우가 있다. 하지만 자신에게 숨겨져 있을지도 모르는 재능과 자질을 발견하기 위해 스스로를 꼼꼼히 살펴보는 것이 중요하다.

다음으로는 당신이 다른 사람들과 교류하는 방법을 검토해보고 어떤 방법이 가장 효과가 있었는지 생각해보라. 당신은 다른 사람에게 도움이 되는 조언을 해주는 것을 좋아하는가? 아니면 다른 사람이 무슨 문제를 털어놓을 때 단지 들어주는 것을 좋아하는가? 어떤 업무를 수행하기 위해 팀을 조직할 때 행복을 느끼는가? 아니면 자신이 무기력하다고 느끼고 있는 어떤 사람을 격려할 때 행복한가?

마지막으로 모든 조건이 최선의 상태일 때 당신의 세계가 어떨지 상상해보라. 그 세계는 깨끗하고 평화롭고 생산적인가? 당신과 당신이 사랑하는 사람들이 살기를 원하는 세상을 머리 속으로 그려보고 그 비전을 가능한 한 구체적으로 적어보라.

이 삶에서 당신의 사명은 살아갈 '이유'를 찾아내는 것이다. 또 살고 싶은 세상을 만드는 데 도움이 될 수 있도록 당신의 특별한 재능을 사용하는 것이다. 이것이 삶이 당신에게 기대하는 것이다. 그 사명에 따라 살고 그 사명에 부합하는 목표를 세울 때 당신은 인생의 조각들이 강력한 전체로 통합되는 것을 느낄 것이다. 그러면 삶의 경험이 아무리 힘들어도 당신은 견뎌내고 극복해낼 수 있다.

큰 뜻을 품으라!
랄프 왈도 에머슨

여성으로 미국 연방 하원의원에 네 번이나 당선된 밀리센트 펜윅은 높은 이상을 품고 살아가는 삶이 어떤 것인지 잘 보여준다. 펜윅이 일생을 살아가면서 사회적으로 절정에 이른 것은 65세 생일 직전, 연방 하원의원에 당선됐을 때였다. 펜윅은 뉴저지주에서 태어나 1929년 19세에 결혼해 가정을 꾸렸다. 그녀는 어머니가 그랬듯 자신도 평범한 가정주부로 평생 평온하게 살아갈 것이라고 한치의 의심도 하지 않았다. 그러나 결혼 생활은 평탄치 못했고 결국 30대 초반에 이혼했다. 그녀는 전문지식도 없었고, 직업훈련을 받은 적도 없었고, 고등학교조차 끝마치지 못했다. 게다가 키워야 할 두 딸

이 있었고, 남편이 남긴 엄청난 빚까지 부담해야 했다.

펜윅은 절망감과 책임감을 동시에 느끼며 친구에게 자신의 처지를 털어놓았다. 친구는 펜윅을 패션잡지 〈보그Vogue〉에서 일하는 사람에게 소개해줬고, 그녀는 그 곳에서 일자리를 얻을 수 있었다. 그녀는 그 곳에서 일하면서 《보그의 에티켓 가이드Vogue Book of Etiquette》라는 책을 썼는데, 이 책은 꽤 인기를 끌었고 예절에 관한 책으로 널리 활용됐다. 그러는 동안 그녀는 아이들을 교육시키고, 남편이 남긴 빚도 갚아 나갔다.

펜윅은 〈보그〉에서 일하면서 사회봉사 활동에 점점 더 활발하게 참여하게 됐다. 아이들이 독립하고 뉴저지 주로 돌아왔을 때 그녀는 지역 레크리에이션위원회에서 일해 달라는 요청을 받았다. 이 단체는 그녀가 위원장으로 있는 동안 상당히 성공적으로 운영되었다. 이어 그녀는 지역 의회에 출마하라는 권유를 받았다. 처음에 그녀는 "여성은 한번도 뽑힌 적이 없었다"며 자신 없어 했지만 놀랍게도 당선됐다! 그녀는 첫 번째 성공에 자신감을 얻어 더 높은 직위에 도전했고 마침내 1974년 연방 하원의원에 당선됐다. 펜윅은 1982년 상원의원에 도전하기 전까지 하원의원으로 4번이나 당선되며 우수한 의정활동을 했다. 1982년에 상원의원 선거에서는 떨어졌지만 이듬해 로마에 있는 유엔 식량농업기구(FAO) 대사로 임명됐다.

독일의 소설가이자 철학자인 괴테는 "이 세상에서 가장 중요한 것은 우리가 지금 어디에 서있느냐가 아니라 어디를 향해 나아가고 있느냐"라고 말했다. 펜윅은 확실히 앞으로 나아갔다! 우리도 목표를 세울 때 크게 생각하고 높이 겨냥할 필요가 있다.

야망은 성공으로 향하는 길을 여행하는 동안 우리를 지탱해준다. 여행을 완수하려면 시간이 걸린다. 세상 어느 곳에서나 이름을 들을 수 있고 사진이나 영화로 얼굴을 접할 수 있는 유명한 연예인들 상당수는 몇 년씩 가게 점원이나 식당 종업원으로 일하며 스스로 내면 속에 가지고 있는 재능을 표현할 수 있는 기회를 끈기 있게 기다렸다. 성공한 사업가들도 수많은 아이디어를 시험해보고 실패한 후에야 시장에서 인정 받는 아이디어를 찾아낼 수 있었다. 우리의 생활을 바꿔놓은 수많은 혁신들이 한 때는 혁신가들의 꿈일 뿐이었다. 이 혁신가들은 참으로 암담한 난관에 부딪쳐 고전해야 했고, 때로는 친구나 가족들로부터도 실현 가능성이 없다는 회의적인 얘기를 들어야 했다.

우리 인생에서 실제로 어떤 일이 벌어지고 있는가도 물론 중요하다. 그러나 진정한 질문은 우리에게 일어난 일을 성장의 밑거름으로 활용했는가를 묻는 것이어야 한다. 성장한다는 것은 발전하고 배우고 능력을 활용하고 키우는 방법들을 개선한다는 의미다. 성장하는 사람은 대개 행복한 사람이다. 성장을 멈추는 것은 우리의 마음과 감정, 성취, 심지어 우리가 사는 세상에 치명적일 수 있다.

성공한 연예인과 사업가, 그리고 혁신가들은 한 가지 공통점을 가지고 있다. 꿈과 야망과 개인적인 성장을 이루기 위해 그들의 인생을 더 큰 그림 속에서 볼 줄 알았다는 점이다. 그들은 자신을 믿었고 최선을 목표로 심었다.

고귀한 목표가 없는 영혼은 키가 없는 배와 같다
아일린 캐디

잘 만든 배는 바람을 이용해 어느 방향으로든 여행할 수 있다. 돛은 바람의 힘을 효율적으로 이용할 수 있도록 해주고, 키는 배가 원하는 방향으로 항해할 수 있도록 조종해준다. 키가 없으면 배는 바람에 따라 목적 없이 이리저리 흔들리며 방황하게 된다.

사람도 바람의 힘으로 움직이는 배와 같다. 우리는 성공하기 위해 많은 일들을 할 수 있다. 매력적인 성격을 갖기 위해 노력할 수 있고, 역동적인 모습을 발전시켜 나갈 수도 있으며, 좋은 교육을 받을 수도 있다. 이런 준비는 배에 돛을 다는 것과 같다. 그러나 배를 조종하는 기구인 키가 없으면 당신의 삶은 어디에도 닿지 못한다. 당신에게는 선택의 방향에 따라 당신을 조종해줄 목표와 이상이 필요하다. 핀드혼 생태공동체의 공동 설립자인 아일린 캐디는 "고귀한 목표가 없는 영혼은 키가 없는 배와 같다"라고 말했다.

한평생 열심히 일하지만 개인적인 성취감이나 직업적인 만족감은 거의 느끼지 못하는 것처럼 보이는 사람들이 많다. 문제는 이들이 대개 뚜렷한 방향을 향해 나아가지 못하고 목적 없는 생각과 효용 없는 활동에 힘을 쏟고 있다는 데 있다. 이들은 소중한 정신 에너지를 낭비하고 광범위한 지식과 전문성을 쌓는 데도 실패하면서 키 없는 배처럼 희망 없이 바람에 따라 흔들린다. 스스로 소용 없다고 느끼며 만성적인 불만족 속에서 살아간다. 그러나 고귀한 목표와 분명한 계획은 당신의 무한한 잠재력을 조정하는 키의 역할을 하면서 능력과 명성을 쌓을 수 있는 방향으로 나아갈 수 있도록 도와준다. 효율성과 생산성이 높아지면 가치 없다는 생각이나 방황하고 있다는 느낌도 사라진다.

하늘을 나는 열기구를 처음 발명한 사람은 프랑스의 몽골피에 형제였다. 어느 날 몽골피에 형제 중 한 명이 벽난로를 바라보다 타다 만 종이 조각 하나가 불꽃 위로 오르더니 굴뚝 속으로 날아올라가는 모습을 발견했다. 이 단순한 사건을 계기로 그는 뜨거운 공기가 풍선을 하늘 위로 떠오르게 할 수 있다는 사실을 깨달았다. 새뮤얼 콜트는 자기 이름을 붙인 회전식 연발권총을 발명한 사람이다. 콜트는 열여섯 살 때 선원으로 일하며 키잡이가 타륜을 돌리는 모습을 보고 회전식 연발권총의 아이디어를 얻었다. 타륜은 배의 키를 조정하는 손잡이가 달린 바퀴 모양의 장치로 바퀴살이 중심축에 단단히 고정되어 있다. 영국의 발명가 알래스테어 필킹톤은 설거지통 물 위에 기름막이 떠다니는 것을 보고 유리를 제작하는 획기적인 방법을 생각해냈다. 당시에는 유리의 표면을 직접 갈아야 했기 때문에 유리 표면이 매끄럽지 않았다. 필킹톤은 유리를 녹여 녹은 금속층 위에 뜨도록 하면 표면이 매끈한 유리를 만들 수 있을 것이라고 생각했다! 관찰력은 더 높은 비전에 도달하는 데 도움이 된다!

인생의 진로를 신중하게 선택하고 그 길을 따라 조심스럽게 항해하면 긍정적인 방향으로 움직일 수 있다. 진정으로 추구하고 싶은 방향을 발견하기 전까지는 다양한 일들을 바라보고 여러 분야에 관심을 쏟는 경우가 많다. 이는 매우 자연스러운 일이다. 우리는 우리의 관심과 능력에 가장 적합한 방향으로 서서히 이동해간다. 특별한 목표를 세우고 달성할 때마다 당신은 인생을 지휘하는 힘에 대해 더 많이 배우게 된다. 그러면 가장 하고 싶은 일을 발견했을 때 목표를 향해 나아가 성취할 수 있는 준비를 갖출 수 있게 된다. 성공은 더 이상 다른 사람에게만 해당되는 신비로운 비밀이 아니다. 당신도 성공을 알게 되고 기회의 순간을 잡을 수 있다.

지금 서있는 곳이 아니라 가고자 하는 곳에 집중하라
존 템플턴

가고자 하는 분명한 방향이 없다면 어떻게 목표를 달성할 수 있겠는가? 이슬람 경전인 코란에는 "네가 어디로 가고 있는지 모른다면 어떤 길도 너를 그 곳으로 데려다 주지 못할 것이다"라는 경구가 있다. 목표를 달성하고자 한다면 먼저 그 목표를 머리 속에 떠올려보고 그려봐야 한다. 우선 당신이 진정으로, 진심으로 그 목표를 지향하고 있다는 확신을 가지라. 그럴듯한 겉모습이나 세상의 환상에 현혹되지 말라. 가야할 길을 계속 걸어가라. 당신이 가진 이상을 실현하려면 목표에 다가서기 위해 무엇인가를 해야 한다.

'포커스(focus)' 라는 단어는 '집중하다' 라는 뜻을 가지고 있다. 웹스터 뉴월드 사전에서는 'focus' 를 "이미지를 뚜렷하게 만들기 위해 조정하는 것, 즉 초점을 맞추는 것" 이라고 정의하고 있다. 또 "관심의 초점을 맞추는 것으로 집중하다" 라는 뜻이라고 설명하고 있다. 따라서 삶의 목표란 좋은 사진을 찍기 위해 카메라 렌즈를 조절하는 것과 비슷하다고 할 수 있다.

목표를 향해 다가가려면 시선을 이상에 고정시키는 것이 필요하다. 지금 서있는 곳이 아니라 가고자 하는 곳에 집중하라. 현재의 목표와는 전혀 상관 없는 과거의 경험이나 잘못에 사로잡혀 소중한 시간을 낭비하고 있지는 않은가? 과거의 경험에서 교훈을 얻었다면 이제 앞으로 계속 나아가는 것이 바람직하다. 삶의 우선순위와 목표와 나아가고자 하는 방향을 정했다면 긍정적이고 낙관적으로 생각하라. 그리고 당신 뒤에 따라오고 있을 수도 있는 사람을 배려하는 마음도 잊지 말라.

아주 먼 옛날, 어느 나라의 왕이 성대한 달리기 대회를 개최했다. 그 나라의 모든 젊은이들이 이 대회에 참가했다. 결승선은 왕궁 안뜰에 만들어졌고, 우승자에게는 황금이 든 주머니가 수여될 예정이었다. 경주가 시작되자 사람들은 앞다투어 달려 나갔다. 그런데 얼마 달리다 보니 길 한가운데에 커다란 돌 무더기가 버티고 서있었다. 사람들은 길을 막고 있는 돌 무더기를 보고 깜짝 놀랐지만 위로 기어올라가거나 옆으로 돌아가 왕궁 안뜰에 도착할 수 있었다.

마침내 한 사람만 제외하고 경주에 참가했던 모든 사람들이 결승선을 지났다. 그러나 왕은 경주가 끝났다고 선언하지 않았다. 사람들은 왕이 대회 종료를 선언하기를 기다렸다. 잠시 후 마지막 선수가 외로이 왕궁 문을 통과해 들어왔다. 그는 피가 흐르는 손을 흔들며 소리쳤다. "전하, 너무 늦어 죄송합니다. 하지만 전하께서도 아시겠지만 돌무더기가 길 한가운데를 막고 서있었습니다. 저는 그 바위와 돌을 치우느라 시간을 지체하게 되었고 그 과정에서 손을 좀 다쳤습니다." 그리고 이 마지막 선수는 주머니를 들고 있던 다른 손을 올려보였다. "위대한 왕이시여, 그런데 바위와 돌을 치우고 보니 그 밑에 황금이 들어있는 주머니가 있었나이다!"

그 말을 들은 왕이 대답했다. "아들이여, 이 경주의 우승자는 바로 그대다. 뒤에 따라오는 사람들이 좀 더 안전하게 지나갈 수 있도록 길을 만들어주는 사람이야말로 가장 잘 달렸다고 할 수 있기 때문이다."

우리에게는 선택권이 있다. 과거 속에서 불행하고 비참하게 살 것인지, 과거의 늪에서 빠져나와 앞으로 나아갈 것인지 선택할 수 있다. 앞에 집중할 때 우리는 에너지와 능력을 얻어 원활한 전진을 방해하는 어떠한 '바윗돌'이라도 제거할 수 있다. 과거의 불행한 경험들을 곱씹으며 시간을 보낸다고 느낀다면 당신을 과거의 삶의 방식에 묶어두고 있는 끈들을 끊어버리겠다고 결심하라.

오늘 앞으로 나아가기로 결심하라. 가고자 하는 곳에 집중하라. 당신 앞에 펼쳐진 새로운 지평을 바라보라. 흑인 여류시인 마야 안젤루가 쓴 책 《모든 신의 아이들은 여행할 신발이 필요하다All God's Children Need Traveling Shoes》에 나와있듯이 "미래는 약속과 함께 살찐다." 새로운 가능성을 향해 당신의 이상을 펼쳐 보이라. 당신이 지금 갖고 있는 지혜의 가치가 높아지도록 하라. 통찰력 속에서 평화와 삶의 기쁨을 경험하라!

비전이 없는 사람은 쇠퇴한다
잠언 29장 18절

플로렌스 채드윅의 일화는 분명한 목표를 갖는 것이 얼마나 중요한지 보여준다. 그녀는 캘리포니아 주 남쪽에 있는 카탈리나 해협을 여성으로는 최초로 헤엄쳐 건너 미국은 물론 세계적인 신기록을 세웠다. 채드윅은 이어 영국 해협 횡단이라는 새로운 기록에 도전했다. 횡단하는 날 바다는 거칠었다. 그러나 그녀는 대서양에서 훈련했기 때문에 거대한 파도와 싸울 준비가 되어 있었고 컨디션도 최상이었다. 궂은 날씨와 세찬 바람이 큰 문제였지만 그동안 쌓은 훈련으로 이를 극복할 수 있었다. 채드윅은 차가운 물에도 익숙해 있었다. 그녀의 트레이너는 바닷물의 차가움을 조금이라도 차단하기 위해 그녀의 몸에 기름을 발라주었다. 채드윅이 헤엄치는 동안 트레이너들은 배를 타고 따라가면서 그녀가 차갑고 거친 바다와 싸울 수 있도록 보온병에 담긴 따뜻한 수프를 건넸고 격려의 말도 계속 해주었다.

그러나 이 모든 계획과 열성적인 훈련에도 불구하고 채드윅과 트레이너들이 예상하지 못했던 변수가 하나 있었다. 바로 안개였다. 짙은 안개가 내려와 수평선에서 멀리 떨어져 있는 해안선을 가리자 시계는 겨우 몇 피트 앞밖에 보이지 않을 만큼 짧아졌다. 채드윅은 허우적거리기 시작했다. 시계를 잃어버리자 얼음처럼 차갑고 거친 바다의 파도는 더욱 솟구쳐 오르는 것처럼 보였다. 채드윅은 혹독한 추위로 팔과 다리, 발, 손에서 경련을 느꼈다. 그녀가 거대한 파도와 싸우는 동안 근육의 고통은 더욱 심해졌다. 마침내 그녀는 트레이너들에게 배 위로 끌어올려 달라고 말했다.

채드윅이 안정을 되찾은 뒤 기자들은 그녀에게 목표 지점이 얼마 남지 않은 곳에서 신기록을 향한 위대한 도전을 포기했다는 사실을 알고 있었는지 물었다. 그녀는 만약 트레이너들이 자신에게 목표 지점이 얼마 남지 않았다고 말해줬더라도 결과는 같았을 것이라고 대답했다. 그녀는 이렇게 말했다. "아시겠어요? 목표 지점을 보지 못하게 되자 내가 과연 한번이라도 마음속에 확고한 목표를 가진 적이 있었던가 의심이 들었던 거예요."

목표가 없을 때, 또는 목표에 대한 비전이 희미해질 때 우리는 목표의 의미를 잃는다. 어떤 일에 잘 대비해왔고 그 일에 재능이 있다 해도 노력이 잘못된 방향으로 향하고 있다면 우리는 가장 중요한 에너지를 잃게 된다. 많은 시간과 돈과 다른 여러 자원들을 쏟아 붓고도 한곳에서만 빙빙 쳇바퀴 돌듯 달리게 되는 경우가 있다. 인생의 목표에 부합하는, 마지막으로 꼭 도달하고 싶은 목적지를 분명하게 만들지 못한다면, 또 이 목적지에 대한 확실한 비전이 없다면 결국 우리는 넘어지고 실패하고 말 것이다.

브라이언 아담스는 그의 저서 《성공하는 방법How to Succeed》에서 헨리 포드가 어떻게 목표의 시각화라는 방법을 사용해 세계에서 두 번째로 큰 자동차 회사를 만들어낼 수 있었는지 설명했다. 포드는 마음속으로 자신이 만들고 싶은 자동차의 모습을 누구나 경제적으로 감당할 수 있는 가격으로 그려냈다. 그는 자동차 설계도를 종이에 직접 그리기 훨씬 이전부터 그가 꿈꾸는 차의 설계도를 마음속에 그려왔다. 그는 또 자신이 꿈꿔왔던 자동차를 운전하는 수많은 사람들의 모습을 상상했다. 500달러 미만의 저렴한 자동차를 만들고 싶다는 꿈은 그의 의식 속에 실현 가능한 것으로 자리잡게 됐다. 이 꿈은 그의 무의식 속에 꼭 실행해야만 하는 일로 새겨졌다. 이제 포드가 비전을 현실화하는 것은 시간 문제일 뿐이었다.

골프치는 사람들이 가장 많이 듣는 충고 중의 하나가 "공에서 눈을 떼지 말라"는 것이다. 골프 선수들은 공을 똑바로 바라보지 않으면 골프공을 치는 게 불가능하다는 사실을 잘 알고 있다! "공에서 눈을 떼지 않기"를 원한다면 이 세상에서 자신만의 고유한 독창성을 어떻게 만들어나갈 것인가가 무엇보다 중요하다. 확실한 목표를 세웠다면 목표를 성취할 수 있는 여러 가지 방법을 생각해보고, 그 중에서도 최선이라고 여겨지는 다양한 목표 달성의 과정들을 마음속에 그려보라. 마지막으로 도달하고 싶은 목적지를 만들고, 거기에 도달하기 위해 꼭 해야 할 일을 하라. 그리고 목적지에 도착하기까지의 과정을 즐기라.

인생에서 무엇을 성취해야 할지 모른다면
결코 많은 것을 성취할 수 없을 것이다

존 템플턴

　　　　　　출판인이었던 로버트 번스타인은 젊은 시절 뉴욕의 라디오방송국 WNEW에서 일했다. 출판사 사이먼 & 슈스터의 영업본부장이었던 알버트 레벤탈은 키가 큰 빨간 머리의 번스타인이 마음에 들어 그를 출판사로 영입했다. 번스타인은 에너지가 넘치는 사람이었다. 한번은 레벤탈이 오전 7시 30분에 사무실에 나갔는데 번스타인이 한창 바쁜 모습으로 일하고 있었다. 번스타인은 자신의 상사를 보고는 의아한 표정으로 물었다. "저는 성공하겠다는 큰 목표가 있습니다만 본부장님이 이런 말도 안 되는 시간에 출근한 이유는 뭐죠?"

　로마의 위대한 장군이자 정치가였던 줄리어스 시저는 소아시아 젤라에서 폰터스 파르나케스 2세가 이끄는 군대를 격파한 뒤 "왔노라, 보았노라, 승리하였노라(Veni, vidi, vici)"라고 외쳤다. 시저는 목표가 있었고, 목표를 향해 나아갔고, 목표를 성취했다! 목표를 세우고 그 목표를 실현하려는 야망을 품을 때 잠재력을 최대한으로 발휘할 수 있는 기회를 얻게 된다. 우리는 마음속에 이상을 향한 비전을 가지고 있다. 그 이상에 집중해 노력할수록 이상은 점점 더 현실에 가까워진다. 목표와 꿈을 기억할 수 있도록 기록해 두는 것은 큰 도움이 된다. 당신이 성취하고자 하는 것을 연상시키는 사진이나 그림을 잡지에서 오려 '보물지도'를 만드는 것도 목표를 세우는 한가지 방법이 될 수 있다. 이 보물지도는 단순한 자료 이상으로 당신의 감정과 인간관계, 일과 같은 삶의 다양한 영역에 영향을 미칠 것이다.

아마도 당신은 끊임없이 "난 할 수 있어, 난 할 수 있어"라고 말하며 언덕을 올라가는 작은 빨간 기관차 이야기를 들은 적이 있을 것이다. 작은 기관차는 이렇게 말하며 노력한 결과 불가능해 보였던 언덕을 오르는 데 성공했다. 기관차는 목표와 목표를 이룰 수 있다는 확신을 가지고 있었고, 결국 자신이 마음속에 그려왔던 것을 성취해냈다.

나폴레온 힐은 "사람이 마음속으로 무엇을 생각하고 무엇을 믿든, 그것은 성취된다"라고 말했다. 사람의 무의식 속에는 우리가 살아가면서 만나는 질문에 대한 대답과 수수께끼에 대한 비밀이 숨어있다. 이 저장공간을 두드려 활성화하기 위해서는 먼저 자신이 걷고 싶은 길이 어떤 길인지 결정해야 한다. 성취하고 싶은 일이 무엇인지 결정한다는 것은 말의 입에 재갈을 물리는 것과 같다. 재갈은 말에게 씌우는 마구 가운데 가장 작지만 가장 중요한 것이다. 재갈을 물린 덕분에 우리는 말의 움직임을 조정할 수 있게 된다. 재갈을 끌어당기는 것만으로도 말의 몸 전체를 우리가 가고 싶어하는 방향으로 돌릴 수 있다. 목표가 우리를 인도해주지 않는다면 우리는 방향 없이 버둥거릴 것이고 아마도 많은 것을 성취할 수 없을 것이다. 목표를 세우면 자신의 잠재력을 더 크게 발전시킬 수 있는 기회를 얻게 된다. 마음속에 목표에 대한 비전을 품으라. 이 목표를 향해 더 열심히 일할수록 목표가 실현될 수 있는 가능성은 점점 더 높아진다.

성공의 열쇠

내가 도달하고자 하는 높이

내가 접촉하고자 하는 세계

내가 꿈꾸는 기적

한 번이라도 바란 적이 있거나

생각한 적이 있는 모든 것들

이들은 멀리 있고 저 아래에 있고

그리고 존재할 수 없다

나의 내면 깊은 곳에서

살아가고 자라나는 것이 아니라면.

이와 같은 때가 아니라면

너무나 깊은 곳에 숨겨져 있기에

나는 다만 꿈꿀 뿐이며

희망할 뿐이다.

그들이 떨어져 있기를

살아있기를

내가 볼 수 있기를

만질 수 있고 붙잡을 수 있기를

나를 위로해줄 수 있기를.

그러나 내가 만약 본다면 또 기다린다면

그리고 진실한 모든 것을 붙잡는다면
때가 올 것이고 장소가 올 것이고
그리고 내가 보는 것은 당신일 것이다.
당신은 내가 꿈꾸는 것이고
나의 내면 깊은 곳에서
살아가고 자라나지 않는다면
존재할 수 없는 것이기에.
-칼라 월터스의 시 《나의 내면 깊은 곳 Within the Depths of Me》

WORLDWIDE
Laws of Life

03
계획의 법칙

잃어버린 시간은 다시 찾을 수 없다

벤자민 프랭클린

매일 아침 은행에서 당신에게 8만 6400달러를 지급한다. 하지만 그날 밤까지 쓰다 남은 돈은 얼마가 됐든 전부 은행에 돌려줘야 한다. 그러면 당신은 어떻게 하겠는가? 물론 은행에서 준 돈을 모조리 다 써버릴 것이다!

시간도 이렇게 은행에서 주는 돈과 똑같다. 매일 아침 당신은 8만 6400초를 얻는다. 좋은 목적에 투자하지 못한 시간들은 매일 밤 잃어버린 시간으로 날아가 버린다. 당신은 그날 쓰지 못한 시간을 다음날을 위해 예치해둘 수 없고, 다음날 시간을 미리 당겨 쓸 수도 없다. 매일매일 인생이라는 은행은 새로운 계좌를 만들어 당신에게 일정한 시간을 제공한다. 매일 밤 이 은행은 그 날의 거래를 전부 끝내 버린다.

당신이 오늘의 시간을 활용하지 못하면 큰 손실이다. 이 손실은 보충되지 않는다. 내일의 시간을 미리 빼내 쓸 수도 없다. 당신은 현재, 바로 오늘의 시간만으로 살아야 한다. 따라서 건강과 행복과 봉사에서 최선의 것을 얻는 데 이 시간을 투자하라.

인생을 채우는 순간순간에 감사하지 못하면 체험하고 즐길 수 있는 능력이 사라져버릴 수도 있다. 모래알이 손가락 사이로 빠져 흘러나가는 것처럼 지나가버리는 게 우리 인생이다.

우리는 누구나 매일 24시간이라는 똑같은 시간을 갖는다. 그러나 시간과의 관계를 변화시키려면 시간에 대한 인식을 잘 이용할 필요가 있다. 무의미하고 지루한 시간은 끝나갈 때가 다 되었다고 생각하면 활력이 생긴다. 마감시한이 임박했다는 스트레스는 휴가에 대한 기대감으로 다소 줄일 수 있다.

시간은 돈처럼 한정적이기 때문에, 또 우리에게 일정한 양만이 제공되기 때문에 가치가 있다. 설사 지구 상에서 우리의 시간이 무한하다 해도 시간이 진정한 가치를 갖기 위해서는 시간을 잘 이용할 필요가 있다. 시간을 좋은 곳에 사용해야만 성공할 수 있고 자신의 삶에 만족할 수 있다.

시간은 시멘트처럼 서서히 굳어간다. 시멘트는 레미콘차에서 흘러나와 어떤 틀에 부어져 무언가 쓸모 있는 것으로 굳어지기 전까지는 단지 잠재력일 뿐이다. 낭비된 시간은 레미콘차에서 아예 나오지 못했거나 레미콘차에서 흘러 나왔다 해도 틀을 만나지 못해 쓸모 없이 굳어진 시멘트나 마찬가지다. 시간이 쌓여가면서 인생도 형태를 잡아간다는 사실을 기억하면 우리는 성공할 수 있다. 시간을 효율적으로 활용하면 가진 것을 더 알차게 사용할 수 있다. 우리 내면의 재능을 다른 사람을 돕는 데 사용할 수 있고, 우리 인생에 기쁨과 만족을 줄 수 있는 실체적인 방법으로 표현할 수 있다. 시간을 관리하는 기술을 익히면 매일 좀 더 많은 시간을 가질 수 있는 비밀을 발견할 수 있을 것이다.

시간에 구체적인 모습을 입히는 최선의 전략은 장단기 목표와 계획을 세우는 것이다. 무엇을 성취하고 싶은가? 내일의 목표를 달성하기 위해 오늘 어떤 일을 해야 하는가? 매일 해야 할 일의 목록을 작성하라. 일분 일초를 활용하라. 그렇게 하지 않으면 그 시간은 잃어버리게 된다! 오늘 잃어버린 시간은 영원히 돌아오지 않는다!

천리 먼 길도 한 걸음부터 시작된다
노자

무슨 일을 하든 첫걸음을 떼는 게 가장 어렵다. 첫걸음을 내딛기가 어려운 이유는 관성의 법칙 때문이다. 관성의 법칙이란 외부에서 힘이 작용하지 않는 한 모든 물체는 현재 상태를 그대로 유지하려는 것을 말한다. 이 때문에 움직이던 물체를 계속 움직이게 하는 것보다 정지된 물체를 움직이게 하는 데 더 많은 에너지가 필요하다. 예를 들어 달리던 기차를 계속 달리게 하는 것보다 정지된 기차를 출발시키는 데 더 많은 에너지가 필요하다.

랄프 왈도 에머슨은 어릴 때 어떤 사람이 투덜대며 톱으로 나무를 베는 모습을 보게 되었다. 에머슨은 무엇인가 도와주고 싶었지만 나무를 베는 일은 어린 자신에게 너무 벅차 보였다. 나무를 베는 모습을 가만히 지켜보던 에머슨은 마침내 자신이 할 수 있는 일을 발견하고는 이렇게 물었다. "제가 대신 투덜거려 드릴까요?" 나무를 베는 사람이 계속 투덜거리자 '투덜거리는 것' 만이라도 도와주고 싶다는 생각이 들었던 것이다. 에머슨은 비록 어렸지만 대신 '투덜거리는 것' 은 다른 사람에게 도움이 되고 싶다는 희망의 첫걸음이 될 수 있었다. 첫걸음은 매우 단순할 수 있다!

영국의 극작가이자 소설가인 조지 버나드 쇼가 어느 날 조각가 제이콥 엡스타인을 방문했다. 쇼는 작업실 한쪽에 커다란 돌이 하나 세워져 있는 것을 보고는 무엇을 만드는 데 사용할 생각이냐고 물어보았다. 조각가는 "아직 잘 모르겠습니다. 여전히 계획 중이거든요"라고 대답했다. 이 말을 듣고 쇼는 놀란 표정으로 이렇게 말했다. "아니 자네는 작품을 계획해서 만든단 말인가? 이런, 나는 하루에도 몇 번씩이나 마음을 바꾼다네!" 쇼의 말에 엡스타인은 이렇게 대답했다. "글쎄요. 4온스짜리 원고지라면 그럴 수도 있겠죠. 하지만 4톤이나 되는 돌을 가지고는 그럴 수 없죠."

하루하루는 우리 삶과 임대차 계약을 새로 맺는 첫 단계가 될 수 있다. 이 아침, 당신은 많은 가능성으로 가득한 날, 새로운 경험의 날, 당신의 삶에 커다란 기쁨을 가져다 줄 수 있는 날을 향해 눈을 떴다. 새로운 날의 여명은 새로운 세계로 들어가는 출입구와 같다. 이 아침, 당신이 내딛는 첫걸음이 당신에게 주어진 날에 감사하는 것이라면, 또 당신의 가슴 안에 매우 가치 있는 무엇인가가 준비되어 있음을 알고 있다면, 당신은 하루하루의 삶에 더욱 감사하고 해야 할 일에 더 잘 대비할 수 있을 것이다.

성공적인 삶을 살아가기 위한 첫걸음은 어떻게 살아갈 것인가를 전망하고 계획을 세우는 것이다. 당신은 삶의 영역을 넓히고 싶은가? 당신의 세계가 확대되기를 원하는가? 당신이 지금까지 겪은 것 이상의 모험을 하고 싶은가? 그러면 마음의 범위를 넓히고 정신과 육체와 영혼을 성장시키는 것이 첫걸음이 될 수 있다. 당신의 전망과 계획을 제한할 수 있는 어떠한 믿음도 용납하지 말라. 당신 스스로 부과한 속박과 굴레에서 벗어나라. 영혼의 날개를 활짝 펴고 편협한 범주에서 벗어나 한계에 대한 세속적인 믿음 위로 날아오르라.

당신은 지금 앞으로 해야 할 여행에 대해 높은 이상을 품고 기회와 성공을 향해 열린 문 앞에 서있는가? 그 문으로 들어가기 위한 첫걸음을 내딛을 준비가 되어 있는가?

계획하는 데 실패한다면 실패를 계획하는 것이다
벤자민 프랭클린

미주 대륙을 횡단하기로 마음먹었다면 가장 먼저 지도를 꺼내 어떤 길을 선택해야 할지 생각할 것이다. 지도에는 목적지에 도달할 수 있는 여러 가지 길이 나와 있다. 목적지까지 서둘러 가야 한다면 가장 빠른 길을 선택할 것이다. 그런 다음 여행할 거리가 얼마나 되는지 계산해보고, 목적지에 언제 도착할 수 있는지 좀 더 구체적으로 계획을 세울 것이다.

여행에서 목적지에 도달하는 것과 인생에서 어떤 목적을 성취하는 것은 똑같다. 목적지에 도달하는 방법을 보여주는 인생의 로드맵이 없다면 당신은 목적 없이 방황하고, 문제의 해결책도 찾아내기 어려울 것이다. 지도를 보고 목적지를 찾아가는 것처럼 우리 삶의 목표에 도달하기 위한 계획을 세우고, 인생에 체계적으로 대비하고, 여러 대안들을 연구함으로써 우리는 비로소 목표를 이룰 수 있게 되는 것이다.

브라이언 아담스는 그의 저서 《성공하는 방법 How to Succeed》에서 이렇게 이야기했다. "계획은 성공을 위한 이정표다. 성공은 설계를 통해 이뤄진다. 실패란 계획이 부족했을 때 일어난다. 계획은 성공으로 가는 인생의 길을 따라 서있는 이정표다. 이정표가 없다면 그 길은 불확실하고 험난할 것이다. 계획이 불충분하면 절대로 좋은 결과가 나올 수 없다. 성취한 일은 처음에 결심했던 일보다 크지 않다. 계획이 개략적인 것에 불과하고 목표 수준이 낮다면 결코 높은 성과를 기대할 수 없다. 구체적으로 목표를 추구할 때 성공할 확률이 실패할 확률보다 높아진다."

나이 든 석공이 돌을 쌓아 벽을 만들고 있었다. 이 돌로 만든 벽은 자연스러워 보였고 매우 아름다웠다. 집 주인이 주위를 지나가다 석공이 작은 돌도 큰 돌과 마찬가지로 아주 조심스럽게 쌓아올리는 것을 봤다. 집 주인은 석공에게 다가가 "큰 돌을 더 많이 사용하면 벽을 더 빨리 쌓을 수 있지 않겠습니까?"라고 말했다.

그러자 석공은 이렇게 대답했다. "아마도 그렇겠지요. 하지만 오래 유지되는 아름답고 견고한 벽을 만드는 것이 중요하지 속도가 목적은 아니지 않습니까?"

석공은 말을 멈추고 잠시 생각하다가 덧붙였다. "이 돌들은 사람들과 같습니다. 큰 돌을 지지하기 위해서는 큰 돌보다 더 많은 작은 돌들이 필요합니다. 작은 돌들을 빼버린다면 큰 돌도 지탱하지 못하고 무너질 겁니다!"

대부분의 사람들은 자신의 삶에서 무엇을 원하고 있는지 알고 있다. 그러나 그 꿈을 실현하기 위해 신중하게 계획을 세우는 사람은 거의 없다. 사람들은 종종 원하는 것을 이루기 위해서는 행운이나 다른 사람들의 도움이 필요하다고 생각한다. 실제로 실패한 사람들은 성공한 사람들을 향해 "영향력 있는 사람을 잘 알고 있어서" 혹은 "운이 좋아서" 성공했을 것이라고 말하곤 한다. 그들은 영향력 있는 사람을 만나거나 행운을 얻는 것보다 인생이라는 여행을 위한 신중한 계획을 세우는 게 성공과 더 연관이 있다는 사실을 이해하지 못한다. 목표를 향해 노력하다 보면 도움을 주는 사람을 만나게 된다. 그러나 이런 사람을 만나기 위해서는 먼저 분명한 목표와 그 목표를 달성하기 위한 계획을 잘 세워두어야 한다.

여기에 소개하는 다음의 단계를 밟아 실행 가능한 실천 목표를 세워보라. 우선 성취하고 싶은 일을 머리 속에 구체적으로 그려본다. 그리고 머리 속에 떠오른 생각들을 종이에 적은 뒤 계획을 달성하기 위해 필요한 단계들을 나열한다. 장기적인 목표에는 더 많은 단계들과 더 세부적인 계획이 필요하지만 계획을 세우는 원칙은 똑같다. 성취하고 싶은 일이 무엇인지 정확히 알면 그 일을 이루기 위한 계획을 세울 수 있다. 기본적인 계획을 세운 뒤에도 새로운 정보와 변화된 상황에 맞춰 때때로 계획을 수정하는 시간을 가져야 한다. 그리고 목표를 달성할 때까지 그 계획을 꾸준히 따르면 된다.

세계적인 베스트셀러 《성공하는 사람들의 일곱 가지 습관The Seven Habits of Highly Effective People》을 쓴 스티븐 코비는 "마음속에 마지막을 그려보는 것으로 계획 수립을 시작하라"고 추천한다. 계획을 세우는 가장 좋은 방법은 당신이 무엇을 원하는지, 그리고 그 마지막은 무엇인지 마음속에 그려보는 것이다. 원하는 것이 중요한 프로젝트든 단순한 일상 업무든 관계없다. 거기에 도달하는 데 필요한 과정들을 염두에 두고 목표를 세우는 것부터 시작하라. 당신의 목표가 수많은 단계들로 구성되어 있다면 우선 순위를 매기는 것이 좋다. 목표 단계마다 A, B, C 식으로 등급을 부여해 쭉 나열한 뒤 A를 가장 먼저 처리하라. 전문적인 계획입안가에 따르면 업무를 종이 위에 적게 되면 그 업무를 완수할 가능성도 높아진다.

다음은 목표를 달성할 수 있도록 도와주는 지침들이다.

1. 불명확하고 모호한 아이디어로서가 아니라 분명하고 구체적인 단어로 목표를 표현하라.
2. 목표를 상세히 적어 의미를 분명히 하라.
3. 매일 목표를 점검함으로써 마음 한가운데 목표가 자리잡도록 하라.
4. 목표를 이루는 데 필요한 모든 것을 배우라.
5. 기회가 왔을 때는 목표를 이루기 위해 최선의 노력을 다하라.
6. "이것이 이루어지지 않는다면 더 좋은 무엇인가가 있을 것!"이라고 생각하라. 그래야 당신이 목표를 달성해나가는 데 초월적인 존재가 도와줄 수 있는 여지가 생긴다.

7. 목표를 이루는 과정에서 모든 가능성을 받아들일 마음의 준비를 하라.

"계획하는 데 실패한다면 실패를 계획하는 것이다"라는 말을 항상 기억하라. 여행하는 데 지도가 필수적인 것처럼 인생이라는 여행에서 목표는 필수적인 도구다. 계획에 따라 살아가면 성공적인 삶을 살 수 있다!

어떤 일이든 그 일에 할당된 시간만큼 걸리기 마련이다
파킨슨의 법칙

정해진 기한 안에 끝마치지 못하면 무엇인가 나쁜 일이 닥칠 것이라고 위협하는 데드라인(마감시한)은 "어떤 큰일, 혹은 불가능해 보이는 어떤 임무를 완수하는 데 최악의 적"인 당신 자신으로부터 당신을 구해낼 수 있는 힘이 있다.

데드라인은 "업무를 완수할 수 있도록 야생마 무리를 가둬주는 울타리" 같은 역할을 한다. 데드라인은 길들여지지 않은 인상과 생각, 감정을 명확한 울타리로 둘러싸 당신의 아이디어를 달성 가능한 목표로 체계화한다. 사람들은 대개 일의 마지막, 또는 일을 완료해야 하는 시점을 알기 전까지는 일을 효과적으로 시작하지 못하는 경우가 많다. 데드라인이 없는 목표는 대부분 성취하기 어렵다. 퍼브릴리우스 사이러스가 "막 목표 지점에 도달하려고 할 때 물러서지 말라"고 말했듯이 데드라인은 업무를 완수해나가는 데 격려가 된다. 데드라인은 당신의 일이 언제 완성될지 알려 준다.

  데드라인이 없다면 광활하고 황량한 사막을 질주하듯 구체화되지 않은 생각과 비생산적인 활동으로 시간을 보내며 자신을 소진시켜버리기 쉽다. 데드라인은 영어로 풀어보면 'dead(죽은)'와 'line(줄)'이 합해져 "죽음의 줄"이란 뜻이 된다. 그러나 적절하게 정해진 데드라인은 시작도 끝도 없는 광야를 방황하지 않도록 도와주는 생명줄이 된다. 데드라인은 생명줄이 되어 당신이 목적지를 향해 나갈 수 있도록 조정해주고, 당신의 시간과 재능과 자원을 다듬어 가장 유용하게 사용할 수 있도록 도와준다.

  데드라인은 관리할 수 있는 관심의 영역 안으로 시간을 집중시킨다. 누군가 당신에게 촛불을 5분 동안 바라보고 있으라고 한다면 아마도 별다른 어려움 없이 그렇게 할 수 있을 것이다. 그러나 시간을 정해놓지 않고 촛불을 바라보고 있으라고 한다면 불합리하게 느껴져 전혀 그렇게 할 마음이 생기지 않을 것이다.

  데드라인은 또한 당신의 에너지를 보다 중요한 일에 쏟아부을 수 있게 해준다. 한 숟가락의 꿀을 호수에 넣으면 단 맛이 느껴지지 않지만 한 컵의 물에 넣으면 금세 달아지듯 우리의 노력도 효율적으로 사용하기 위해서는 우선순위에 따라 집중할 필요가 있다. 예를 들어 방학 때 계절 학기를 듣지 않으려면 시험기간 전 한 주 가량의 짧은 기간 동안에는 공부와 논문 작성에 최우선 순위를 둬야 한다. 주의를 다른 관심 영역으로 분산시키면 노력은 희석되고, 지금 당신의 목표가 가져야 할 뚜렷한 초점은 흐려진다. 그러나 일주일 후면 당신의 데드라인은 지나가고 당신은 매우 가치 있는 일을 끝냈다는 만족감을 느끼며 다음에 해야 할 임무를 즐길 자유를 갖게 된다.

시간관리 전문가들은 당신이 스스로 결정한 데드라인이 가장 좋다고 말한다. 자신이 알아서 적절한 데드라인을 정하면 시간을 좀 더 효율적으로 사용할 수 있다. 그러나 다른 사람이 당신에게 데드라인을 부여하면 때로 데드라인을 불평하고 원망하느라 귀중한 시간을 낭비하기도 한다. 그러나 다른 사람이 정해준 데드라인이 자의적이고 불공평하다고 느껴질 때도 어쨌든 당신은 당신 자신을 위해 그 데드라인을 선택할 수 있다. 당신이 가진 능력으로 최선을 다해 난관에 대처해 나간다면 큰 활력과 성취감으로 보답 받을 것이다. 오귀스트 꽁트는 "원칙을 사랑하고 근거를 세우고 목표를 향해 전진하라"고 말했다.

일생 동안 성취하고 싶은 것이 무엇인가? 당신은 이 세상에 어떤 기여를 할 수 있을 것이라고 상상하는가? 크든 작든 당신이 야망을 갖고 있다면 오늘 당신의 최종 목적지에 도달하기 위한 작은 목표들을 세우고 그 목표들을 완료하기 위한 날짜, 데드라인을 정하라. 데드라인은 당신의 성공을 규정하는 생명줄이라는 사실을 기억하라.

현명한 사람은 내일을 위해 오늘 절제하고, 모든 계란을 한 바구니에 담지 않는다

미겔 데 세르반테스

헬렌 켈러는 "나는 내 인생을 단순히 소비하기를 원하지 않습니다. 투자하기를 바랍니다"라고 말했다. 성공한 사람들은 소중한 순간들을 낭비하지 않는다. 그리스의 극작가인 안티파네스는 이를 "모든 것은 근면에 항복한다"는 말로 요약했다. 영국의 정치가이자 저술가인 체스터필드는 시간을 현명하게 쓰는 방법을 이렇게 설명했다. "해야 할 일이 적을수록 그 일을 할 수 있는 시간도 적어진다는 것은 의심할 여지없는 진리다. 해야 할 일이 적으면 사람들은 하품을 하거나 일을 미루고, 결국 일을 해야겠다는 결심을 한 뒤에야 그 일에 착수한다. 따라서 해야 할 일이 적을 때는 일을 완벽하게 해내는 경우가 거의 없다. 반면 일이 많은 사람은 그 일에 전력을 다해야만 하기 때문에 언제나 그 일을 다 해낼 만한 시간을 찾아낸다."

시간과 에너지, 자원을 투자한다는 것은 흥미로운 일이다. 당신 자신을 던져 투자했던 분야가 세계적인 큰 조직이든 단순한 프로젝트든 상관없다. 당신이 기여하지 않았더라면 어떤 면에서는 그 일이 결코 일어나지 않았을 것이라는 사실을, 성공 속에서 공감할 수 있을 것이다. 다른 사람들과 함께 하는 당신의 투자가 지역 사회와 국가, 혹은 세계 전체를 긍정적으로 변화시킨다는 사실을 발견할 때, 비슷한 마음을 가진 사람들이 변화를 이끌어내는 힘을 가졌다는 것을 깨닫게 될 것이다. 성공적인 투자의 수확은 계속해서 투자를 하게 만드는 중요한 동기 부여를 얻는 것이다.

당신은 첫 번째 투자에 성공했다고 기뻐하고 있을지 모르지만 경험이 많은 투자자들은 한 분야 이상에 관심을 쏟고 당신이 가진 자원을 많은 조직, 많은 사람들과 나누라고 조언한다. 현명한 투자자들은 "계란을 한 바구니에 모두 담지 말라"는 삶의 법칙을 따른다. 미국의 소설가인 마크 트웨인은 모든 계란을 한 바구니에 담으면 그 바구니만 지켜봐야 할 것이라고 말했다.

투자든 인간관계든 한 가지에만 의존하게 되면 많은 것을 그것에 집중 투자해놓고 그것을 잃을 수 있다는 두려움으로 인해 노심초사하게 된다. 당신이 가진 거의 모든 에너지와 애정을 한 친구에게만 쏟아붓는다면 그 사람에게 많은 것을 기대할 수밖에 없게 된다. 당신에게 우정이 필요할 때, 그 친구가 당신과는 상관 없는 어떤 이유로 당신의 기대를 충족시켜주지 못한다면 어떻게 될까? 어떤 사람들은 이런 상황에 직면했을 때 실망과 원망을 느끼고, 결국 우정에 긴장감을 초래하게 된다. 이런 상황에서는 당신의 투자가 긍정적인 결실을 가져오지 못한다. 반면 당신이 여러 친구들에게 투자했더라면 한 친구가 기대를 충족시켜주지 못한다 해도 당신을 위로하고 격려해줄 다른 친구들이 있다. 오로지 한 사람에게만 전적으로 의지하지 않았던 덕분에 수많은 우정으로부터 축복과 결실을 얻을 수 있게 되는 것이다. 성경에 이런 구절이 있다. "너는 내 식물을 물 위에 던지라, 여러 날 후에 도로 찾으리라.(전도서11장1절)……너는 아침에 씨를 뿌리고 저녁에도 손을 거두지 말라. 이것이 잘 될지, 저것이 잘 될지, 혹 둘이 다 잘 될지 알지 못함이니라.(전도서 11장6절)"

당신에게는 생각을 조직화하고, 조심스럽게 계획하고, 직면한 일에 당신 자신을 전적으로 투자할 수 있는 능력이 있다. 더 높은 목표를 달성하기 위해 노력을 투자하는 것은 성공을 이뤄나가는 데 필수적이다. 자동차 제작자인 할로 허버트 커티스의 조언이다. "일을 할 때마다 매번 더 잘하라. 그 일을 할 수 있는 다른 누구보다도 더 잘하라. 그 일이 이루어지는 데 필요한 정도보다 더 잘하라. 당신과 그 어려운 임무 사이를 누구도, 또는 어떤 것도 방해하지 못하도록 하라. 이 말이 고리타분하게 들린다는 것은 안다. 사실 고리타분한 말이다. 그러나 이것이 바로 세상을 만들어왔다." 당신은 베풀 것이 많으니 그것을 가능한 한 많은 곳에 나눠주라.

성공의 열쇠

우수한 성적으로 명문 대학을 갓 졸업한 한 젊은 여성이 소설을 쓰고 싶다는 열망으로 가득 차 있었다. 하지만 그녀의 아이디어는 언제나 짧은 이야기로 끝나버리곤 했다. 소설가로서 야심찬 작품을 기획하는 것은 감당하기 어려운 것처럼 느껴졌다. 어느 날 그녀는 친구에게 자신이 얼마나 낙담하고 있는지 고백했다. 친구는 그녀에게 작품에 대해 더 큰 구상이 필요하다고 조언했다. 그리고 그녀의 상상 속에 이미 살아있는 등장인물과 강렬한 이야기들을 모두 포괄해 전개시켜 나갈 수 있는 시리즈의 윤곽을 그려보라고 조언했다. 친구는 앞으로 몇 년간, 어쩌면 그녀의 일생 동안 전개될 수 있는 계획이 이 소설의 구상에 포함되어야 한다고 말했다.

그녀는 친구의 조언에 따라 등장인물의 성격을 대략적으로 묘사하고, 여러 가지 이야기들이 어떻게 맞물려 들어갈 수 있는지 기획하고, 소설을 한 권씩 시리즈로 출간하려면 어떻게 해야 하는지 생각했다. 그녀의 소설 기획안은 열정적이고 성공적인 설계도가 되었다. 그녀는 소설 기획안이 완성되자 자신의 작품을 더 넓은 구도 안에서 바라볼 수 있었고 어디서부터 써야 하는지 알 수 있었다. 그녀의 마음속에서 무엇이 첫 번째 소설이 되어야 하는지 뚜렷해졌다. 이 젊은 여성은 마침내 본격적으로 쓰기 시작했고, 첫 번째 소설이 출간될 무렵 두 번째 소설에 착수했다.

그녀의 문제는 작문 실력이 아니라 자신이 성취할 수 있는 일에 대해 매우 제한적인 계획밖에 갖고 있지 못했다는 것이다. 그녀의 친구는 이 사실을 깨달을 수 있도록 현명한 조언을 해줬다. 구체적인 계획이 만들어지자 마음속의 열망을 성취하는 데 도움을 받을 수 있었고, 이는 즐겁고 생산적인 성취로 이어졌다.

WORLDWIDE
Laws of Life

04
고난의 법칙

계속해서 햇볕만 내리쬐면 사막이 되어버린다

중국 속담

시드니 포이티어는 바하마의 캣아일랜드에서 가난하게 자랐다. 집안이 너무 가난해서 학교를 채 2년도 다니지 못했다. 시드니는 열여섯 살 되던 해 달랑 3달러만 갖고 더 나은 삶을 위해 미국 뉴욕으로 건너왔다. 뉴욕에 도착했을 때 그가 잠잘 수 있는 곳은 건물 옥상 밖에 없었다. 그는 접시 닦는 일을 시작했다.

시드니는 어느 날 우연히 아메리칸 니그로 극단의 구인 광고를 보고는 연기에 대해 아무것도 몰랐지만 지원했다. 그는 정규교육을 거의 받지 못했기 때문에 대본에 쓰여진 글을 제대로 읽을 수조차 없었다. 감독은 "시간 낭비 좀 그만 시켜"라고 소리치며 그의 오디션을 중단시켰다.

대부분의 사람들은 이런 식으로 거부 당하면 시도를 멈추고 꿈을 버리지만 시드니는 오디션을 마치고 나오면서 배우가 되겠다는 결심을 이전보다 더욱 단단히 굳혔다. 그는 접시를 닦아 번 얼마 안 되는 돈을 모아 라디오를 샀다. 라디오에서 흘러나오는 사람들의 목소리를 몇 시간씩 들으며 그들이 하는 말을 똑똑하게 발음하기 위해 노력했다. 식당에서 자신에게 글을 가르쳐줄 만한 선배 웨이터도 만났다.

시드니는 다시 아메리칸 니그로 극단을 찾아가 연기 수업을 받을 수 있도록 해달라고 부탁했다. 시드니는 그 때 마음속으로 최고의 흑인 배우가 아니라 최고의 배우가 되겠다고 결심했다. 시드니 포이티어는 현재 당대 최고의 배우로 꼽히고 있다. 그의 인생에 내린 비는 소망이라는 씨앗, 더 나은 생활과 더 조화로운 인생을 살아가겠다는 그의 결심을 키워준 생명수였다.

햇볕만 내리쬐고 구름도 없고 비도 오지 않는다면 어떻게 될까? 가끔씩 우리는 햇볕이 비치는 맑은 날만 계속되기를 바란다. 하지만 비가 없다면 지구는 생명이 살 수 없는 불모의 땅이 되고 말 것이다.

우리의 삶도 이렇게 다양성으로 채워져 있다. 맑은 날과 폭풍우 치는 날, 좋을 때와 어려울 때, 즐거움과 고통, 기쁨과 슬픔. 우리는 종종 즐겁고 행복한 경험만 하려고 노력한다. 그러나 경험을 너무 잘 조절하려고 애쓰다 보면 우리 자신을 두려움이 너무 많은 존재로 만들어 버리고 만다.

당신은 두려움 속에서 살아가는 사람을 만난 적이 있는가? 유죄를 선고 받은 어떤 사람이 교도소를 탈출해 몇 년간 경찰에 쫓기면서 살았다. 그는 의심과 불안 속에서 살아야 했기 때문에 편안한 느낌을 가져보려고 마약에 손을 댔다. 그는 마약을 구할 수 있다면 어떤 일이라도 마다하지 않았다. 마약은 그의 내적인 고통을 마비시키고 정신을 멍하게 만들었으며 그를 성가시게 하는 일들을 잊어버리게 했다. 그의 절박한 시도는 잠시 동안은 효과가 있었다. 그러나 곧 고통과 두려움을 잊기 위해 더 많은 마약이 필요했다. 마약을 사기 위해 돈을 훔쳤고 결국에는 경찰에 붙잡혀 감옥에 갇히게 됐다. 고통을 피함으로써 행복을 맛보려던 이 남자의 시도는 오랜 감옥 생활과 그가 후에 고백하기를 "살아 있는 사람이 아니라 죽어가는 사람에게 더 적합한 환경"

에서 끝을 맺고 말았다.

우리의 삶에도 균형이 필요하다. 어떤 사람도 두려움과 의심과 부정적인 생각으로 가득 찬 인생을 견뎌낼 수 없다. 비가 내리면 초록색 풀이 자라고 햇볕이 비추면 따뜻함과 평화가 일깨워지듯 도전은 우리 삶에 새로운 믿음과 생각을 낳고 우리를 더 큰 깨달음으로 인도한다. 행복한 시간은 어려운 일을 겪을 때 긴장을 풀 수 있는 즐거운 기억을 제공한다. 좋은 추억은 모든 기쁨이 떠나버렸다고 잘못 생각할 때 오래된 친구처럼 공허함을 채워준다.

앞에 놓인 길이 험난해 보일 때면 이 속담을 기억하라. "햇볕만 내리쬐면 사막이 된다." 사막조차 약간이라도 비가 내리지 않으면 어떠한 생명체도 살 수 없다. 삶의 균형을 추구하라. 균형이 없다면 균형을 만들 때다!

육지가 보이지 않는 먼 바다까지 나갈 용기가 없다면 새로운 대양을 발견할 수 없다

무명씨

미국 콜로라도 주 깊은 협곡에 살고 있는 독수리들은 둥지를 지을 때 특별한 나뭇가지를 사용한다. 암컷 독수리는 아이언우드(Ironwood: 쇠나무)라고 불리는 나무의 가지를 구하기 위해 하루에 200마일을 날아가기도 한다. 아이언우드는 쇠나무라는 이름이 말해주듯 매우 단단할 뿐만 아니라 가시도 많아서 가지끼리 서로 단단하게 연결돼 협곡의 높은 암반 위에 지은 둥지를 안정적으로 고정시켜준다. 독수리는 둥지를 만든 다음 새끼 독수리들이 아이언우드의 날카로운 가시에 찔리지 않도록 둥지 안을 나뭇잎과 깃털, 풀로 겹겹이 깐다.

암컷 독수리는 아기 독수리의 탄생을 준비하면서 새끼들이 살아남을 수 있도록 세세한 곳까지 신경을 쓴다. 아기 독수리들이 알을 깨고 태어난 후에도 암컷 독수리는 아기 독수리들이 생존할 수 있도록 계속해서 관심을 쏟는다. 그러나 관심의 표현 방식은 점차 바뀐다. 아기 독수리들은 어느 정도 자라면 둥지 안에서 더 많은 공간을 확보하기 위해 싸우기 시작한다. 먹이에 대한 아기 독수리들의 요구도 더 이상 어미 독수리가 채워줄 수 없는 지경에 이르게 된다. 그러면 어미 독수리는 아기 독수리들이 살아남기 위해서는 둥지를 떠나야만 한다는 사실을 본능적으로 알게 된다.

어미 독수리는 둥지 안에 깔아놓은 나뭇잎과 깃털, 풀을 없애 어린 독수리들이 아이언우드의 가시에 찔리도록 한다. 어린 독수리들이 둥지를 쉽게 떠날 수 있도록 하기 위해서다. 가시로 둥지 안 생활이 고통스러워지면 어린 독수리들은 어쩔 수 없이 둥지 가장자리 위로 올라가게 된다. 그러면 어미 독수리는 어린 독수리들을 구슬러 둥지 가장자리에서 발을 떼어 떨어지도록 한다. 협곡 바닥으로 추락하기 시작하면 어린 독수리들은 떨어지지 않기 위해 거칠게 날개를 퍼덕거리게 되고 그 과정 중에 독수리에게 가장 자연스러운 일, 즉 나는 것을 배우게 된다.

인간인 우리도 종종 어린 독수리들과 비슷한 상황에 처할 때가 있다. 삶이 더 이상 우리가 원하는 성장에 도움이 되지 않는다고 느낄 때, 변화가 필요하다. 우리는 안전함과 익숙함을 뒤로 하고 미지의 영역으로 여행을 떠나야 한다. 아기 독수리들이 둥지에서 떠나는 것을 주저하듯이 우리도 변화를 받아들이기 싫어할 수 있다. 우리는 때로 모르는 것에 대한 막연한 두려움 때문에 현재 상황이 만족스럽지 않아도 불만을 참고 견디는 경우가 있다. 만약 당신의 배가 항구에 묶여 있다면 키를 아무리 돌려도 배는 어디로도 갈 수 없다!

많은 경우 삶 속의 불만족스러운 조건들은 우리에게 떠날 때가 되었음을, 우리가 가진 잠재력의 새로운 영역을 시도해볼 때가 되었음을 알려주는 신호들이다. 낯선 것에 대한 두려움으로 인해 일시적으로 불만스러운 상황을 참고 견딜 수는 있지만 삶의 조건이 만들어낸 가시들이 점점 더 아프게 찔러오면 우리 또한 어린 독수리들처럼 다른 곳으로 나아가야 할 때라는 사실을 받아들이게 된다. 우리는 삶을 신뢰할 수 있으며 확신을 가지고 새로운 경험을 향해 전진할 수 있다.

당신은 "그것을 하고 싶었는데 그럴 만한 용기가 없었지"라고 생각한 적이 있는가? 당신 안에서 용기를 찾아보라. 그 용기가 당신을 앞으로 나아갈 수 있도록 격려할 것이다. 위험을 무릅쓰고 새로운 도전을 받아들여야 하는 순간이 오면 모든 사람에게는 생존할 수 있는 능력은 물론이고 성공할 수 있는 자질도 선천적으로 내재되어 있음을 기억하라. 신은 우리를 창조하실 때 더 높은 수준의 성공을 이루어 성취감과 만족감을 맛볼 수 있는 가능성을 함께 주셨다. 이는 우리가 선택하지 않는 한 우리가 할 수 있는 능력보다 덜한 것을 감수할 필요가 없음을 의미한다.

완전히 새로운 삶의 방식이 손만 내밀면 잡을 수 있는 곳에 있는데 우리는 너무나 자주 새로운 삶을 탐험하는 데 실패하곤 한다. 왜 그럴까? 도전정신을 발휘하기에는 우리 자신이 누구인지, 우리가 어떤 존재인지 충분히 확신하지 못하기 때문이 아닐까? 흥미로운 사실은 우리가 다시 살 수 있는 삶을 가지고 있다는 점이다. 새로운 경험을 할 수 있도록 매일매일 새로운 삶이 우리에게 다가온다. 일생 내내 반복해서 24시간이라는 새로운 시간들이 우리에게 주어진다. 나이가 얼마든 관계없이 스스로에게 한번 물어보자. "나는 내가 살아온 햇수만큼 진정으로 살아온 것인가, 아니면 한 해 한 해가 단순히 반복해서 되풀이되는 하루에 불과했던 것인가?"

누구에게나 내면에는 둥지 가장자리 위로 올라갔을 때만 느낄 수 있는 능력이 잠재해있다. 허공 속으로 미끄러지라. 그리고 날아 오르라!

밤이 되어 어둠이 찾아온다 해도 세상이 끝난 것은 아니다

무명씨

때로는 발을 딛고 서있을 한 뼘의 기반조차 없는 것처럼 느껴지는 어려운 시기가 있다. 우리 자신의 세계가 바로 발 밑에서 무너지고 있는 것 같아 지금 처해 있는 상황에서 벗어나 어디로든 다른 곳으로 도망치고 싶다고 생각하기도 한다. 이런 상황에 처하면 가족조차 우리를 이해할 수 없을 것이라고 생각하게 된다. 사실 우리 자신이 얼마나 심각하게 느끼고 있는지 오히려 가까운 사람들을 납득시키기가 더 어려울 수도 있다. 중요한 결정을 내려야 하는데 외부로부터 도움을 받을 수 있는 길이 전혀 없는 것처럼 느껴질 때도 있다. 이처럼 어려운 상황에 부딪치면 우리는 완벽하게 혼자라고 느낀다.

중세 시대의 신비주의 수도사 성 요한은 이런 위기를 "영혼의 어두운 밤"이라고 불렀다. "어두운 밤"은 상당히 적절한 비유다. 동이 트기 전, 세상이 여전히 잠들어 있을 때 잠에서 깨어 일어난 적이 있다면 그 때 얼마나 외로운 느낌이 드는지 이해할 것이다. 어느 누구의 말 소리도 들리지 않고, 당신이 마치 이 세상에 살아남은 유일한 사람인 것 같은 느낌이 들었을 것이다. 밤은 끝없이 계속될 것처럼 보이고, 그 순간 아침은 결코 오지 않을 것이라는 생각마저 든다.

에밋 폭스가 쓴 책 《보람된 삶을 살기 위해 Make Your Life Worthwhile》를 보면, 삶에서 이른바 "잘 나갈 때"와 "잘 나가지 못할 때"를 바닷물이 밀려들어왔다 쓸려나가는 조수에 비유하고 있다. "우리의 영적인 발전은 곧은 일직선으로 중단 없이 이루어지지 않는다. 인간의 본성은 그런 방식으로 작용하지 않는다. 어떤 사람도 끊임없이 발전하면서 곧바로 완벽함에 도달할 수는 없다. 우리가 올바로 행하고 있다면 얼마간은 꾸준히 올라간다 해도 얼마 후에는 뒤로 조금 밀려나게 된다. 그런 다음에 다시 앞으로 나아가고 얼마 뒤에는 다시 조금 후퇴하는 방식으로 전진이 이루어진다. 삶의 전반적인 움직임이 위를 향하고 있다면 이 같은 일시적인 후퇴는 중요하지 않다. 바닷물은 밀려 들어왔다 쓸려나간다. 발전의 이런 모습은 자연현상 속에서 일반적이다." 이 같은 자연의 순환 과정을 이해하면 긴장된 순간에도 감정을 고요하고 조화롭게 유지할 수 있는 힘을 얻게 된다.

살아가다 보면 때로 위기가 계속될 것 같고, 긍정적인 결과는 전혀 기대할 수 없을 것 같은 상황과 만나기도 한다. 그럴 때면 삶이란 전혀 살아갈 만한 가치가 없다고 믿고 싶은 유혹을 느낀다. 어떤 때는 나만 없어지면 세상이(가족이나 학교, 직장, 사람들 사이의 관계까지 포함해 모두) 더 나아질 것이라는 생각을 하기도 한다. 그러나 그것은 사실이 아니다! 당신은 살아야 할 이유가 있다. 사람들은 모두 살아야 할 이유를 가지고 있다. 다른 모든 사람들이 이 우주에서 자신만의 역할을 수행하고 있듯 당신도 이 삶에서 어떤 역할을 담당하고 있다. 당신은 중요한 사람이다.

사실 "살아가야 할 이유가 없다"고 느끼는 순간은 우리가 온전한 사람이 되는 데 필요한 소중한 교훈을 배울 수 있는 기회다. 가장 어렵고 힘겨운 상황은 삶의 진정한 의미를 보다 깊이 이해하고, 지혜 속에서 성장할 수 있도록 도와주는 효과적인 배움의 경험이 될 수 있다. 이런 점에서 역경은 선물이 될 수 있다.

세상이 끝난 것처럼 느껴지는 상황에 빠질 때면 계단 초입에 서있다고 생각해보라. 그 곳에 빛이 전혀 없다면 당신은 발을 내딛었을 때 바로 밑에 당신을 지탱해주는 계단이 있다는 사실을 알 수 없다. 빛을 구하게 되면 각각의 단계마다 당신을 문제에서 해결책으로 인도해주는 계단이 드러나 보일 것이다. 건전하지 못한 생각은 싹 쓸어버리고 유익하고 창조적인 생각으로 마음을 채우라. 생각이 당신을 지배하도록 내버려두지 말고, 스스로 당신의 생각에 책임을 지라. 감정적으로 결론을 내리지 말라. 어려운 상황에 직면하면 잠시 마음을 가라앉히고 객관적이고 냉정하게 생각하라. 친절과 선한 의지를 실천하는 것만큼 어둠을 완벽하게 몰아낼 수 있는 것은 없다는 사실을 깨달으라. 시인 테오도르 뢰트케는 "어두워지면 비로소 눈이 보기 시작한다"는 말로 어두울 때에 잠재된 축복을 표현했다. 이것이 진리다. 이렇게 "영혼의 어두운 밤"을 지나 새로운 여명을 향해 나아갈 때 우리는 상황을 좀 더 분명하게 조망하면서 어둠이 가져온 축복을 보다 깊이 이해할 수 있게 된다. 내가 아는 한 사람은 힘들고 어려운 시련에 부딪칠 때면 이를 기꺼이 맞아들이며 이렇게 말한다: "이것은 나를 축복하기 위해 찾아 왔다!" 그리고 그는 축복을 구하고 축복을 발견한다.

어떤 문제가 발생하든 당신의 어느 부분은 그 문제를 해결하기 위해 어떤 행동을 취해야 하는지 알고 있다. 여러 방법을 시도해봤지만 효과가 없었다 해도 여전히 해결책을 찾기 위한 다른 많은 방법들이 남아 있다. 해결할 수 없는 문제는 거의 없으며, 단지 문제를 해결할 방법을 아직 찾지 못했을 뿐이다. 그리고 문제를 해결하는 방법을 모른다고 해서 당신이 가치 없는 사람이 되는 것은 아니다. 당신은 다만 성장할 수 있는 기회를 부여 받았을 뿐이다. 당신은 여전히 가치 있고 소중한 존재다.

어두운 밤이 지나면 언제나 태양이 다시 떠오른다. 당신이 지금 경험하고 있는 어려움은 단지 태양의 얼굴을 가리고 있는 구름일 뿐이다. 당신이 가진 내면의 빛을 흐릿하게 만들려고 하는 구름을 태양의 힘과 따뜻함으로 몰아내라. 어려움을 극복해나갈 때 삶에 대한 믿음을 통해 격려를 받고 힘을 얻으라.

위험을 무릅쓰지 않으면 아무것도 얻을 수 없다
존 헤이우드 경

위험을 무릅쓰는 용기는 성공으로 가는 길을 닦아준다. 알렉스 헤일리는 어린 시절 어머니가 일찍 세상을 뜨고 아버지는 미국의 다른 주에서 공부를 하고 있어 할머니의 손에서 자랐다. 헤일리는 성인이 된 뒤 연안경비대에서 20년간 일하다가 프리랜서 작가가 되기 위해 뉴욕으로 갔다. 연안경비대를 떠난 이후 헤일리의 삶은 경제적으로나 개인적으로나 결코 평탄치 않았다. 그는 극심한 가난을 견뎌내야 했다. 그러나 헤일리는 책을 써서 먹고 살 수 있는 성공한 작가가 되겠다는 불타는 열망을 갖고 있었다. 헤일리는 자신의 7대조 할아버지까지 거슬러 올라가는 가족사를 소재로 대하소설을 쓰는 데 온 힘을 쏟았다. 경제적인 어려움에도 불구하고 12년간 《뿌리

Roots》를 완성하는 데 주력했고, 마침내 연안경비대를 떠난 지 17년이 지난 후《뿌리》를 출간할 수 있었다. 이 책은 37개 언어로 번역되었고, TV 미니시리즈로도 제작돼 엄청난 성공을 거뒀다.

1992년 하계 올림픽에서는 가슴을 울리는 감동적인 장면이 두 번 있었다. 하나는 미국의 육상선수 게일 디버스가 100미터 허들 경기에서 보여준 모습이었다. 그녀는 가장 앞서 나가다가 마지막 허들에 걸려 넘어지고 말았다. 고통스럽게 몸을 무릎까지 일으켜 세운 뒤 결승선까지 남은 5미터를 기어갔다. 5등으로 결승선을 통과했지만 완주에 성공한 것이다.

더욱 감동적인 장면은 400미터 준결승 경기에서 나왔다. 영국의 육상선수 데릭 레드몬드는 다리 뒷부분의 힘줄이 끊어져 경기 도중 쓰러졌다. 그는 간신히 일어나 경기를 끝까지 치러내겠다는 의지로 절뚝거리며 걸었다. 그 모습을 지켜보던 아버지가 관중석에서 뛰어나와 아들을 부축해줬다. 레드몬드는 마지막까지 포기하지 않고 아버지에게 기대어 절뚝거리며 결승선을 통과했다. 그 순간 관중석에서는 우레와 같은 박수가 터져나왔다.

우리는 먼 옛날 선조들이 시작한 여행을 계속하며 지금 이 순간까지 왔다. 용기와 호기심만 있으면 인생이라는 여행에서 엄청나게 다양한 일들을 경험할 수 있다.

오늘날 도전의 대상은 선조들에게 탐험의 대상이 되었던 지구의 미개척 영역이 아니다. 인간의 마음과 정신, 영혼이 더욱 경이로운 미지의 영역이 될 수 있다. 사랑의 힘에 대한 연구는 우리에게 남아 있는 큰 과제 중의 하나다. 가톨릭 신부이자 과학자인 피에르 테이야르 드샤르댕은 이렇게 말했다. "인류를 위해 사랑의 에너지를 사용하는 방법을 배우게 될 때 우리는 역사상 두 번째의 불을 발견하게 될 것이다."

당신도 이 발견에 기여하지 않겠는가?

불행도 축복이 될 수 있다
존 템플턴

선교사 로버트 리빙스톤이 아프리카의 작은 원시 부족 마을에서 원주민들과 함께 살았을 적 이야기다. 리빙스톤은 매일 신선한 염소젖을 마셔야 하는 희귀한 혈액병으로 고생하고 있었다. 어느 날 한 마을을 방문했는데, 그 마을의 족장이 리빙스톤의 염소를 보고 반해 버렸다. 그 마을에서는 족장이 원하기만 하면 무엇이든 즉각 족장의 재산으로 간주되었다. 그 마을의 관습을 존중하는 수밖에 없었던 리빙스톤은 자신의 목숨이 달려 있다는 것을 알면서도 족장에게 염소를 바쳤다.

족장은 리빙스톤에게 고맙다는 몸짓을 한 뒤, 답례로 오래 사용한 것처럼 보이는 지팡이를 선물했다. 리빙스톤은 마을을 떠나 집으로 돌아오는 길에 하인에게 염소젖을 매일 마시지 못하면 죽을지도 모른다고 걱정스럽게 말했다. 이 말을 듣자 하인은 매우 의아한 표정을 지으며 말했다. "주인님께서는 족장님이 주신 선물이 무엇인지 모르셨습니까? 그것은 족장님의 권한을 상징하는 지팡이입니다. 그걸 가지고 있으면 족장님이 통치하는 마을에서 주인님이 원하는 것은 무엇이든 다 가질 수 있습니다!"

우리는 가족과 친구, 동료와의 관계에서 얼마나 자주 실망하고 오해하는가? 그러나 어떤 어려움에 직면하든 긍정적인 생각이 차이를 만들 수 있다는 것, 단순한 '지팡이'를 '왕권'으로 바꿀 수 있다는 것을 기억하라. 지금 하고 있는 일이 비록 보잘것 없다 해도 더 나은 일을 하기 위한 긍정적인 도전이라고 생각하면 실제로 직위가 높아지거나 더 나은 일을 할 수 있게 된다.

수많은 과학자와 탐험가들은 무엇인가를 증명하려다 실패한 뒤에도 좌절하지 않고 계속 연구와 탐험에 정진해 원래 계획했던 것보다 훨씬 더 중요한 것을 발견했다. 크리스토퍼 콜럼버스는 인도와 중국 등 동양 세계와 교류할 수 있는 새로운 무역 항로를 개척하려고 시도하다 실패하고 대신 아메리카 대륙을 발견했다. 그가 인도에 상륙하는 대신 원래 목적했던 곳과는 수천 마일이나 떨어진, 훗날 아메리카로 불리게 되는 낯선 땅에 도착했을 때 얼마나 실망했을지 상상해보라. 그러나 콜럼버스는 이 실패로 인해 결과적으로는 역사상 가장 위대한 팀힘가 중의 한 명으로 이름을 영원히 남길 수 있게 되었다.

영국의 보수당 정치인으로 총리를 지냈던 디즈레일리는 불행과 재난 사이에 어떤 차이가 있는지 설명해달라는 질문에 가장 강력한 경쟁자였던 글래드스톤을 예로 들며 익살스럽게 대답했다. "예를 들어 글래드스톤이 강물에 떨어진다면 그건 불행입니다. 그러나 어떤 사람이 그를 강물에서 구해준다면 그건 재난이 되는 거죠!" 프랑스의 소설가 스탕달(본명 마리 앙리 벨)은 1801년 12월 1일 일기에 다음과 같이 썼다. "살아가면서 겪는 대부분의 불행은 우리에게 일어난 일을 잘못 해석하기 때문에 생긴다. 따라서 사람을 철저하게 파악하고, 일어난 일을 분별 있게 판단하는 것이 행복을 향해 내딛는 커다란 한 걸음이 될 수 있다."

어려움은 전혀 예상하지 않고 있을 때 일어나곤 한다. 어려움이 닥칠 때마다 우리는 당황하며 어려움에 적절히 대처할 만한 준비가 되어 있지 않다고 느낀다. 대부분의 사람들은 "불행도 축복이 될 수 있다"는 사실을 기억하기 전에 일단 "화부터 내는" 경향이 있다. 그러나 상황이 어떻게 보이든 신은 혼란의 한가운데서 우리의 필요에 기꺼이 응답할 준비를 하고 있다. 불행에 대처할 준비가 되어 있지 않다고 느낄 때 우리는 놀라고 당황하고 좌절하고 짜증을 낸다. 심지어 충격에 빠져 화를 내기도 한다. 이런 감정은 "확고하게 신의 구원을 바라볼 때" 극복할 수 있다.

영국의 신학자인 프레드리히 폰 휘겔은 "우리는 등에 짊어진 십자가에 대해 불평함으로써 우리의 십자가를 얼마나 더 무겁게 만들고 있는가!"라고 말했다. 당신도 자신이 짊어진 십자가에 대해 불평하고 있는가? 예수는 "자기 십자가를 지고 나를 좇을 것이니라"(마태복음 16장 24절)라고 말했다. 이는 문제를 해결하려면 사랑의 길을 따르라는 분명한 가르침이다. 그렇지 않은가? 팔짱을 끼고 앉아 상황에 대해 불평하는 것은 전혀 도움이 되지 않는다. 당신이 어떤 일을 겪는다면 그 일에는 목적이 있을 것이다. 영혼의 인도함을 따를 때 당신은 그 목적이 선하다는 사실을 알게 될 것이다.

생각을 바꾸면 우리의 인생도 바꿀 수 있다. 계획이 실패했을 때 부정적인 생각과 두려움이 마음을 점령하도록 내버려두면 우리의 세계는 자기 불신과 불안으로 가득 차게 된다. 부정적인 태도가 우리 자신을 얼마나 많이 제한하고 있는지 인식하면 긍정적인 생각에 집중할 수 있게 된다. 지속적이고 긍정적인 태도, 즉 '지팡이'를 '왕권'으로 바꾸는 사고 방식을 통해 우리는 힘들고 어려운 상황을 행복과 성공으로 이어지는 긍정적인 기회로 바꿀 수 있다.

장애물도 당신에게 이로운 것으로 만들 수 있다
무명씨

에이브러햄 링컨이 미국 대통령으로 재직할 때 그가 무슨 일을 하려고 하면 반드시 문제점을 찾아내 사사건건 반대하는 관료 한 명이 있었다. 링컨 대통령이 어떤 사안에 관심을 보이면 이 사람이 반드시 반대할 것이라고 내기를 걸어도 좋을 정도였다. 이런 일이 계속되자 링컨 대통령의 한 친구가 왜 그 사람을 해임하지 않느냐고 물었다. 그러자 링컨 대통령은 젊었을 때의 경험을 들려줬다.

링컨이 시골길을 가다가 한 농부가 말이 끄는 쟁기로 땅을 경작하고 있는 것을 발견했다. 링컨이 인사를 하려고 가까이 다가가보니 말 옆구리에 말파리가 붙어 앉아 말을 깨물며 성가시게 하고 있었다. 링컨은 말파리를 쫓아낼 요량으로 손을 들어 올렸다. 그러자 농부가 그를 막으면서 이렇게 말했다. "그렇게 하지 말게나. 말파리는 이 늙은 말이 움직이도록 해주고 있을 뿐이라네."

과거를 돌아보면 어떤 사람의 가치를 깨닫지 못하고 그저 그를 쫓아버리고만 싶었던 때가 기억날 것이다. 시간이 지나고 나서야 해결하기 어려운 성가신 상황이 실은 가면을 쓴 축복이었다는 것을 깨닫게 된다. 상대하기 어려운 사람이나 껄끄러운 상황이 사실은 가면을 쓴 축복일 것이라고 생각한다면 우리 인생은 훨씬 더 즐겁고 의미가 있지 않을까? 깊이 생각해보면 이런 어려운 경험들이 우리로 하여금 보다 성장하고 더 나은 방향으로 변화할 수 있도록 격려해주는 동기가 된다는 사실을 알게 된다. 말파리처럼 어려운 상황들이 우리를 계속 전진하게 만들고 있는 것인지도 모른다!

살아가면서 힘들고 어려운 도전에 직면할 때 우리가 기억해야 할 가장 중요한 진리는 "이 경험이 우리의 영혼을 성장하게 하고 우리를 축복한다"는 것이다. 우리가 이 경험을 피하는 것은 거기에 있는 축복을 우리 자신에게서 빼앗아버리는 것과 같다. 우리는 종종 마음의 작용과 인과의 법칙을 잊어버린다. 우리가 성장하는 데 그 경험이 필요 없었다면 그 경험은 우리에게 다가오지 않았을 것이다. 또는 그 경험을 했다 해도 우리는 거의 영향을 받지 않았거나 전혀 방해 받지 않았을 것이다! 우리는 그 상황을 평온하고 자신 있게 헤쳐나갔을 것이다.

힘들고 어려운 상황에 직면했을 때 어떻게 반응할 것인지 선택할 권리가 우리에게 있다는 사실을 기억하는 것이 중요하다. 지혜로운 어느 현자의 말처럼 살아가면서 가장 중요한 것은 우리에게 무슨 일이 일어났느냐가 아니라 우리에게 일어난 일에 어떻게 반응했느냐 하는 것이다. 인생의 이 놀라운 원칙은 훈련될 수 있고, 또 완전해질 수 있다. 우선 모든 상황과 모든 사람에게 좋은 면이 있다는 것을 깨닫는 것이 중요하다. 성가신 사람이나 어려운 상황을 무시해버리기 전에 좀 더 면밀히 살펴보자. 그 성가신 사람이나 어려운 상황이 가면을 쓴 축복은 아닌가 하고 말이다.

루이스 캐롤의 불후의 명작 《이상한 나라의 앨리스Alice in Wonderworld》에서 앨리스는 하트의 여왕 앞에서 "그녀의 목을 베라"는 선고를 듣고 떨면서 서있었다. 그러나 공포에 압도당할 뻔한 순간 갑자기 현실로 돌아와 "뭐라고? 카드일 뿐인 주제에!"라고 소리친다. 그러자 모든 카드들이 허공으로 날아 올라가 버렸다! 앨리스의 축복은 현실 인식과 이해, 용기의 회복을 통해 왔다. 당신에게는 장애물도 이로운 것으로 만들 수 있는 능력이 있다.

성공의 열쇠

미군으로 프랑스에서 근무했던 거디제프는 영적인 모임을 하나 만들었는데 모임의 구성원 가운데는 문제 투성이인 한 늙은 남자가 있었다. 성격은 매우 급하고, 몸은 늘 지저분하고, 다른 사람과 자주 싸우고, 어떤 방법으로든 깨끗이 하거나 도와주는 것을 꺼리는 사람이었다. 아무도 그와 잘 지낼 수 없었다. 그는 몇 달간 그 모임에 남아 있으려 했지만 결국 포기하고 파리로 떠나버렸다. 거디제프는 그를 쫓아가 돌아오라고 설득했지만 그는 거절했다. 거디제프는 돌아온다면 상당한 금액의 돈을 주겠다고 제안했다. 그가 어떻게 이 좋은 제안을 거부할 수 있었겠는가?

늙은 남자가 돌아오자 모든 사람들이 깜짝 놀랐다. 게다가 다른 사람들은 그 모임에 참석하는 대가로 상당한 돈을 내고 있는 반면, 그는 오히려 돈을 받을 것이라는 얘기를 듣자 사람들은 화를 냈다. 거디제프는 사람들을 모아 그들의 불만이 무엇인지 다 들은 뒤 웃으면서 이렇게 설명했다. "이 늙은 사람은 빵의 이스트와 같습니다. 이 사람이 없으면 여기 있는 여러분들은 분노와 신경질, 인내, 연민 등을 진정으로 배울 수가 없습니다. 이 때문에 여러분들은 나에게 돈을 내는 것이고, 나는 그를 고용한 것입니다."

인생에서 만나는 고난은 우리의 정신과 영혼이 성장하는 데 필요한 '이스트'다. 거디제프의 모임에 참석했던 사람들처럼 우리도 어려운 상황들이 만들어내는 불편함이나 고통만 바라보고, 어려움이 가진 '이스트'로서의 성격을 보지 못하는 경우가 많다. 그러나 어려운 상황에서 얻는 경험은 보다 높은 자아를 향한 문을 열어주고, 가치 있는 교훈을 배울 수 있게 해준다.

WORLDWIDE
Laws of Life

05
의지의 법칙

마음속에 품고 있는 생각은 자신과 닮은 것을 낳는다

찰스 필모어

　　　　　　세계적인 베스트셀러《생각하라, 그러면 부자가 되리라Think and Grow Rich》를 쓴 나폴레온 힐은 미국 버지니아 주 남서쪽 산간마을의 방이 하나밖에 없는 오두막집에서 태어났다. 힐은 열두 살이 되어서야 기차를 처음 볼 수 있었을 정도로 외진 곳에서 살았다. 힐은 가난했던 데다 여덟 살 때 어머니까지 잃었다.

　어머니가 세상을 떠난 다음 해에 힐의 아버지는 새어머니를 집으로 데리고 왔다. 힐은 그 날을 이렇게 회상했다.

　"아버지는 새어머니를 친척들에게 차례대로 소개했습니다. 새어머니를 나에게 소개할 순서가 됐을 때 나는 팔짱을 끼고 못마땅한 얼굴로 구석에 서있었습니다. 나는 새어머니에게 내가 얼마나 거친 아이인지 보여줄 만반의 준비를 하고 있었지요.

　아버지가 나를 향해 걸어오며 말했습니다. '마사, 여기 당신 아들 나폴레온이오. 웨스트 카운티에서 가장 심술궂은 아이지. 이 아이가 내일 아침 당신에게 돌멩이를 던진다 해도 난 놀라지 않을 거요.'

　그곳에 있던 모든 친척들이 큰 소리로 웃었습니다. 그 때 새어머니가 나에게 다가와 내 턱 밑에 손을 대고 머리를 위 쪽으로 향하게 한 후 나의 부은 얼굴을 정면으로 쳐다보았습니다. 그리고는 '당신이 틀렸어요. 이 아이는 웨스트 카운티에서 가장 심술궂은 아이가 아니라 가장 영리한 아이예요' 라고 말하더군. 또 '이 아이는 아직 자신의 지혜를 가장 잘 이용할 수 있는 방법이 무엇인지 배우지 못했을 뿐이에요' 라고 덧붙였습니다."

나폴레온 힐은 새어머니의 격려로 라이플 총을 버리고 타자기를 받아들였다. 힐의 새어머니는 힐에게 타자기 치는 방법과 정보를 찾고 자신의 생각을 글로 표현하는 방법을 가르쳤다. 후에 힐은 "완벽한 지배력을 발휘해야 할 대상은 단 한 가지뿐인데, 그것은 자신의 정신적인 태도다"라고 말했다. 바로 자신의 경험을 얘기한 것이다. 나폴레온 힐이 스스로 "심술궂다"는 믿음 대신 "지혜로운 사람으로 큰 일을 해낼 수 있다"는 생각을 씨앗처럼 마음속에 품기 시작했을 때 마침내 목표로 삼았던 성공적인 사람이 될 수 있었다. 힐은 세계 각국의 국가원수들에게 많은 조언을 했고, 자신이 쓴 글의 힘을 통해 수백 만 명의 사람들을 격려했다. 그가 쓴 책《생각하라, 그러면 부자가 되리라》는 수십 년이 지난 지금까지도 베스트셀러로 인기를 끌고 있다.

당신이 이 책을 읽고 있는 동안 당신은 과거 오랜 시간에 걸쳐 당신의 생각이 만들어온 것을 반사해 드러내 보이고 있다. 패배주의적인 생각과 짜증스러운 생각, 정직하지 못한 생각, 자기 중심적인 생각, 실패에 대한 생각은 파괴적이다. 사랑스러운 생각, 정직한 생각, 남을 도와주려는 생각, 성공에 대한 생각은 창조적이다.

가장 좋은 씨앗에서 자란 과일이 가장 맛있고 달듯이 가장 살 만한 인생은 가장 사랑스러운 생각에서 자라난다. 긍정적인 생각의 힘을 활용하기 전에 현재 당신의 사고 방식이 어떤지 살펴보라. 당신에게는 나폴레온 힐의 새어머니처럼 부정적인 사고 방식을 지적해주며 도와줄 수 있는 사람이 없을 수도 있다. 그러면 혼자 있을 수 있는 조용한 시간에 자신이 어떤 습관을 가지고 있는지 관찰하고, 더 높은 목표에 적합하지 않다고 여겨지는 생각들을 솎아내라.

당신은 긍정적이고 사랑스럽고 이기적이지 않은 사고 방식을 발전시킬 수 있도록 마음을 훈련할 수 있다. 당신도 활용할 수 있는 가장 강력하고 긍정적인 아이디어를 가진 친구들을 사귀려 노력하라. 그 친구들에게 관심과 믿음을 주라. 무의미한 잡담과 두려움, 부정적인 생각들 대신에 긍정적이고 건설적인 생각과 교훈으로 마음을 채우라. 이를 실천해나가면 단순히 축복을 받을 뿐만 아니라 삶을 변화시키는 "좋은 생각의 원칙"의 축복받은 대변자가 될 수 있다. 당신은 부정과 한계가 지배하는 곳에서 유용함과 행복이 넘치는 곳으로 나아갈 수 있다.

우리는 어떤 생각이 우리의 삶을 지배하기를 원하는지 선택할 수 있는 자유를 태어날 때부터 갖고 있다. 우리는 추구하고 싶은 삶의 길을 선택할 수 있고, 삶이라는 여행의 속도를 원하는 대로 선택할 수 있으며, 여행에 가지고 가고 싶은 것을 선택할 수도 있다.

당신의 마음을 성공에 적합한 상태로 만들 수 있는 능력이 당신에게 있다는 사실을 느낀 적이 있는가? 마음을 성공에 적합한 상태로 준비시킬 때 당신은 삶을 변화시키는 과정에 투자하게 된다. 이것이 긍정적인 사고의 기본 원칙이다. 현재 당신의 사고 방식을 통해 당신이 미래에 성공할지 실패할지 예측할 수 있다. 어떻게 예측할 수 있을까? 당신이 끊임없이 생각하는 것은 실제로 일어날 수 있으며, 또 현실화되는 경우가 많기 때문이다!

자유는 살아있다는 사실이다
무명씨

독일 나치의 강제수용소에서 살아남은 빅터 프랭클은 그의 저서 《삶의 의미를 찾아서 Man's Search for Meaning》에서 역설적이게도 가장 끔찍했던 그 시절만큼 자유롭게 느꼈던 적이 없었다고 말한다. 어떻게 그럴 수 있을까? 자유를 완전히 박탈당하고, 질병과 고문, 죽음의 위협 속에서 살면서 그는 이전에는 결코 경험해보지 못했던 자신의 내면에 존재하는 자유의 깊이를 느꼈다.

우리는 자유로운 영혼이며, 우리의 마음은 스스로 무엇인가에 구속되었다고 생각하지 않는 한 어떠한 것에도 구속되지 않는다. 삶이 우리를 구속하고 있는 것인지, 아니면 우리 스스로 제한된 생각으로 우리를 구속하고 있는 것인지 한번 생각해보라. 우리 마음은 우리 자신의 생각으로 묶어 놓지만 않는다면 어떤 경험에도 종속될 수 없다는 사실을 깨닫는 것은 행복하다.

자유란 누구도 빼앗아갈 수 없는 우리 자신의 것이라는 사실을 이해하면 행복하고 생산적인 삶을 살 수 있다. 빅터 프랭클은 인간이 상상할 수 있는 한 가장 제약이 많은 환경 속에서 자유에 대한 이런 진리를 발견했다. 그는 삶이 자신을 어떤 곳으로 데리고 가도, 외적인 조건이 아무리 끔찍하다 해도, 여전히 자기 자신의 생각과 태도에 대해서는 자유를 가지고 있다는 사실을 깨달았다. 그는 자유로운 영혼의 눈으로 세상을 바라보기로 결심했다.

우리는 가끔 부모님이나 선생님, 친구나 회사의 사장 등 다른 사람들 때문에 어떤 느낌을 갖게 됐다고 생각하면서 이 빼앗길 수 없는 자유를 내다버리는 경우가 있다. 그러나 우리가 허락하지 않는 한 어느 누구도 우리에게 어떤 것을 생각하거나 느끼도록 만들지 못한다. 이 사실을 진정으로 이해하게 되면 우리가 가진 자유의 광대함도 이해할 수 있다. 빅터 프랭클은 끔찍한 경험 속에서조차 가치 있는 교훈을 얻을 수 있다는 사실을 감동적으로 보여주었다. 그는 외적인 환경에 절망해 자포자기해 버릴 수도 있었다. 그는 나치 때문에 포기했다고 합리화할 수도 있었다. 그러나 그는 독재자조차도 그의 생각과 태도는 지배하지 못한다는 것과 그가 바라는 것이 무엇이든 경험을 만드는 선택권은 자신에게 있다는 사실을 깨달았다.

살아가면서 생각이 부정적인 방향으로 흐를 때 외적인 힘 때문이라고 생각하는가? 누군가가 당신을 강제하기 때문에 당신에게 미래가 없다고 생각하는가? 다른 사람들이 바뀌기만 하면 당신이 행복해질 것이라고 느끼는가? 아니면 당신은 모든 상황에서 삶의 의미와 선한 면을 찾기로 결심했는가?

우리는 자신의 선택에 따라 자유롭게 생각할 수 있기 때문에 우리의 생각과 태도에 대해 책임을 져야 한다는 진실에서 벗어날 수 없다. 우리가 하는 생각이 원하는 것이 아니라면 생각을 바꿀 수 있고, 이를 통해 인생의 경험까지 바꿀 수 있다. 생각할 자유와 존재할 자유를 가지고 있는 한 우리는 결코 자유를 박탈당할 수 없다. 우리가 그렇게 생각하지 않는 한 습관적인 일상이 우리를 구속할 수는 없다. 형식은 목적이 아니라 우리의 편의를 위해 존재하는 것이다. "머리를 등딱지 밖으로 빼내어 쳐들고 있을 때에만 전진하는 거북이를 보라!"는 옛말이 있다. 과감하고 자유롭게 기꺼이 앞으로 나아갈 수 있는가-긍정적으로? 진정한 자유는 자기 자신의 지배력에 의해서만 얻을 수 있다. 영적인 도움에 대한 소망이 마음속 깊은 곳에서 자라기 시작할 때 도움이 주어지고 자유가 보장된다. 당신은 그때 비로소 완전하게 독립적인 존재가 된다!

의지를 끝까지 밀고 나가면 닫혀있던 많은 문들이 우리 앞에 열릴 것이다

세이예드 후세인 나스르

폴의 가족은 미국 몬타나 주에서 대규모 목장을 3대째 성공적으로 운영하고 있었다. 폴은 친구나 이웃 사람들처럼 땅과 가축을 사랑했고 목장 생활을 좋아했다. 이 때문에 폴은 주위의 다른 사람들과 마찬가지로 어른이 된 이후에도 목장 일을 계속할 것이라고 생각했고, 대학 전공도 농업경영학을 선택했다. 또 방학 때는 집으로 와서 목장 일을 도왔다.

그러나 폴은 대학에서 스킨스쿠버 다이빙 수업을 들은 뒤 자신의 마음이 다른 방향으로 이끌리는 것을 느꼈다. 그의 물속 경험이란 수영장과 부드러운 흙이 깔린 큰 강, 그리고 2개의 주를 지나는 긴 여행 끝에 도착했던 바다가 전부였다. 폴은 수영을 배운 적이 없었기 때문에 스킨스쿠버 다이빙 수업에서 요구하는 1마일 수영 실력을 갖추는 것이 가장 어려웠다. 폴은 수영 수업을 듣는 한편 장거리 수영에 필요한 신체적인 지구력을 기르기 위해 매일 달리기를 했다. 달리기는 그가 그리 좋아하지 않는 운동이었다.

폴은 바닷속 세계를 다룬 자크 쿠스토의 TV 프로그램을 즐겨 시청했다. 자크 쿠스토는 프랑스의 해양학자로 땅 위에 있는 시간보다 바닷속에 있는 시간이 더 많은 것 같은 사람이었다. 그의 발명품과 바닷속 탐험에 대한 열정은 폴을 매혹시켰다. 그는 매력적인 바닷속 세계에 대해 점점 더 많이 생각하게 됐다. 폴은 바닷속 세계와 관련된 책은 모두 찾아 읽었고, 커져가는 흥미를 충족시키기 위해 추가적인 자료나 문헌을 일부러 구해보기도 했다. 그는 산호초를 탐험하고 이상하게 생긴 물고기들을 만나고 싶다는 소망을 가지게 됐다. 그는 감탄과 찬사, 또 점점 더 늘어나는 지식을 갖고 바다에 대해 얘기했다. 폴은 열대의 바다를 탐험하고 싶어 방학 때면 저축했던 돈을 모두 꺼내 케이먼군도로 날아가서 스킨스쿠버 다이빙을 즐겼다. 이런 경험은 그에게 가슴 벅찬 신세계를 열어주는 모험이었다.

폴의 가족은 바다에 대한 폴의 관심이 과거에 그가 흥미를 보였던 관심사와 마찬가지로 일시적인 것으로 끝나버릴 것이라고 생각했다. 그러나 폴이 다이빙 학교에 대해 조사하기 시작하자 걱정이 됐다. 폴이 관심을 갖고 있는 바다는 폴의 가족과는 전혀 상관이 없는 세계였다. 그들은 바다에 관심을 가져봤자 현실 세계에서 어떤 도움이 되는지 지극히 회의적인 반응을 보였다 그들은 폴을 매우 사랑했지만 폴의 바닷속 탐험에 대해서는 환상적인 유람선 여행처럼 돈을 낭비할 뿐이라고 생각했다. 폴은 그의 가족에게 사랑과 존경과 믿음을 갖고 있었고, 다른 대부분의 젊은이들과 마찬가지로 자신이 하는 일을 가족이 받아들여줄지 신경을 썼다. 그는 자신이 하고 싶은 일과 가족이 그에게 원하는 일 사이에서 갈등했다. 게다가 다이빙 학교들은 모두 집과 멀리 떨어진 곳에 있어서 다이빙 학교에 다니게 되면 가족이 그리워질 것 같았다.

결국 그는 결정을 내렸다. 그는 최고라고 생각되는 다이빙 학교에 입학원서를 보냈다. 이 학교는 학비가 꽤 비싸 폴은 당초 생각하지도 않았던 힘든 아르바이트 일을 장시간 해야 했다. 폴은 열심히 일하고 절약해서 돈을 모았다. 그러나 그를 이해하고 지지하는 사람은 없었고, 그는 "다른 종류의" 사람으로 취급당했다. 시간이 흘렀지만 폴의 꿈은 난관에 부딪쳤고, 그럴 때마다 실현은 미뤄졌다. 그의 꿈은 멀리 사라진 것처럼 보이기도 했다. 폴은 주위의 모든 조건들이 바다를 포기하고 좀 더 "현실적인" 일에 정착하라고 말하는 것처럼 느껴졌다. 그러나 폴은 자신이 원하는 것을 알고 있었고, 원하는 것을 이루기 위해 노력을 계속했다.

이렇게 3년이 흐른 뒤, 폴은 마침내 원하던 다이빙 학교에 입학해 최선을 다해 공부했고 가장 우수한 성적으로 졸업했다. 졸업 후 그는 바하마에 있는 휴양지에서 일할 수 있는 추천서를 학교에서 받을 수 있었다. 폴은 바하마 휴양지에서 소중한 경력을 쌓은 뒤 학교 강사로 초

빙됐다. 그는 공부를 계속해 스킨스쿠버 지도자들을 가르칠 수 있는 자격을 획득했다. 폴은 바다와 다이빙에 대해 추가로 배우면서 자신이 스킨스쿠버 다이빙의 과학적인 면도 매우 좋아한다는 사실을 발견했고, 이는 더 큰 가능성으로의 문을 열어주었다.

그의 성공은 또 다른 성공의 발판이 되어 더 많은 성공을 불러왔다. 폴은 스물일곱 살 때 이미 스킨스쿠버 다이빙 분야에서 가장 유능한 전문가로 인정 받았다. 그는 강사로서 인기가 많았을 뿐만 아니라, 전문 잡지에 바다에 대한 글을 기고했고, 다이빙 용품점을 공동 운영했다. 여행을 다니며 여러 다이빙 쇼를 참관하고 다이빙 장비들을 공급했다. 또 바닷속 사진촬영가로도 명성을 쌓았다. 그는 전세계 모든 사람들과 만났다. 그는 좋아하는 곳 어디든 갈 수 있었고, 일과 친구들과의 만남을 즐겼다. 폴의 가족은 그가 성취한 것을 자랑스러워 했고, 폴은 고향 집에 가서 가족과 만나는 것을 좋아했다. 가족에게 그는 좀 다를지 모르지만 가장 흥미로운 사람이었고, 가장 행복한 사람 중의 하나였다.

폴의 이야기는 내면의 인도에 귀를 기울이고, 하고 싶은 일을 하기로 결심하고, 그 순간부터 당신이 아는 최선의 방법으로 목표를 향해 다가가는 것이 어떤 것인지를 보여주는 좋은 사례다. 폴은 마음을 한 곳에 집중시켜 엄청난 힘을 발휘한 사례를 예증한다. 이는 마치 돋보기로 햇빛을 한 점에 모아 통과시키면 종이를 태울 수 있는 것이니 돌을 부딪쳐 불을 만드는 것과 비슷하다. 강한 열망을 한 곳에 집중시키면 당신이 바라는 것이나, 확실하게 계획하고 있는 것을 실현하는 아주 강력한 수단이 된다. 어떤 어려움도 극복할 수 있는 힘을 얻게 된다. 당신 자신에게 물어보라. 나는 기꺼이 적극적으로 헌신하고 있는가? 아니면 나의 의지는 약하고 무너지기 쉬운가? 의지가 있는 곳에 길이 있다는 사실을 기억하라!

선택할 수 있는 권한을 현명하게 활용하라
오그 만디노

다람쥐가 한 나뭇가지에서 다른 나뭇가지로 건너 뛰다가 첫 번째 나뭇가지를 놓쳤다. 하지만 다행히 그 아래 있는 나뭇가지에 무사히 내려 앉았다. 그 광경을 바라보던 사람이 이렇게 말했다. "일생 동안 같은 나뭇가지에 머물러 있고 싶지 않다면 다람쥐는 또 다른 나뭇가지로 건너뛰려 하겠지!" 우리도 추구할 만한 가치가 있는 목표를 발견하면 "건너뛰려는" 선택을 할 수 있다. 주도권을 잡기 위한 선택은 일상적인 활동의 흐름에서 벗어나는 것을 의미하기 때문에 위험 부담이 있을 수 있다. 하지만 노력하지 않는다면 어떻게 알 수 있겠는가? 우리가 인간으로서 보유하고 있는 모든 권한 중에서 가장 큰 권한이 바로 선택할 수 있는 권한이다. 현재의 당신은 지금까지 당신이 해온 선택들의 총합이다. 선택할 수 있는 권한은 "당신 자신"을 창조해나갈 수 있는 권한 혹은 능력이기도 하다.

당신이 그동안 해온 모든 선택들이 당신 인생의 한 부분을 만들어왔다. 모든 행동과 모든 말과 모든 결정이 당신의 한 부분이 된다. 당신이 보는 방식과 당신이 살아가고 있는 세상에 반응하는 방식은 당신이 선택한 결과다. 따라서 어떤 의미에서는 당신의 선택들이 현재의 당신을 만들었을 뿐만 아니라 사실상 당신의 세계를 만들었다고 할 수 있다. 왜냐하면 당신이 '보는' 세계가 당신이 살고 있는 세계이기 때문이다. 우리에게는 인식을 통해 우리의 세계를 만들고 형성할 수 있는 기회가 주어져 있다. 살아가면서 원하는 것을 결정할 수 있는 자유의지의 힘이 있고 상상력, 열정, 기쁨, 신념의 힘을 통해 우리 안에 존재하는 선함을 불러일으킬 수 있는 권한이 있다.

어떤 선택들은 명백하다. 우리는 입을 옷과 먹을 음식, 할 일, 가까이 지낼 친구 등을 선택한다. 잠시 멈춰서 당신 인생을 돌아보라. 어떤 결핍이나 한계를 경험한 적이 있는가? 당신이 먹는 음식에 만족하는가? 육체적인 질병으로 고통 당하고 있는가? 당신이 하는 일이 지루하거나 성취감이 느껴지지 않는가? 친구를 좋아하는가? 이 질문들에 대해 '네(Yes)'라고 대답했는지 '아니오(No)'라고 대답했는지가 중요한 것이 아니다. 중요한 것은 당신이 이미 과거에 선택했던 결과를 경험하고 있다는 것이다! 긍정적이든 부정적이든 당신이 그렇게 '받아들이지' 않는다면 어떤 것도 경험할 수 없다. 당신이 그렇게 하기로 결심하지 않았다면 어떠한 것도 받아들일 수 없다. 어떤 일에 대해 결심하는 것, 이것이 바로 선택하는 행위다! 어떤 결정들은 쉽고, 어떤 결정들은 어렵다. 그러나 당신은 선택권을 가지고 있다. 어떤 결정을 내릴 때 우리는 고무되기도 하고 침울해지기도 한다. 그러나 궁극적으로 결정을 내리는 것은 우리 자신이다. 선택권이 없다고 생각하거나 자기 자신이 무기력하다고 느낄 때 우리는 가장 강력한 권한, 선택권을 부인하고 있는 것이다.

별로 하고 싶지 않은 일인데 해야 한다고 생각할 때 당신 자신에게 물어보라. "이 일을 하는 데 나에게 더 좋은 다른 방법은 없을까? 시간적으로 고려해야 할 요소는 무엇인가? 지금 혹은 미래에 내가 선택할 수 있는 대안은 무엇인가?" 선택할 수 있는 권한을 진정으로 이해하게 되면 당신이 얼마나 많은 선택권들을 가지고 있는지 매우 놀라게 될 것이다. 당신이 생각하는 것 이상으로 당신은 인생에 대해 훨씬 더 많은 권한을 가지고 있다. 당신은 선택권을 통해 인생을 변화시킬 수 있고 심지어 당신 자신도 바꿀 수 있다. 선택권을 현명하게 사용하라!

스코틀랜드에서 태어나 미국에서 환경운동가로 활동했던 존 뮤어는 미국 요세미티 국립공원 설립에 참여했고 정부의 환경보호 정책을 만드는 데도 적극적이었다. 물질적인 재산은 뮤어가 인생에서 느끼는 만족감 중에 매우 미미한 요소일 뿐이었다. 뮤어는 한 행사에서 당시 거대 재벌이었던 철도 경영자 E. H. 해리먼보다 자신이 더 부자라고 주장하며 이렇게 말했다. "나는 내가 원하는 만큼의 돈을 갖고 있지만 그는 그렇지 못합니다!" 뮤어는 자신이 가진 풍요 속에서 행복하기를 선택했다.

당신이 매일 매 순간마다 끊임없이 선택해야만 한다면 지금이야말로 올바른 선택을 시작할 때가 아닌가? 지금 당장 당신이 하고 싶은 일, 당신이 되고 싶은 사람, 당신이 해야만 하는 일을 하겠다고 결심할 수 있다. 한 친구는 이것을 아주 적절하게 표현했다. "우리는 현명하고 건설적으로 선택할 수 있는 능력의 범위만큼만 우리 운명의 주인이다."

자기 자신의 주인이 되지 못하면 누구도 자유로울 수 없다
에픽테토스

당신 자신의 감옥을 만드는 것도, 당신을 자유롭게 할 수 있는 것도 오직 당신뿐이라는 사실을 깨닫는 순간 자기 정복은 시작된다. 자유란 무엇인가? 자유란 제한 없이 원하는 일을 모두 다 할 수 있는 권리일까? 그렇지 않다. 가장 자유로운 국가에서조차 모든 사람들의 자유를 보장하기 위해서는 법이 필요하다. 아마도 진정한 자유란 "할 수 있는" 자유가 아니라 오히려 우리가 원하는 어떤 것이든 "될 수 있는" 자유일 것이다.

우리는 어떻게 악기를 연주하거나 예술품을 창작할 수 있는 권리를 얻을 수 있을까? 그것은 누군가가 당신에게 주는 권리가 아니다. 당신이 악기를 연주하거나 예술품을 창작하는 데 필요한 기술을 정복할 때 얻는 것이다. 우리는 어떻게 행복하고 창조적인 삶을 살아갈 자유를 얻을 수 있을까? 누군가가 당신에게 그런 자유를 부여할 수 있을까? 아니다. 그런 자유 역시 행복한 삶을 살아가는 데 필요한 태도와 기술을 정복할 때 얻어진다.

　당신이 두려움과 무지라는 두 가지 적을 정복했다면 당신은 진정한 자유를 향하는 길에 들어선 것이다. 두려움과 무지는 매우 거친 주인이다. 마음과 정신 속에 두려움과 무지가 머무를 수 있도록 공간을 허락하는 한 우리는 노예 상태를 벗어날 수 없다. 두렵다는 생각을 극복하고 진리를 이해함으로써 우리는 진정으로 자유로워질 수 있다.

　무엇이든 두려움을 갖게 만드는 것을 정면으로 직시하면 두려움을 극복하는 데 도움이 된다. 두려움을 유발하는 상황을 피하기만 하면 두려움을 해소할 수 없다. 가장 큰 걱정거리조차 정면으로 직시하면 고작 으르렁대는 생쥐처럼 우리가 상상하는 것보다 훨씬 덜 위협적인 경우가 많다. 알 수 없는 무엇인가가, 혹은 당신을 두렵게 만드는 무엇인가가 나타날 때마다 두려움을 직시하고 분석하고 그 두려움이 잦아드는 것을 지켜보라.

　질 잭슨은 널리 불려지는 아름다운 노래 "지구에 평화가 있게 하고 그 평화가 나로부터 시작되게 하라(Let There Be Peace on Earth and Let It Begin with Me)"의 가사를 쓴 사람이다. 수백 만 명이 질이 노래 말을 쓴 『평화의 노래Peace Song』를 부르고 있다. 질은 그녀의 인생이 생각 속에서, 말 속에서, 그리고 행동 속에서 세상에 평화를 가져오는 데 진정한 의미가 될 수 있는 방법을 찾게 해달라고 기도했다.

　당신의 역할을 다 하겠다고 스스로에게 다짐하라. 그 무엇도 마음의 평화를 방해할 수 없을 만큼 강한 자제심을 갖기 위해 노력하라. 당신이 만나는 모든 사람들에게 건강과 행복과 번영에 대해 얘기해줄 수 있도록 노력하라. 인생의 밝은 면을 바라보고 당신의 낙관주의가 실현되도록 하라. 최선의 것만을 생각하고 최선의 것만을 기대하라. 당신은 걱정을 하기에는 너무 원대하고, 화를 내기에는 너무 고귀하며, 두려워하기에는 너무 강하고, 초조한 생각이 자리잡기에는 너무 행복한 사람이다.

  우리는 우리 자신의 감옥을 만들 수도 있지만 언제든 우리 자신을 해방시킬 수도 있다는 사실을 인식할 때 자유는 우리의 것이 된다. 두려움을 똑바로 바라봄으로써 두려움이 사라지도록 할 수 있으며 우리의 삶이 갖는 유용함에 전적으로 책임질 수 있게 된다. 이것이야말로 진정한 자기 정복이며 진정한 자유다.

당신이 가고자 하는 길은 당신이 선택하는 것이다
존 템플턴

  소피는 어린 시절을 무척 불우하게 보냈고, 그래서 매우 부정적인 생각을 갖고 있었다. 어느 날 그녀는 습관처럼 신음소리를 내며 골치가 아프다고 말했다. 그리고 자신의 두통이 저녁에는 더욱 심해질 것이고, 다음 날에는 일하러 나가기 힘들 정도로 악화될 것이라며 두통의 진행 과정을 늘어놓기 시작했다. 그리고 내일 일을 빼먹으면 안 되는데 큰 일이라고 걱정했다. 친구는 소피의 불평을 듣고 있다가 그녀가 마치 고통을 즐기고 있는 것처럼 보인다고 따끔하게 지적했다. 친구는 소피에게 이렇게 제안했다. "아스피린을 먹고 뜨거운 물을 마신 다음 좀 눕지 그러니? 네가 원하지 않는 일을 계속 생각하는 짓은 그만둬. 두통이 사라질 거라고 믿고 다음 날 일하러 나가면 어떤 멋진 일이 펼쳐질까 기대해봐. 아니면 넌 정말로 아파서 고통 받는 것을 더 좋아하는 거니?"

친구의 진심 어린 충고가 소피의 마음을 움직였다. 소피는 친구의 조언 대로 한숨 푹 잤다. 자고 일어나니 두통은 사라졌다. 이 때부터 소피는 자기 자신을 진지하게 돌아보기 시작했다. 자신이 얼마나 자주 두통을 핑계로 사람들의 관심을 끌려고 했는지 깨달았고 사고 방식을 바꿔야겠다고 결심했다.

우리도 소피처럼 우리 마음의 희생양이 되는 대신 주인이 되기 위해 노력할 수 있다. 이기심으로 우리 자신을 소진시키지 말고 우리 모두가 삶의 공동 창조자라는 사실을 기억할 필요가 있다. 이 같은 진리를 기억할 때 의심과 두려움과 부정적인 생각에서 벗어나 우리 내면에 거하는 신성함이 우리를 더 나은 해결책으로 인도하도록 할 수 있다.

"희망은 가슴 속에서 끊이지 않고 솟아 나온다"는 말이 있지만 때로는 희망의 불빛이 너무나 희미하게만 보인다. 많은 사람들이 《로미오와 줄리엣》에서 줄리엣이 "자, 나와 함께 울어요!"라고 말할 때 공감을 느낀다. 그들은 힘겹고 파괴적인 상황에 갇혀 있다고 느끼며 처음에는 그런 상황에 저항하다가 점점 더 포기하게 된다. 그러나 이 사람들도 선택할 수 있다!

당신은 지금 괴로운 일을 겪고 있을 수도 있고 도저히 당신이 어떻게 할 수 없다고 느껴지는 문제나 상황에 빠져있을 수도 있다. 많은 사람들이 다 그렇듯 가계 재정을 어렵게 만드는 부담스러운 세금과 물가 상승에 직면해 있을 수도 있다. 어쩌면 당신은 풍요로운 사회 속에서 횡행하는 불의나 국제적인 분쟁을 두 손 놓고 바라볼 수밖에 없는 죄 없는 구경꾼일 뿐이라고 생각할 수도 있다. 당신은 이런 것을 바꾸기 위해 당신이 할 수 있는 일은 거의 없다고 느낄 수도 있다. 그러나 당신도 선택할 수 있다!

한 시인은 이렇게 말했다. "하루하루는 마치 음악이 터져 나오듯 이 세상에 나타나 하루 종일 음악소리를 울려 퍼지게 한다. 당신은 이 음악을 춤곡으로 만들 수도 있고 장송곡으로, 또는 행진곡으로 만들 수도 있다. 당신의 선택에 따라!" 그리고 성경에는 "너희 섬길 자를 오늘 택하라"(여호수아 24장15절)라고 쓰여있다. 환경이라는 바람은 항상 불어올 수 있으며 이 바람이 언제나 당신이 원하는 방향으로 부는 것은 아니다! 당신이 바람을 제어할 수는 없다. 바람에 대해 불평해봤자 얻는 것도 거의 없다. 그러나 당신은 선택할 수 있다.

시인 엘라 휠러 윌콕스는 언젠가 뉴욕의 맨해튼 동쪽을 흐르는 이스트강 옆에 앉아 왜 환경이 비슷했던 사람들이 나중에는 그렇게도 다른 삶을 살게 되는 것일까 곰곰이 생각했다. 그러다 강을 거슬러 부두를 향해 올라가는 배를 보고 영감을 얻어 다음과 같은 시를 썼다.

한 척의 배가 동쪽으로 가네, 다른 배는 서쪽으로 간다네,
불어오는 바람은 똑같은 한 바람이건만.
우리에게 어디로 가라고 말하는 것은,

오가는 배들일 뿐 바람이 아니네.

에이브러햄 링컨의 삶을 보자. 환경의 바람은 링컨을 농장과 집, 교회, 지역사회라는 작은 영역에 갇힌 평범한 삶이라는 항구로 보내버렸을 수도 있다. 그러나 그는 환경이라는 매서운 바람에 맞서 그 때 그 때 해로를 바꿔가며 나아갔다. 모든 해로는 그에게 더 많은 교육과 삶에 대한 더 많은 깨달음을 가져다 주었고, 그의 마음은 미국 대통령으로 국가라는 큰 배의 조종을 책임질 만한 능력을 갖추게 됐다.

당신은 "아, 또 태도에 대해 얘기하고 있군!" 이라고 말할지도 모르겠다. 물론이다! 우리 삶에 색깔을 입히는 것은 우리의 태도이기 때문이다. 당신은 삶의 조건이 주는 객관적인 사실은 바꿀 수 없을지 모른다. 그러나 그 조건을 어떻게 생각할 것인지 선택할 수는 있다. 앨더스 헉슬리는 "경험이란 당신에게 일어난 일이 아니다; 당신에게 일어난 일을 가지고 당신이 한 일이다"라고 말했다. 당신은 살아가면서 겪는 일에 어떻게 대처할지 선택할 수 있다. 사랑과 미움 사이에서 선택할 수 있다. 당신이 처한 상황을 걱정할 수도 있지만 기도할 수도 있다. 어떤 일에 맞서 싸울 수도 있지만 저항 없이 받아들일 수도 있다. 힘겨운 도전에 부딪치면 우리를 쓰러뜨리는 거센 주먹으로 받아들일 수도 있지만 시선을 높여 승리를 향해 나아갈 수도 있다. 동양 속담 중에 재미있는 것이 있다. "새가 우리 머리 위에서 날지 못하게 할 수는 없지만 새가 우리 머리 위에 둥지를 틀지 못하게 할 수는 있다!"

태어날 때부터 다리를 절어 목발에 의지해야 간신히 걸을 수 있는 사람이 있었다. 그러나 그는 자신의 분야에서 너무나 의욕적으로 일을 잘 했기 때문에 많은 비장애인들을 부끄럽게 만들 정도였다. 한번은 그가 "신체적인 장애가 삶에 대한 당신의 생각을 어떻게 채색했다고 생각하나요?"라는 질문을 받았다. 그는 "물론 장애가 내 생각을 채색하기는 했죠. 하지만 언제나 색깔을 선택한 것은 바로 저였습니다."

긍정적인 방향으로 마음을 다스릴 때 우리는 걷고 싶은 길을 선택할 수 있다. 더 이상 이기심에 의해 움직이지 않게 된다. 대신 우리의 세계와 운명을 지배하는 주인이 되어 행복하고 즐겁고 자유로운 인생을 창조할 수 있게 된다.

건강한 정신이 건강한 몸을 낳고, 건강한 몸에 건강한 정신이 깃든다

존 템플턴

정신적인 스트레스는 우리 몸의 면역 시스템을 약화시켜 병에 취약하게 만든다. 유고슬라비아의 종양학자인 로널드 그로시스-매튜섹은 전세계를 놀라게 했던, 1960년대에 시작한 세 가지 연구의 결과를 발표했다. 그는 많은 사람들을 만나 질문을 던지고 면담한 결과를 바탕으로 사람의 성격을 네 가지로 분류했다. 또 연구대상이 된 사람들의 과거 10~13년간 병력을 조사한 결과 정신적, 감정적 태도가 암이나 심장병의 발병과 관련이 있다는 사실을 발견했다.

암에 잘 걸리는 사람들은 의존적이고 수동적이며 인간관계에 불만스러워 하는 경우가 많았다. 그들은 다른 사람들이 자신에게 보이는 반응에 심하게 영향 받았고 불만스러운 관계를 개선하는 데 어려움을 느꼈다. 그들은 또 다른 사람들과 감정적으로 친밀한 관계를 만들거나 유지하는 데 주도적이지 못했다.

정신병리학자인 한스 아이젱크는 이렇게 말했다. "암의 원인은 단 하나가 아니다. 암은 흡연이나 음주, 유전인자, 감정적인 요인, 정신사회적인 요인 같은 온갖 위험 인자들이 결합돼 발병한다. 이런 위험 인자들은 서로를 강화시킨다. 그러나 그 사람의 성격이 암의 가장 중요한 요인 가운데 하나다."

루이스 헤이는 《당신의 몸을 치료해 당신 자신을 치유하라Heal Your Body and Heal Yourself》라는 책에서 이렇게 말했다. "분노와 비난, 죄의식, 두려움이 우리 자신과 우리의 삶에 가장 큰 문제를 일으키는 요인이라는 것을 발견했다. '바깥 저쪽에' 어떤 일이 일어나든 그것은 우리 내면의 생각을 비추는 거울일 뿐이다."

여러 연구 결과에 따르면 심장병에 걸린 사람들은 대개 분노를 억제하지 못하거나 반대로 분노를 너무 억눌러 감정을 적절하게 표현하지 못했던 사람들이다. 좌절, 두려움, 무기력도 우리 몸에 병을 일으키는 감정들이다.

그렇다면 우리는 어디서 해답을 찾을 수 있을까? 불행하게도 쉬운 해답은 없다. 그러나 우리에게 아주 급박하고 중요한 일 가운데 하나는 스트레스를 날려버릴 수 있는 강력한 해소법을 찾는 것이다. 우선 가끔 자연 속에서 시간을 보내라. 자연은 좋은 치료제다. 자연의 아름다움은 기쁨과 감사와 건전한 생각을 촉진시킨다.

치명적인 병을 앓던 사람들이 말 그대로 웃음으로 건강을 되찾았다는 이야기도 심심치 않게 들려온다. 이런 사람들은 아무런 희망도 없는 상태에서 재미있는 TV 프로그램을 시청하고 우스운 이야기로 가득한 책을 읽는 체계적인 프로그램에 참여했다. 아마도 그들이 깨닫지 못하는 사이에 웃음이 면역체계를 강화시켜 병을 치유했거나, 아니면 최소한 병이 악화되지 않도록 도와주었을 것이다.

명상은 의식상태를 좀 더 여유롭고 편안하게 이끌어 주는 방법이라는 사실이 증명되었다. 스탠포드 대학교의 케네스 에플리 박사는 초월명상(TM)의 효과를 연구한 결과 "TM이 불안에 지속적으로 긍정적인 효과를 보였다"고 밝혔다. 명상이 건강에 미치는 긍정적인 효과는 많은 내과 의사들도 인정하고 있다. 명상은 혈압을 낮추고 노화과정을 늦춰주며 감정을 조화롭게 유지하도록 도와준다. 어떤 보험회사는 초월명상을 수행하는 사람들에게 할인 혜택을 주기도 한다.

스트레스 없이 행복하고 건강한 삶을 영위하기 위해서는 당신 자신을 믿고 당신에게 행복하고 건강할 권리가 있다는 사실을 믿는 것이 중요하다. 루이스 헤이는 이렇게 말했다. "우리의 무의식은 우리가 믿기로 선택한 것이면 무엇이든 받아들인다. 인생은 아주 단순하다. 우리가 세상을 향해 내준 것이 우리에게 다시 돌아온다. 나는 우리 모두가 최선이든 최악이든 인생의 모든 경험에 책임을 져야 한다고 믿는다. 우리가 하는 모든 생각이 우리의 미래를 만든다. 우리는 생각과 말로 우리 자신의 경험을 창조하고 있다. 만약 당신이 제한적인 믿음만 받아들인다면 그것이 당신에게 진리가 된다. 우주적인 힘은 절대로 우리를 판단하거나 비판하지 않는다. 그 힘은 우리를 우리 자신의 가치 그대로 받아들일 뿐이다."

당신은 지금 살고 있는 곳을 천국으로도, 지옥으로도 만들 수 있다

존 템플턴

배낭을 두 개씩 짊어메고 길을 걷는 세 사람이 있다. 이 사람들은 배낭을 하나는 앞에, 다른 하나는 뒤에 메고 있었다. 첫 번째 사람은 배낭 안에 무엇이 들어있느냐는 질문에 이렇게 대답했다. "등에 있는 배낭에는 친구들이 내게 베푼 모든 친절한 행동들이 들어 있습니다. 하지만 등에 있어 보이지 않기 때문에 금세 잊어버리게 되죠. 앞에 있는 배낭에는 나에게 일어났던 모든 불쾌한 일들이 들어있습니다. 나는 걷다가 종종 멈춰서서 앞에 있는 배낭 안에 들어 있는 것들을 꺼내 다양한 각도에서 살펴보곤 합니다. 나는 그것들에 열중해 꼼꼼하게 연구합니다. 나의 모든 생각과 감정들이 그것들을 향해 있어요."

첫 번째 사람은 종종 가던 길을 멈추고 그에게 일어났던 과거의 불행한 일에 대해 곰곰이 생각하곤 했기 때문에 많이 나아가지를 못했다.

두 번째 사람은 배낭 안에 무엇이 들어있느냐는 질문에 이렇게 말했다. "앞 쪽 배낭에는 나의 모든 선행들이 들어 있어요. 나는 그 선행들을 내 앞에 두고 끊임없이 꺼내서 다른 모든 사람들이 볼 수 있도록 불을 비추죠. 뒤에 있는 배낭에는 내가 저지른 실수들이 들어있습니다. 나는 어디를 가든 이 실수들을 갖고 다닙니다. 하지만 이 실수들은 너무 무거워 걸음을 더디게 만들어요. 하지만 무슨 이유에서인지 난 그 실수들을 버릴 수가 없습니다."

세 번째 사람은 배낭 안에 무엇이 들었는지 묻는 질문에 이렇게 답했다. "앞에 있는 배낭은 사람들에 대한 멋진 생각들로 가득합니다. 그들이 나에게 행한 친절, 내가 일생에 걸쳐 해왔던 선행 같은 거지요. 이 배낭은 이렇게 크고 가득하지만 전혀 무겁지가 않아요. 짐이라기보다는 마치 배에 달린 돛과 같은 느낌이어서 오히려 내가 앞으로 잘 나아갈 수 있게 도와주죠. 뒤에 있는 배낭은 비어 있어요. 왜냐하면 배낭 바닥에 큰 구멍을 뚫어놓았기 때문이죠. 나는 다른 사람들에 대해 들었던 나쁜 말이나, 내가 나 자신에 대해 갖게 되는 나쁜 생각들을 이 배낭 안에 담습니다. 나쁜 말이나 나쁜 생각은 배낭의 구멍을 통해 바닥에 떨어져버려 영영 잃어버리게 됩니다. 그래서 나는 여행을 어렵게 만들 만한 무게를 진히 느끼지 않는 답니다."

인생이라는 여행길에 과연 무엇을 짊어지고 가고 있는지 가끔 생각해볼 필요가 있다. 혹시 우리 자신에 대한 부정적인 생각들을 무겁게 짊어지고 있지는 않는가? 어떤 인위적인 기준에 부합하지 못할 것이라는 두려움에 짓눌려 있지는 않은가? 다른 사람과 자유롭게 마음을 열고 사귈 수 없도록 만드는 보호막이나 심리적인 방어막을 갖고 있지는 않은가? 과거에 우리를 침울하게 만들었던 친구나 가족의 나쁜 행동을 가지고 다니지는 않는가? 다른 사람들에게서 부정적인 면을 찾아보고 나쁜 점을 발견하면 다른 길로 도망가라는 잘못된 교훈을 가지고 여행하고 있지는 않은가? 우리는 지금 우리 삶을 천국으로 만들고 있는가, 아니면 지옥으로 만들고 있는가?

우리는 우리의 삶을 어떤 생각이 이끌도록 할 것인지 선택할 수 있는 자유를 갖고 태어났다. 우리는 어떤 길을 갈 것인지, 또 그 길에 무엇을 가지고 갈 것인지 선택할 수 있다. 이런 사실을 알고 있다면 긍정적인 태도를 갖게 하는 생각을 선택하고, 우리의 무한한 잠재력에 초점을 두는 것이 더 바람직하지 않을까? 부정적인 생각과 행동은 우리를 무겁게 짓눌러 인생이라는 여행을 어렵게 만든다.

16세기에 활동했던 프라 지오바니 신부는 어느 크리스마스에 이런 글을 남겼다. "당신이 갖고 있지 않은 어떠한 것도 내가 줄 수 있는 것은 없다. 그러나 내가 줄 수는 없지만 당신이 얻을 수 있는 것은 많다. 우리의 마음이 지금 천국에서 안식을 발견하지 못한다면 어떠한 천국도 우리에게 다가올 수 없다. 천국을 가져라."

내면의 선함은 우리 존재의 핵심이며, 아무도 이 선함을 우리에게서 빼앗을 수 없다. 이 선함은 다른 사람이 우리에게 준 것이 아니다. 우리가 이 진리를 깨닫는다면 지구상에서 천국을 경험할 수 있다. 내면의 천국을 경험할 때 순수하고 관대한 동기와 선하고 긍정적인 태도를 통해 그 천국을 자연스럽게 다른 사람과 나눌 수 있다.

성공의 열쇠

사람이 되기 위한 규율

당신은 교훈을 얻을 것이다.

우리는 모두 '지구에서의 삶'이라고 불리는 종일제 학교에 다니고 있다. 당신이 만나는 모든 사람과 모든 일이 전부 당신의 선생님이다.

실수란 없다. 오직 교훈만이 있을 뿐이다.

'실패'는 '성공'을 위한 디딤돌이다.

교훈은 배울 때까지 되풀이된다.

하나의 교훈은 당신이 배울 때까지 다양한 모습으로 제시된다. 그 교훈을 다 배우면 다음 교훈으로 넘어간다.

쉬운 교훈에서 배우지 못하면 교훈은 점점 더 어려워진다.

이 세상은 당신의 관심을 끌기 위해 고통이라는 방법을 사용한다.

당신이 교훈을 얻었다는 것은 행동의 변화로 알 수 있다.

오직 행동만이 지식을 지혜로 변화시킨다.

'거기'가 '여기'보다 더 좋은 것은 아니다.

'거기'가 '여기'가 되면 또 다른 '거기'가 '여기'보다 더 좋아 보인다는 사실을 알게 될 것이다.

다른 사람들은 단지 거울일 뿐이다.

당신은 당신 자신에게서 좋다고 생각하는 점을 반사해 비춰주는 사람만 좋아할 수 있다. 또 당신 자신에게서 싫다고 생각하는 점을 반사해 비춰주는 사람은 싫어할 수 있다.

당신의 인생은 당신이 하기 나름이다.

인생은 하얀 도화지만 제공할 뿐이다. 그림을 그리는 것은 당신이다.

대답은 당신 안에 있다.

당신이 해야 할 일은 보고 듣고 신뢰하는 것뿐이다.

당신은 이 모든 것을 잊어버리고 살아간다.

그러나 바라기만 한다면 당신은 이 모든 것을 언제든지 기억해낼 수 있다.

—무명씨

WORLDWIDE
Laws of Life

06

변화의 법칙

누구나 생계를 위한 또 하나의 계획을 여분으로 가지고 있다
존 템플턴

　　이제 비로소 삶이 안정된 궤도에 올라 모든 일이 원만하게 돌아가고 있다고 느낄 때 갑자기 상황이 급변하는 경우가 있다! 때로는 "철저하게 새로운 사고방식으로 무장해야 하는" 급격한 변화에 부딪치기도 한다. 심지어 전혀 예기치 못했던 문제들이 눈 앞에 펼쳐지면서 기존의 안락한 일상이 위협당할 때도 있다. 이럴 때 우리는 선택에 직면했음을 알아야 한다. 자기 자신을 환경의 희생양으로 여기며 슬퍼하고 불평하거나, 아니면 그 순간의 도전을 적극적으로 받아들여 과감히 지금까지와는 다른 방향을 바라보거나, 둘 중의 하나를 선택해야 한다!

　　한 시인은 이런 질문을 던졌다. "꽃이 하나도 없는데 꽃을 볼 수 있는가? 하늘은 텅 비고 들판은 헐벗었는데 아름다움을 볼 수 있는가?" 온 세상이 우리를 외면하는 것처럼 느껴지는 그 순간은 다름아니라 우리에게 다른 길을 걸어보라고, 새로운 분야로 나아가라고, 마음속에 간직해온 꿈에 도전해보라고 삶이 우리를 초청하는 것일 수 있다!

　　선구적인 여성으로 손꼽히는 키아라 루빅은 1943년 이탈리아에서 포콜라레(벽난로) 운동을 시작했다. 포콜라레 운동은 천주교 평신도들을 주축으로 가족과 같은 공동체를 만들어 사랑과 복음을 전파하고 실천하는 것을 목표로 한다. 이 운동은 전세계적으로 대단한 호응을 얻으며 큰 성공을 거두었다. 키아라 루빅은 끊임없이 전진하는 적극적인 사고방식을 통해 하나님과 함께 사랑의 조직을 창설하는 공동 창조자로서의 도전을 진지하게 받아들였다. 자동차의 점화 장치를 발명한 과학자 찰스 키터링은 "열린 마음과 자발적인 손이 있는 곳에는 언제나 개척할만한 영역이 있다"라고 말했다.

영국에서 태어나 미국에서 활동한 루이스 브라운은 랍비이자 작가였다. 그는 6년간 랍비로 활동하다 작가가 되기로 결심했다. 어느 날 문학의 밤 행사 때 한 랍비가 브라운에게 작가가 되기 전에 어떤 일을 했는지 물었다. 브라운이 랍비였다고 대답하자, 그는 "랍비 직책을 박탈당한 겁니까?"라고 물었다. 그러자 브라운은 "아뇨, 단지 성격이 맞지 않아서요"라고 답했다.

장 루이 루돌프 아가시스는 스위스의 박물학자로 고생물학 발전에 크게 기여했다. 1848년에는 하버드 대학의 동물학 교수로 부임해 미국의 자연사 교육에 깊은 영향력을 미쳤다. 미국의 소설가 윌리엄 포크너는 작가로 확고한 명성을 얻기 전에 여러 가지 직업을 전전했는데, 그 중 하나는 미시시피 대학교의 우체국장이었다.

주위를 둘러보면 여러 가지 이유로 직업을 바꾼 사람을 적지 않게 발견할 수 있을 것이다. 매리언도 그런 여성 가운데 한 명이었다. 그녀는 일찍 결혼해 4년간의 짧지만 행복한 결혼 생활을 보냈다. 그러나 결혼한 지 4년 만에 그녀의 남편은 두 명의 어린아이를 남기고 자동차 사고로 세상을 떠났다. 그녀는 생계를 위해 비서로 취직했지만 급여는 매우 적었다. 그녀는 아이들과 함께 보다 나은 삶을 살기 위해서는 교육을 더 받아야 한다는 사실을 깨닫고 가까운 대학교에서 야간 수업을 들었다. 운이 좋게도 아이들을 돌봐줄 좋은 사람을 이웃에서 구할 수 있었다. 매리언은 몇 년간 가족을 돌보며 열심히 공부했고, 적은 월급을 보충하기 위해 여러 가지 부업을 하면서 바쁘게 지냈다. 그러던 어느 날 기회의 문이 열렸고, 매리언은 몇 개의 직장 가운데 하나를 선택할 수 있었다. 그녀는 아이들을 키우는 데 헌신적이며 일도 훌륭하게 잘 해내고 있다고 널리 알려져 마을에서 존경을 받았다. 그녀는 열심히 노력해 좋은 교육을 받을 수 있었고, 언제나 생계를 위한 또 하나의 계획을 준비해둘 수 있음을 알았다.

큰 변화는 전혀 기대하지 않고 있을 때 일어나며 상상하지 못했던 방향으로 결론이 나곤 한다. 매리언처럼 전혀 예상치 못했던 변화로 인한 충격이 가라앉고 현실 감각을 되찾게 되면 대안을 찾을 수 있게 된다. 당신에게 가슴 속에 품어온 소망을 실현할 수 있는 능력이 있는지 자신이 없다면 마음속에서 이런 의심과 두려움부터 쓸어버리라. 널리 알려진 보이스카우트의 표어는 "준비하라!"다. 흥미가 느껴지는 여러 가지 일들을 조사해보고 취미로 시작해보라. 변화를 적극적으로 받아들이는 수많은 사색가들은 삶의 조건이 변화를 요구할 때 흥미를 느끼고 있던 것을 실속 있는 생계수단으로 발전시켰다. 창조적으로 생각하라.

리처드 바크의 《갈매기의 꿈Jonathan Livingston Seagull》을 보면 조나단의 스승 치앙은 조나단에게 이렇게 말한다. "비결은 너 자신을 1미터 남짓한 날개를 가진 제한된 육체 속에 얽매어 있는 존재로 보지 않는 것이야.……비결은 너의 진정한 본질이 마치 쓰여지지 않은 숫

자처럼 완벽하고, 시간과 공간을 초월해 동시에 어느 곳에나 있을 수 있음을 아는 것이지." 장자는 이미 수천 년 전에 이와 비슷한 진리를 가르쳤다. "어느 날 나는 나비가 되는 꿈을 꾸었다. 그 때 나는 온 우주를 훨훨 날아다니는 나비였고 스스로 깨치며 즐거울 뿐이었다. 나는 내가 장주(장자의 이름)임을 조금도 알지 못했다. 그러나 문득 꿈에서 깨어보니 분명히 나는 장주가 되어 있었다. 장주가 꿈에서 나비가 된 것인지, 아니면 나비가 꿈에서 장주가 된 것인지 알 수가 없었다!"

　삶의 도전에 맞서기 위해서는 용기가 필요하다. 생계를 위한 또 하나의 계획을 여분으로 가지고 있다면 해야 할 어떤 일이든 해낼 수 있는 힘을 갖게 된다. 당신의 근원을 발견하라. 그 근원에 의지해 살아가라. 그리고 변화를 받아들일 열린 마음을 항상 유지하라.

마지막은 언제나 새로운 시작이다
수잔 헤이워드

　자연은 모든 사물과 모든 현상이 순환한다는 것을 보여준다. 지구는 매일 자전한다. 달은 한 달에 한 번 지구를 돌고, 지구는 한 해에 한 번 태양을 공전한다. 한 해에는 사계절이 있어서 추웠다가 따뜻했다가 다시 추워지고, 날씨의 변화에 따라 식물과 동물들도 동면에서 깨어나 활동 단계에 접어들었다가 다시 또 겨울이 찾아오면 동면에 들어간다. 바닷물은 해변가로 밀려들어왔다 쓸려나 간다. 하루는 일몰로 끝나고, 일몰은 다시 일출로 이어진다. 겨울이 끝나면 봄이 시작된다. 이렇게 모든 것이 흘러간다. 모든 시작은 끝을 가지고 있고, 모든 끝은 새로운 시작을 알린다. 생명은 죽음에서 나온다.

가나의 작가 코피 어워너는 "우리가 살아가는 여행의 끝에는 새로운 시작이 있다"라고 말했다. 우리의 삶에도 시기와 순환이 있다. 우리 모두는 끝없는 시작과 끝의 흐름을 경험한다. 인생의 모든 시기에는 시작과 끝이 있고, 끝은 또 다른 새로운 시작으로 이어진다. 아동기가 끝나면 사춘기가 시작되고, 사춘기가 끝나면 성인이 된다. 청년기가 끝나면 장년기가 시작되고, 장년기가 끝나면 노년기가 시작된다.

우리는 대개 시작을 좋아하고 새로운 것을 축하한다. 반면 마지막에 대해서는 거부감을 보이면서 가능한 한 마지막을 연기하려 한다. 그러나 마지막에 대한 거부감은 우리가 자연의 일부라는 사실을 망각하고 있기 때문이다. 마지막은 고통스러울 수도 있다. 그러나 마지막이라는 사실에 저항하기보다는, 봄에는 새잎이 돋고, 여름에는 잎이 완전히 성숙하고, 가을에는 잎이 노랗고 빨갛게 물들고, 겨울에는 잎이 떨어지는 것과 같이 마지막을 자연의 자연스러운 과정으로 이해한다면 덜 고통스러울 것이다. 우리가 위대한 자연체계를 온전하게 만드는 한 부분이라는 사실을 이해하면 위안이 될 것이다.

변화는 어디에서나 일어나고 지속적이며 보편적이다. 레온 마르텔은 그의 저서 《변화 정복하기 Mastering Change》에서 지구상의 모든 사람들과 동시다발적으로 정보를 공유할 수 있는 현대의 현상을 이런 예를 들어 설명했다. 이사벨라 여왕은 콜럼버스가 전해오는 항해 소식을 듣기까지 5개월이 걸렸고, 링컨 대통령이 암살됐다는 소식이 유럽에 전해지기까지는 2개월이 걸렸다. 그러나 달 위를 걷고 있던 닐 암스트롱의 얘기를 듣는 데는 1.3초밖에 걸리지 않았다! 낡은 정보 교류의 시대는 끝나고 이제 새로운 시대가 시작됐다.

모든 마지막은 새로운 시작이라는 사실을 받아들이기만 하면 낡은 생각과 태도를 버리는 데 거부감이 덜할 것이다. 마지막에 대한 거부감이 덜할수록 인생의 수많은 순환을 거쳐 여행을 계속하는 데 대한 고통도 덜해진다. 사람들은 대개 변화를 두려워한다. 그러나 영적인 자아는 우리가 성장하도록, 한계의 범위를 더욱 넓히도록, 신의 영역을 경험하도록 요구한다. 인생은 변화를 요구한다. 부드럽게 흘러가든지 저항하면서 두려움에 꼼짝 못하든지, 우리는 선택할 수 있다. 내리막길은 미끄러지듯이 쉽게 갈 수 있다. 그러나 영혼의 여행은 산을 오르는 것과 같다. D. H. 로렌스는 "우리는 변하고 있고, 또 변해야 한다. 변화는 가을에 나뭇잎이 노랗게 물들며 나뭇가지와의 접착력이 약해져 떨어지는 것과 마찬가지로 피할 수 없는 일이다"라고 말했다. 자비로운 대우주가 우리에게 주려고 노력하는 모든 좋은 것을 경험하는 것, 정말 바람직하고 흥분되는 일이 아닌가?

잠시 당신이 애벌레라고 상상해보라. 당신은 자신의 몸을 고치로 싸고 싶은 이상한 충동을 느낀다. 몸을 고치로 싸는 것은 분명 죽음이다. 당신이 알고 있는 유일한 삶, 지구 위를 기어다니며 음식을 구해야 하는 그 삶을 포기하는 것이 얼마나 어렵겠는가? 그러나 애벌레가 믿듯이 당신이 믿으려고만 한다면, 땅에 붙어 있어야 하는 벌레로서의 삶의 마지막은 하늘을 날아다니는 아름다운 날개가 달린 존재로서의 삶의 시작일 수도 있다.

　모든 새로운 시작은 지금까지 우리가 알고 있었던 것보다 더 큰 기쁨과 자유를 우리에게 가져올 수 있다는 가능성이고, 변화를 가진 잠재력이다. 변화와 함께 시작과 끝을 바라보는 방식을 선택한다는 점에서 우리는 우리에게 일어나는 일에 대해 책임이 있다. 우리는 마지막이 찾아올 때마다 이를 비극으로 바라보고 한탄하면서 저항할 수도 있지만 새로운 시작과 더 큰 기회의 탄생으로 받아들일 수도 있다. 애벌레가 비극적인 죽음으로 여겼던 것이 나비에게는 탄생의 기적이다.

늘 해왔던 방식대로만 한다면 발전과 성장은 불가능하다
웨인 다이어

　　　　　　영국에서 신대륙으로 처음 이주해 온 사람들은 1633년에 버지니아주 제임스강과 요크강 사이의 반도에 정착했다. 그들은 이 땅이 반도 한가운데 자리잡고 있다고 해서 "중간 식민지(Middle Plantation)"라고 불렀다. 1699년에는 그 지역 이름을 영국 왕 윌리엄 3세의 이름을 따 윌리엄스버그로 변경했다. 윌리엄스버그는 버지니아 주의 주도가 됐다. 한때 윌리엄스버그는 버지니아에서 가장 중요한 도시였지만 미국 독립전쟁 후부터 쇠퇴하기 시작했다. 존 D. 록펠러 2세는 1926년에 윌리엄스버그를 재건하고 보존하는 데 관심을 쏟기 시작해 오늘날 윌리엄스버그를 매년 백만 명 이상의 사람들이 찾는 도시로 변모시켰다.

윌리엄스버그에는 영국 식민지 시대의 모습을 재연한 거리가 있는데 그 곳에는 의사당, 총독 관저 등 당시 건축물 120여 개가 복원되어 있다. 식민지 시대의 복장을 한 수공업자와 군인, 귀부인 등도 만날 수 있어 과거에 사람들이 어떻게 살았는지 배울 수 있는 매우 흥미로운 경험을 할 수 있다. 윌리엄스버그에 가면 또 오늘날까지 인류가 이뤄온 발전에 감사한 마음도 갖게 된다. 윌리엄스버그에 정착했던 사람들과 후손들이 계속 같은 방식으로 살아왔다면 발전은 없었을 것이다. 빵을 계속 불에다 구웠다면 전자레인지로의 발전은 없었을 것이다. 군인들이 머스켓총(구식 보병총)을 계속 고수했다면 현재의 국방 시스템은 상상할 수 없을 것이다.

변화는 좋은 것이고, 또 필요한 것이다. 인류의 발전은 변화에 달려 있다. 우리의 삶에서도 일상생활이나 일에서 더 나은 새로운 방법을 찾는 것이 중요하다. 우리가 언제나 일정한 방식으로 일을 한다고 해서 그 방식이 유일한 방법이라는 의미는 아니다.

우리는 작은 일부터 시작해서 우리 삶의 변화를 경험할 수 있다. 출근할 때 새로운 길을 시도해볼 수도 있고, 식당에서 새로운 음식에 도전해볼 수도 있다. 의식적으로 다른 각도에서 삶을 바라보고, 마음을 넓혀 새로운 일이나 방법을 배우면 우리는 분명히 발전할 수 있다. 새로운 관점에서 삶을 바라보기 위해서는 이전과 다른 새로운 경험에 마음을 열어야 한다.

　모든 사람들은 성장할 만한 능력을 갖추고 있으며, 가치 있고 행복한 삶을 살아갈 수 있다. 이렇게 성장하려면 자연스러운 변화의 과정이 일어날 수 있도록 허락하는 것이 중요하다. "인생이 변화고 변화가 인생이다"라는 말이 있다. 다시 말해 변화가 우리의 모든 것이란 뜻이다. 변화에 저항하면 전진과 성장은 멈춘다. 앞으로 착실하게 나아가 새롭고 더 나은 삶의 방식을 찾고, 눈에 보이지 않는 자원을 발견할 때 우리 자신과 다른 사람들을 위한 전진과 성장이 가능해진다. 신대륙의 초기 정착민들이 살아남기 위해 새로운 삶의 방식을 시도하고 배워 나갔던 것처럼 우리도 살아남기 위해, 앞으로 더 나아가기 위해 새롭게 시도하고 실험할 수 있다.

　우리 안에 있는 어떤 것은 자유롭고자, 침체의 끈을 끊고자, 새로운 차원으로 치솟아 오르고자 분투한다. 이 새로운 날, 당신은 자신이 진정으로 어떤 존재인지 알고 싶다고 갈구할 수도 있다. 당신은 영적인 인식이 크게 성장하고 있음을 느낄 수도 있다. 당신의 인식은 움직이고 뻗어나가며 스스로를 끊임없이 새롭게 소생시킬 수 있다. 당신은 살아가면서 자신의 삶을 위한 더 크고 새로운 선의 영역에 들어가는 것을 느낄 수 있다. 이런 변화는 매일 지속적으로 이뤄지는 과정이다. 변화의 과정이 당신 삶에 경이로운 순간을 만들어낼 수 있도록 하라.

진보는 변화를 요구한다
존 템플턴

우리는 살아가면서 "마음이 상처 받는" 경험을 자주 하게 된다. 사랑하는 누군가가 죽었거나, 육체적인 혹은 정신적인 건강을 해쳤거나, 일자리를 잃었을 때 우리의 마음은 상처 받는다. 이루려는 목표가 어떤 이유에서든 절대 실현될 수 없다는 사실을 알게 될 때 화가 나고 슬픈 감정을 느낀다.

그러나 우주를 다른 관점에서 바라보면 모든 것은 살아있고 성장해 나간다. 모든 것이 즐거운 이동 속에 있다. 새로운 결합이 나타난다. 새로운 아름다움이 우리 영혼을 감동시킨다. 새로운 기회가 부상한다. 모험은 위험을 감수할 때 우리 것이 된다!

넘실대는 변화의 파도가 우리 삶에 다가올 때 우리 마음이 너무 물질적인 것에 집착해 있거나 모든 것이 변치 않는다는 잘못된 관념을 갖고 있으면 변화는 우리 마음에 상처를 입힌다. 인생의 어느 순간에 누구나 한번쯤은 경험하게 되는 상실의 고통을 어떻게 극복할 수 있을까?

땅 속 캄캄한 곳에 심어진 씨앗은 씨 바깥 쪽의 껍질을 찢어내야만 새 생명을 탄생시킬 수 있다. 예수는 "하나의 밀알이 땅에 떨어져 죽지 아니하면 한 알 그대로 있고 죽으면 많은 열매를 맺느니라"(요한복음 12장24절)라고 말했다. 우리의 바깥쪽 껍질이 고통 속에서 찢어질 때, 우리 마음이 깨질 듯이 아플 때, 예수가 우리를 가르치기 위해 준비한 교훈을 깨닫는 것이 중요하다. 그 교훈은 우리가 무엇인가를 잃을 때마다 다른 한편으로는 무엇인가를 얻고 있다는 것이다.

그러면 우리는 살아가면서 만나게 되는 설명하기 어려운, 때로는 사리에 맞지 않는 것처럼 보이는 경험들을 이해하고, 또 감사할 수 있게 된다. 이 같은 이해는 그 자체로 값비싼 선물이 된다. 사람들은 모든 일과 행동을 '올바로' 하면 고통을 경험하지 않을 수 있다고 생각한다. 그러나 인생은 훨씬 더 복잡하고 이해하기 어려운 것이다.

선물은 상실의 한가운데 존재한다. 우리가 경험하는 고통은 우리의 이해와 지혜와 성숙과 동점심의 바깥 껍질이며, 그 속에 있는 선물인 새로운 인생은 고통의 껍질을 깨고 태어나는 것이다. 이렇게 이해하는 것이 경험의 고통을 완화해주는 진통제나 고통을 없애주는 치료제라는 말은 아니다. 오히려 이렇게 이해함으로써 고통이 우리 자신에게서 빼앗아가는 것뿐만 아니라 고통이 우리에게 선물해주는 것, 즉 고통의 수수께끼에 마음을 열 수 있도록 도와주는 수단이 된다. 인생이란 여행은 앞으로 전진하고 진보해나가는 것이라는 사실을 기억하면 앞으로 일어날 변화를 진심으로 환영할 수 있게 될 것이다. 성장하고 발전해갈수록 변화도 함께 일어난다.

"지금은 변화할 때가 아니야"라는 말이 "지금은 내 인생에 다가올 새로운 축복을 받아들일 때가 아니야"라는 말과 같은 의미라고 생각해본 적이 있는가? 육체적으로, 정신적으로, 영적으로 성장해나가는 것이 중요하다. 인생에 변화가 있다는 말은 승리를 자신하는 용감한 마음으로 변화에 대처할 준비를 해야 한다는 의미다.

앞으로 마음속에서 어떤 껍질이 부서지는 것 같은 느낌이 들 때는 그 느낌을 깊이 체험하라. 고통과 함께, 또 고통을 통해 살아가는 것이 당신 자신과 다른 사람들에게 좀 더 사려 깊고 자비로운 사람이 되는 데 도움이 된다는 사실을 즐겁게 받아들이라. 고난은 풍요롭고 교육적인 선물이 될 수 있다. 고난은 정신적으로 영적으로 성장해나가는 데 이정표가 될 수 있다. 마음속에서 변화를 환영하고 영혼의 성장과 발전을 위한 기회를 기뻐하고 있음을 느끼라.

가지지 못한 것에 대해 불평하는 것은 가지고 있는 것마저 낭비하는 일이다
— 켄 키스

수많은 광고들이 우리가 무엇인가를 사기만 하면 매력적인 외모를 갖고 인기를 얻고 성공하게 될 것이라고 속삭인다. 광고가 시키는 대로 하기만 하면 친구를 사귀고 다른 사람들에게 영향을 주는 일이 간단한 것처럼 느껴진다. 만약 진짜로 그렇다면 정말 환상적이겠지만 불행히도 인생은 그런 식으로 움직이지 않는다. 우리 안에 있는 것이 우리 밖에 있는 것보다 훨씬 더 중요하고 영향력도 크다.

많은 사람들이 돈과 돈으로 살 수 있는 것을 성공의 척도로 여긴다. 그러나 우리가 살 수 있는 것은 단지 그것을 살 수 있다는 것, 그 이상도 이하도 아니다. 우리가 구입한 무엇인가가 어떤 식으로든 우리의 본질을 바꾸지 못한다. 머리 색깔과 옷 스타일, 자동차는 바꿀 수 있지만 이런 것들이 우리 내면의 인격을 나타내는 정확한 지표가 될 수는 없다.

우리는 "우리의 현재 모습"에 안달하고 초조해하며 달라지기를 원한다. 키가 더 컸으면, 키가 좀 작았으면, 좀 더 날씬했으면, 건강미 넘치는 근육질 몸매를 가졌으면, 더 강하고 힘이 셌으면 하고 바란다. 그러나 바라는 것은 자유지만 달라지기 위해 무엇인가를 결심하고 실천하기 전까지는 아무 일도 일어나지 않는다.

달라지려고 시도하기 전에 당신이 누구인지, 당신이 지금 무엇을 갖고 있는지 생각해보라. 당신은 막연히 다른 사람이 되기를 원하지만 지금 있는 모습 그대로가 좋을 수도 있다. 당신은 외모나 능력, 일, 가족, 사랑에서 좀 달라지기를 원하고, 그런 차이가 매우 매력적으로 느껴질 수도 있다. 당신은 당신 자신이 되는 것보다 다른 어떤 사람이 된다면 훨씬 더 좋을 것이라고 생각할 수도 있다. 하지만 과연 그럴까?

누구나 달라졌으면 하는 것, 혹은 사라졌으면 하는 문제를 가지고 있다. 그러나 당신이 직면하고 있는 상황이 당신이 닮았으면 하고 부러워하고 있는 사람이 가진 문제보다 심각하지 않을 수도 있다.

당신이 달라졌으면 하고 바라는 부분이 그렇게 중요한가? 그렇다면 그 부분에 당신의 관심을 쏟으라! 바꿀 수 있는 것을 바꾸고 당신에게 무엇이 좋은지 생각해보라. 갈색 머리가 싫은가? 그럼 빨강 머리는 어떤가? 근육질 몸매를 갖고 싶은가? 바벨을 들어올려라. 그러나 당신이 달라지려고 하는 시도가 당신을 다른 사람으로 만들어줄 것이라는 확신은 갖지 말라. 빨강 머리 혹은 멋진 근육 밑에는 변함없는 '진짜' 당신이 있다.

무조건 달라지려고 시도하기 전에 당신이 지금 갖고 있는 자원을 살펴보는 것이 바람직하다. 당신은 성공한 운동선수나 재치있고 매력적인 빨강 머리가 아닐 수도 있다. 그러나 지금 있는 그대로의 모습에서 발전하고 성장해 나갈 수 있다. 모든 사람에게는 다른 사람들이 부러워할 만한 재능이 있다는 점을 깨닫고 당신이 어떤 강점을 가지고 있는지 살펴보라. 당신이 어떤 사람과 함께 있기를 왜 좋아하는지 생각해보라. 근육 때문에 혹은 머리 색깔 때문에 그들과 함께 있고 싶은가? 아니면 그들에게서 진정한 우정을 발견하고 친구가 되고 싶다는 생각을 갖게 됐기 때문인가?

당신의 마음은 당신의 이상적인 삶을 창조하는 데 유용하게 사용할 수 있는 도구이며, 이 도구를 사용할 수 있는 방법은 다양하다. 당신 자신에 대한 믿음, 당신의 현재 모습에 대한 믿음이 긍정적인 변화의 출발점이다.

당신의 인생을 반전시키거나 당신의 부정적인 사고방식을 바꾸는 데 늦은 시간이란 결코 없다. 당신이 바라고 원하던 일을 경험할 때 어떤 감정과 태도를 갖게 될 것인지 생각해보라. 그리고 그 감정과 태도를 지금 가지라. 그러면 변화가 시작될 것이다.

성공의 열쇠

유명한 영화 제작자인 세실 B. 드밀은 뛰어난 재능과 예리한 통찰력을 갖춘 사람이었다. 그는 어떤 문제가 생기면 조용히 생각하기 위해 혼자 어디론가 떠나는 것을 좋아했다. 어느 날 성가신 문제가 생기자 그는 혼자 있고 싶어 호수에 가서 카누를 탔다.

얼마 후 카누는 깊이가 몇 인치밖에 안 되는 얕은 장소로 흘러 갔다. 드밀이 아래를 바라보니 호수 바닥에 딱정벌레 같이 생긴 곤충들이 기어다니고 있었다. 그 곤충들을 보고 있자니 한 마리가 물 위로 올라와 카누를 향해 서서히 기어왔다. 이 곤충은 마침내 카누까지 도착했지만 카누 나무를 단단히 잡더니 금방 죽어버렸다.

드밀은 곧 이 딱정벌레처럼 생긴 곤충에 대해서는 까맣게 잊어버리고 자신의 문제에 대해 골똘히 생각하기 시작했다. 몇 시간 후 그는 문득 다시 곤충을 쳐다봤다. 뜨거운 태양 아래서 그 곤충의 껍질은 말라버린 듯 부서질 것처럼 보였다. 그런데 갑자기 껍질이 서서히 갈라지더니 그 안에서 새로운 형태의 생명체, 잠자리가 기어 나왔다. 이 잠자리는 하늘로 날아올랐고 잠자리의 반짝거리는 날개가 태양 아래서 빛났다.

잠자리는 날갯짓을 하며 물 속의 곤충들이 며칠을 기어야 겨우 갈 수 있는 거리보다 훨씬 더 먼 거리를 단숨에 날아갔다. 그러다가 다시 돌아와 원을 그리며 수면 위로 급강하했다. 드밀은 물 위에 잠자리의 그림자가 비치는 것을 보았다. 물 속의 잠자리 애벌레들 역시 그 그림자를 보았을 것이다. 그러나 얼마 전까지 물 속의 잠자리 애벌레들과 함께 놀았던 동료는 이제 그들이 이해할 수 없는 세계로 가버렸다. 그들은 여전히 한정된 세계 속에 살고 있지만 그들의 날개 달린 사촌은 땅과 하늘 사이의 모든 자유를 스스로 얻어냈다.

"우주의 위대한 창조자가 물 속의 잠자리 애벌레를 위해 했던 일을 인간에게는 하지 않겠는가?" 훗날 드밀이 던진 질문이다.

WORLDWIDE
Laws of Life

07
신념의 법칙

당신이 생각하는 그대로가 당신이다

찰스 필모어

성공적인 삶은 당신 자신이 성공할 만한 사람이라고 믿는 데서 출발한다. 다른 사람이 믿어주면 우리 자신에 대한 믿음은 더욱 강화된다. 여기 소개하는 이야기는 다른 사람의 믿음이 어떤 기적을 가져올 수 있는지 잘 보여준다.

열다섯 살 소년 더그는 혈액검사 결과 백혈병 진단을 받았다. 의사는 더그가 앞으로 3년간 화학요법을 받아야 한다고 말했다. 더그는 화학요법을 받으면 머리가 빠지고 몸무게가 늘어난다는 사실을 알고는 크게 실망했다. 더그는 또 자신의 병이 치료될 수도 있지만 백혈병으로 죽을 수도 있다는 사실을 알고 있었다.

더그는 병원에 입원한 날 눈을 크게 뜨고 병원을 둘러보더니 어머니에게 이렇게 말했다. "나는 병원에 오면 꽃을 선물 받을 거라고 생각했어요." 더그의 이모가 이 말을 전해 듣고 전화로 꽃다발을 주문했다. 전화를 받은 꽃가게 점원의 목소리는 젊게 느껴졌다. 이모는 혹시 젊은 점원이 지금 주문할 꽃다발이 얼마나 중요한지 잘 이해하지 못할까 염려돼 이렇게 당부했다. "이 꽃다발은 특별히 예쁘고 아름다웠으면 해요. 왜냐하면 백혈병에 걸린 어린 조카를 위한 것이거든요."

점원은 "아, 그렇다면 기분이 좋아지게 갓 따온 꽃을 더하죠"라고 말했다.

　병원에 꽃다발이 도착하자 더그는 너무나 좋아서 벌떡 일어나 앉았다. 더그는 꽃다발과 함께 온 이모의 카드를 읽었다. 그런데 이모의 카드 말고 또 한 통의 카드가 있었다. 더그의 어머니는 다른 꽃다발에 들어갈 카드가 잘못 온 것 같다고 말했지만 더그는 그 카드를 꺼내 읽기 시작했다.

　"더그, 나는 너에게 꽃을 배달해주라는 주문을 받은 사람이야. 나는 꽃가게에서 일하고 있어. 나도 일곱 살 때 백혈병을 앓았지. 지금은 스물두 살이고 아주 잘 살고 있어. 용기를 잃지 말아라. 네가 할 수 있다고 믿으면 잘 해낼 수 있을 거야. 내 기도가 너에게 가서 닿기를 바래. 사랑을 담아 로라 브래들리."

　더그의 얼굴이 빛났다. 더그는 병원에 온 후 처음으로 용기를 얻었다. 그 동안 많은 전문의와 간호사들이 더그를 격려했지만 더그에게 병을 이겨낼 수 있을 것이라는 믿음을 준 것은 그 카드였다.

　이 이야기를 〈시카고트리뷴Chicago Tribune〉에 소개한 밥 그린은 이렇게 덧붙였다. "정말 재미있는 일이다. 더그는 수백 만 달러짜리 최신 의학장비가 가득한 병원에서 모든 의학 교육과 훈련 과정까지 다 합하면 수백 년에 달하는 많은 의사와 간호사들에 둘러싸여 치료를 받고 있었다. 그러나 더그에게 병을 이길 수 있다는 희망과 의지와 믿음을 심어준 사람은, 시간을 들여 카드를 쓰고 자신의 마음이 시키는 대로 기꺼이 했던 꽃가게 점원이었다. 인간의 마음은 정말로 놀라운 것이다. 그리고 당신은 때로 전혀 기대하지 않았던 순간에 최선의 방법으로 놀라운 마음의 힘을 경험하게 된다!"

마음이 무슨 말을 하고 있는지 주의를 기울이라. 풍요롭고 조화로운 삶을 추구한다면 당신이 그런 삶을 살아갈 만한 가치가 있다고 진심으로 믿으라. 이런 내면의 확신이 실천과 더불어 당신이 그토록 깊이 원하는 인생의 열매를 맺게 해줄 것이다. "당신이 생각하는 그대로가 당신이다!"

마음은 낙하산과 같아서 활짝 펴졌을 때만 쓸모가 있다
딕 수펜

놀라운 발견과 발명의 재능을 타고난 훌륭한 사람들은 대부분 탐구하는 열린 마음을 가지고 있었다. 독일의 화학자 케쿨 폰 스트라도니츠는 오랫동안 벤젠 구조식을 연구했지만 해답을 얻지 못했다. 1858년 어느 날 클래팜 거리로 가는 버스 안에서 졸고 있을 때 그는 벤젠 구조식에 대한 첫 번째 아이디어를 얻을 수 있었다. 그는 꿈 속에서 원자들이 춤을 추며 서로 꼬이더니 뱀이 자신의 꼬리를 무는 것 같은 모양의 원을 만드는 광경을 목격했다. 고대 연금술에서 자신의 꼬리를 무는 뱀은 처음과 끝이 서로 이어져 있음을 상징하며, 이는 벤젠 사슬의 양 끝이 서로 만나는 것을 암시했다. 케쿨은 꿈에서 아이디어를 얻어 벤젠 구조식을 완성할 수 있었다.

로스 백대새리언은 미국의 유명한 크리스마스 캐롤 『다람쥐 송 Chipmunk Song』을 만든 사람이다. 그는 시골길을 가다가 다람쥐 한 마리를 거의 발로 찰 뻔한 경험을 살려 다람쥐 세 마리가 노래하고 연주하는 크리스마스 캐롤을 만들었다. 이 노래는 1958년에 소개돼 미국 전체 노래 순위에서 4주 연속 1위를 차지할 정도로 큰 인기를 끌었다. 후에 백대새리언은 『다람쥐 송』을 발매한 리버티 레코드사의 임원들 이름을 따서 다람쥐 세 마리에게 앨빈, 사이먼, 테오도르라는 이름을 지어줬다. 이 세 마리의 다람쥐는 만화영화로도 만들어져 많은 어린이들의 사랑을 받았다.

미국의 사업가 프랭크 맥나마라는 1950년 뉴욕의 고급 식당에서 환상적인 식사를 마친 뒤 디저트를 먹고 있었다. 그런데 지갑에 현금이 하나도 없다는 사실을 알게 되었다. 그는 매우 당황해하며 아내에게 전화를 걸어 음식 값을 내달라고 부탁했다. 그는 다른 사람들도 자신과 같은 곤란한 일을 겪은 적이 한번쯤은 있다는 사실을 알고, 곧 1만 달러를 빌려 뉴욕 몇몇 식당에서 사용할 수 있는 첫 번째 신용카드, 다이너스 클럽을 만들었다.

의류회사 해거를 설립한 J. M. 해거는 헨리 포드의 자동차 생산 라인에서 아이디어를 얻어 남성복 바지를 만드는 데 대량 생산 방식을 처음으로 도입한 사람이다. 그는 자동차를 대량 생산할 수 있다면 남성복 바지도 대량으로 만들어 싸게 팔 수 있을 것이라고 생각했다. 당시 의류업계에 종사하던 사람들은 해거가 바지를 대량 생산할 수 없을 것이라고 생각했다. 그러나 해거는 대님 대신에 신사복 천의 끝을 사용해 "슬랙스"라고 이름 붙인 새로운 종류의 양복 바지를 만들어냈고,

해거는 의류산업에 혁명을 일으켰다.

사고 능력은 우리를 자유로운 존재로 만들어준다. 우리의 마음은 창조력의 중심이다. 우리가 생각과 아이디어에 마음을 열고 기꺼이 받아들일 준비를 할 때 놀라운 성취를 이룰 수 있다. "마음은 낙하산과 같아서 활짝 펴졌을 때에만 쓸모가 있다"는 사실을 기억하라.

비행기에서 뛰어내릴 때 사용하는 낙하산은 작은 보조낙하산과 큰 주낙하산으로 구성돼있다. 비행기에서 뛰어내리면 보조낙하산이 먼저 펼쳐져 보호 덮개 속에 단단하게 매여져 있는 더 큰 낙하산, 즉 주낙하산이 펼쳐질 수 있도록 끌어 당긴다. 개방손잡이에 달린 D자형 금속고리를 힘껏 당겨 보조낙하산을 펼치면 이 보조낙하산에 공기가 가득 차면서 포대 속에 단단히 매여져 있는 주낙하산을 끄집어 내는 방식이다.

당신의 마음은 낙하산과 같다. 펴지 않으면 낙하산은 단단하게 포장된 채 작동하지 않는다. 미지의 신비로운 것을 향해 마음의 낙하산을 열기 위해서는 용기가 필요하다. 그러나 일단 마음을 열면 삶은 당신 앞에 놀라운 것들을 펼쳐준다.

당신이 흥미를 느끼지 않으면 어떤 것도 흥미로울 수 없다
존 템플턴

같은 지역에 사는 두 사람이 같은 날 아침에 똑같은 상황에서 눈을 떴다고 해도 두 사람의 하루는 전혀 다를 수 있다. 사물을 보는 사람이 다르기 때문이다. 한 사람은 긍정적인 사람으로 "하나님, 좋은 아침입니다!(Good morning, God!)"라고 생각하며 일어났을 수 있다. 반면 비관적인 다른 사람은 "하나님 맙소사, 아침이네!(Good God, morning!)"라는 말로 하루를 시작했을 수 있다. 두 사람이 한 말에는 공통된 단어가 있지만 약간의 차이로 엄청나게 다른 표현이 됐다. 따라서 '당신이' 보는 것이 당신이 얻는 것이고, '내가' 보는 것이 내가 얻는 것이다! 관점이 핵심적인 변수인 것이다.

당신에게 얼마나 흥미로운 인생이 펼쳐져 있는지에 대해서도 비슷한 비유가 가능하다. 당신이 삶에 흥미를 느끼지 않는다면 어떤 것도 흥미로울 수 없다. 인식에 대해 얘기할 때 가장 중요한 개념이 선택이다. 흔히 인용되는 사례로 컵에 물이 반이나 있다고 볼 것인지, 물이 반밖에 없다고 볼 것인지, 우리가 선택할 수 있다는 사실을 이해하는 것이 중요하다.

왕으로부터 아주 값비싼 선물을 제안 받았던 아름다운 처녀에 관한 이야기가 있다. 왕은 그녀에게 진주가 가득 들어있는 자루를 주며 가장 크고 가장 완벽한 진주 하나를 골라 가지라고 말했다. 그러나 왕은 몇 가지 조건을 내걸었다. 첫째, 진주는 단 하나만 가질 수 있다. 둘째, 자루에서 한 번에 진주 하나씩만 꺼내야 하며, 꺼낸 즉시 그 진주를 가질 것인지, 갖지 않을 것인지 선택해야 한다. 셋째, 한번 갖지 않겠다고 거절한 진주는 뒤늦게 다시 갖겠다고 할 수 없다.

처녀는 크게 기뻐하며 자루에서 진주를 하나씩 꺼내기 시작했다. 그녀는 크고 완벽한 진주를 수없이 많이 발견했지만 조금 더 크고 조금 더 완벽한 진주를 기대하며 계속 꺼냈다. 이런 식으로 그녀는 수많은 보석들을 지나쳐 보냈다.

자루에 든 진주가 적어질수록 진주의 크기도 점점 더 작아졌고 질도 떨어졌다. 때로는 진주 대신 자갈이 나오기도 했다. 그녀는 이전에 포기했던 진주를 다시 갖겠다고 할 수도 없었기 때문에 진주 찾기를 계속했다. 자갈이 나오는 경우가 점점 더 많아졌다. 처녀의 손이 마침내 자루의 맨 밑바닥에까지 닿았고 자루엔 아무것도 남지 않았다. 그녀는 처음 왕 앞에 나왔을 때와 마찬가지로 빈 손으로 돌아갈 수밖에 없었다.

이 이야기는 더 좋은 직업, 더 크고 좋은 집, 더 좋은 배우자, 더 화려하고 특별한 삶과 같이 더 좋은 무엇인가를 향해 달려가다가 결국에는 매일 우리 주위에 풍부하게 펼쳐져 있는 큰 진주들을 놓쳐버리는 우리 자신의 모습을 보여주고 있다. 우리가 흥미를 느끼는 것은 과연 어디에 있는가?

우리는 천국을 찾아 헤매고 있는지도 모른다. 그 천국은 바로 우리 안에 언제나 존재하고 있지만 우리는 자주 그 사실을 잊어버린다. 그리고는 그냥 앉아서 내일은 상황이 더 나빠질지 모른다고 걱정하며 앞으로 나가기를 두려워하는 것이다. 앞으로 돌진하든 앉아서 기다리든 결과는 마찬가지일 수 있다. 우리가 두려워하는 무슨 일은 거의 일어나지 않는다! 많은 철학자들이 "지금이 당신 인생의 가장 중요한 순간" 이라고 말하는 것도 이 때문이다. 우리는 단 2초도 과거로 되돌아갈 수 없고 단 2초도 미래로 뛰어넘을 수 없다. 우리는 영원한 현재 속에 살고 있으며 삶에 대한 우리의 관심과 삶이 제공하는 것 역시 지금 이 순간에 존재한다. 바로 '지금' 이 선택과 축복의 시간이다.

　삶의 진리, 정직, 정의, 순수, 사랑, 이런 것들을 생각하기 위해서는 우리가 살아가는 나날의 모든 순간이 필요하다. 이들은 우리의 삶에서 가능한 진정한 행복과 감동을 경험할 수 있도록 이끌어 준다. 이들은 모두 값비싼 삶의 진주들이다.

　미국의 철학자 찰스 필모어는 이렇게 말했다. "어떤 식으로든 마음이 조화롭지 못한 느낌이 든다면 당신은 일종의 거짓 환상에 빠져 있는 것이다. 우리는 바로 앞에 값비싼 진주를 가지고 있으면서 모든 것을 팔아 다른 진주를 얻으려 한다. 모든 거짓 환상을 버리고 진리를 향해 똑바로 나아갈 준비가 되어 있는가?"

　거울을 바라볼 때 중요한 것은 당신의 얼굴이 아니라 당신을 돌아보는 마음이다. 당신이 진실한 관심을 더 많이 표현할수록 삶은 당신에게 더 많은 기쁨과 성공을 안겨준다. 행복과 불행, 성공과 실패, 유용과 무용, 능력과 무능력, 용기와 두려움, 강함과 약함의 차이는 환경이나 다른 사람 때문이 아니다. 오히려 당신의 마음이 그런 차이를 만드는 중요한 원인이다. 당신이 흥미를 느끼지 않으면 어떤 것도 흥미로울 수 없다.

마음이 생각하는 대로 성취된다
무명씨

상상력은 "마음을 자르는 가위"다. 상상력이 마음속 욕망들의 모양을 만들기 때문인데, 이 말은 상상력의 힘을 표현하고 있다. 머리 속에 무엇인가를 그려낼 수 있는 능력은 믿을 수 없을 만큼 큰 영향력을 가지고 있다! 바라는 것, 보고 싶은 것을 매일 마음속에 그리면 마음에 그것을 현실화시킬 수 있는 환상적인 기회가 제공된다. 마음속에 그리는 놀라운 능력은 심리학자들에 의해서도 입증되고 있다. 심리학자들은 상상력이야말로 마음이 가진 가장 강력한 힘 가운데 하나라고 말한다.

원시인들이 잡고 싶은 동물들을 동굴 벽에 그리는 장면을 떠올려 보라. 그들은 벽에 새긴 그림들을 자주 볼수록 보이지 않는 큰 힘이 잡아야 할 동물들을 그들 가까이로 이끌어준다고 믿었다. 이집트인들도 마음속에 무엇인가를 그릴 수 있는 능력을 파라오의 피라미드 안에 그림으로 표현했다. 왕족의 아기가 태어나면 즉시 그가 묻힐 피라미드가 건설되기 시작했다. 이 피라미드 안에는 이 아기가 일생을 통해 경험할 일들, 행복과 성취감으로 가득한 일생을 그림으로 표현했다. 이집트인들은 이 그림 속에 표현된 대로 왕족의 아기가 살아갈 일생도 그러할 것이라고 믿었다. 고대 그리스에서 임신한 여성들은 우아한 조각상과 아름다운 그림, 푸른 자연에 둘러싸여 지냈다. 배 속에서 자라고 있는 아이들이 엄마의 마음속 그림들에서 건강함과 아름다움의 혜택을 받을 수 있도록 하기 위함이었다.

마음에 그려진 좋은 것들은 우리의 잠재의식이 받아들이기만 한다면 밖으로 드러나게 된다는 사실을 명심하라. 긍정적인 상상 속에서 소망과 믿음을 지켜나가는 데 "조금만 더 많이" 나아가라. "마음이 생각하는 대로 성취된다"는 옛 격언을 기억하라. 사람들은 자기가 지구 위에서 살아간다고 생각한다. 그러나 사실은 당신 마음속에서 살아갈 뿐이다. 신은 당신의 마음이 환경에 관계없이 지옥 구덩이가 되거나 아름다운 정원이 되거나 선택할 수 있도록 자유를 허락했다. 상상력이 당신에게 어떻게 작용하도록 지휘할 것인가? 프랑스의 철학자 시몬느 베이유는 "상상과 허구가 우리 실제 삶의 4분의 3이상을 차지한다"라고 말했다. 미국의 권투선수 무하마드 알리는 "상상력이 없는 사람은 날개가 없다!"라고 말했다.

마음속에 그림을 그릴 때는 분명하고 정확한 것이 중요하다. 당신이 마음속에 그린 좋은 것이 매우 더디게 찾아오는 것처럼 느껴진다면 마음이 너무 많은 그림들로 어지럽혀져 있거나 너무 빨리 너무 많은 것을 만들어내려 하기 때문이다. 장인은 공장의 조립라인처럼 많은 물건을 한꺼번에 생산해낼 수 없다. 분명하게 생각하라. 현명하게 심사숙고하라. 명확하게 결정하라. 조금씩 긍정적이고 강력하게 마음속에 그려보라. 당신의 희망사항을 구체화하고 당신이 가장 원하는 일을 향해 나아가는 그림을 그려보라. 이것은 그림을 그리는 힘을 키워 당신의 노력이 결실을 맺도록 할 것이다.

인간의 마음은 창조적인 도구다. 대개는 부정적이고 제한적인 형태로 무기력하게 규칙적으로 반복되는 인생을 만들어내거나, 긍정적으로 성장할 수 있는 가능성을 창조하거나 둘 중의 하나다. 상상력과 긍정적인 생각은 우리의 관심을 약점에서 강점으로 돌려놓고, 실패와 싸워 이기게 해준다. 당신이 희망했던 사람으로 변하고 있다는 사실을 깨닫고, 선한 것들이-더 큰 선을 위해 사용되기 위해-당신의 인생에 흘러 들어오는 모습을 떠올리면 강력한 정신력이 당신을 돕게 된다.

당신이 설령 험한 일을 많이 겪었다 해도 어려운 시기를 보냈다고 불평하지 말라. 불행한 경험을 얘기하는 것을 중단하라. 이런 부정적인 그림들이 당신 마음속에 있는 한 당신은 감정적으로 어려운 경험에 더 밀착돼 있는 것이다. 감정적으로, 또 시각적으로 계속해서 좌절감을 느끼게 된다. 그러면 당신 자신에게 한계를 두게 되고, 당신의 상상력이 더 좋은 경험을 향해 뻗어나갈 수 있는 여지를 주지 않게 된다.

생각하라! 믿으라! 성취하라!

안에서 그러하면 바깥에서도 그러하다
연금술의 원칙

1829년 3월, 엄격하기로 유명한 독일 베를린

가곡협회는 음악 역사상 가장 큰 실수를 저지르고 있는 것처럼 보였다. 작품은 너무 복잡했고 다루기도 어려웠다. 리허설 때는 오케스트라와 합창단이 각각 두 개씩이나 필요했다. 성경 마태복음에 기록된 예수의 고난을 주제로 한 『마태수난곡』은 100여 년 전 초연 때 사람들의 관심을 거의 끌지 못했다. 작곡가도 그 곡만큼이나 사람들에게 알려지지 않은 존재였다. 작곡가 요한 세바스찬 바하는 80여 년간 비석도 없는 무덤에 누워 있었다. 이 작품을 발견해 지휘했던 스무 살의 펠릭스 멘델스존 역시 무명이었다. 그는 지휘봉을 잡고 사상 처음으로 구성된 연합 오케스트라와 합창단 앞에 서있었다. 멘델스존은 스승의 집에서 우연히 『마태수난곡』 악보를 발견하고는 그 곡에 푹 빠져버렸다. 그 곡은 제목 외에 다른 기록은 거의 없었다.

가곡협회 관계자들이 리허설에 대해 호의적인 평가를 내렸던 덕분인지 공연하는 날 모든 좌석이 가득 찼다! 첫 음조를 연주할 때부터 청중들은 밀려드는 환희의 감정에 북받쳤다. 『마태수난곡』은 역사상 가장 감동적인 작품 중의 하나였다. 바하의 천재성은 너무나 뛰어나 하나하나의 음들을 통합해 생생한 풍경을 그려내고 분위기를 빛나게 만들어낼 수 있는 것처럼 보였다. 바하의 정신이 가진 내적인 숭고함은 음악을 통해 신을 찬양하는 사람들 안에 영혼의 불길이 타오르게 했다. 영혼의 아름다움과 힘은 바깥 세계로 흘러 넘쳐 통찰력을 가진 한 사람을 에워싸 우리의 마음과 인생 속으로 들어왔다.

우리는 바쁘게 살아가면서 성공적인 외부 세계를 세워왔다고 자부하고, 그 세계에는 아무런 문제도 없어서 내적인 자원을 돌아볼 필요성을 거의 느끼지 못할 수도 있다. 그러나 그런 삶이 아무리 좋아 보여도, 또 그런 삶이 아무리 많은 흥미로운 일과 이벤트와 마음 맞는 사람들로 채워져 있다 해도 외부 세계만으로는 충분하지 않을 때가 있다. 자기 자신과 자신의 내적인 자원으로 돌아가야 하는 불가피한 순간은 반드시 찾아온다. 대부분의 사람들은 상처 받은 느낌과 손상된 자존심을 어떻게 극복하는지 알고 싶어한다. 그들은 자아를 인식하고 내적인 힘과 능력을 완전하게 발전시키는 경험을 원한다. 외부 세계의 어떠한 것도 영혼의 허기와 욕망을 만족시킬 수는 없다.

　우리는 외부 세계에서 성공적으로 살아가기 위해 내적인 세계에서도 성공적으로 살아나갈 필요가 있다. 대부분의 사람들은 우정을 원하고 삶의 안락함을 바란다. 그리고 우리가 안에서 원하는 것은, 기꺼이 행동으로 실천하기만 한다면 밖에서도 가질 수 있다. 다른 사람들이 우리를 사랑했으면 좋겠다고 생각하는 것만으로는 충분치 않다. 다른 사람들에게 친절하게 대하고 도움을 주고 인정을 베풀고 사려 깊게 행동하는 것이 중요하다. 우리는 세속적인 성공을 희망하는 것 이상을 해야 한다. 신념을 갖고 성공하는 데 필요한 기량과 관심과 인내를 발전시켜 나가야 한다. 신은 우리가 표현하든 표현하지 않든 관계없이 우리에게 초월적인 힘을 주셨다.

당신이 동의하지 않는 한 어느 누구도 당신에게 열등감을 느끼도록 만들 수 없다는 사실을 명심하라

엘리노어 루즈벨트

온도계는 수은이 들어있는 얇고 긴 유리관이다. 이 단순한 기구를 통해 우리는 주변의 온도를 알 수 있다. 주위가 따뜻해지면 수은이 올라가고 주변이 추워지면 수은이 떨어진다. 온도계를 보면 주위의 공기가 얼마나 따뜻한지 혹은 차가운지 알 수 있다. 어떤 온도계는 우리의 몸이 정상적인 온도로 유지되고 있는지 알게 해주고, 또 어떤 온도계는 음식이 적당하게 요리됐는지 알려준다.

그러나 수많은 사람들이 온도계처럼 움직인다는 사실은 실로 안타까운 일이다. 다른 사람들이 자신을 어떻게 생각하는가에 따라 스스로 느끼는 자부심이 올라가기도 하고 떨어지기도 한다. 다른 사람들이 자신을 높이 평가하면 자기 자신에게 좋은 감정을 느낀다. 다른 사람들이 자신을 비판하면 자신에 대한 평가도 아주 낮고 차가운 수준으로 떨어진다. 프랭클린 루즈벨트 미국 대통령의 부인인 엘리노어 루스벨트가 남긴 말에는 꼭 기억해야 할 진리가 담겨 있다. "당신이 동의하지 않는 한 어떤 사람도 당신에게 열등감을 느끼도록 만들 수 없다는 사실을 명심하라." 이 말을 진지하게 생각해보라. 당신이 자기 자신에게 느끼는 감정을 세상이 결정하도록 허락할 필요는 전혀 없다. 당신의 삶 속에서 일어나는 일들을 판단하고 자기 자신을 평가할 권리와 기회는 바로 당신에게 있다. 비판은 여러 가지 형태를 띠지만 대부분은 시시하고 사소한 것이다. 비판은 우리를 향한 것이든 우리로부터 나온 것이든 발전을 방해하며 불화와 문제를 일으킨다. 자신감을 갖고 다른 사람에게서 긍정적인 품성을 발견하려 노력할 때 우리는 진실로 자신의 좋은 품성을 드러낼 수 있다.

우리는 대개 다른 사람들에 의해 감정의 상당 부분을 지배당하며 자란다. 그러나 성장하면서 다른 사람들의 의견과 상관없이 우리가 자기 자신에게 어떻게 느끼는가가 행복한 삶의 핵심적인 요소가 된다는 사실을 배우는 것이 중요하다. 당신의 자부심이라는 온도를 다른 사람들이 결정하고 조절할 수 있도록 허락한다면 당신은 그들이 내리는 의견의 처분 아래 놓이게 된다. 그렇게 되면 당신의 행복은 당신이 내적으로 조절할 수 없는 여러 가지 조건들에 의존하게 된다.

당신이 자신에게 느끼는 감정이 살아가면서 겪는 경험의 상당 부분을 결정한다. 다른 사람들의 변덕이 당신의 감정을 지배하도록 내버려두지 말라. 어떤 사람이 뚜렷한 이유 없이 계속해서 비참한 삶을 살아간다면 자신의 감정을 지배하는 권한을 포기했기 때문일 수 있다. 그는 온도계처럼 세상의 의견을 반영할 뿐이다. 그는 자기 자신을 판단할 수 있는 권한을 다른 사람들에게 넘겨줬으며 이런 무기력한 상태에서 긴장과 불안을 느끼게 된다.

온도계와 달리 당신은 스스로 '온도'를 결정할 수 있다. 다른 사람들이 어떻게 생각하든 관계없이 당신 자신과 스스로의 인생에 대해 좋은 감정을 느낄 수 있다. 아무도 당신이나 당신의 능력, 당신이 할 수 있는 것에 대해 알지 못한다. 그러니 당신이 자신에 대해 어떻게 느끼고 있는지 책임지는 것이 중요하다.

다른 사람에게서 무엇인가를 배울 수 있도록 마음을 활짝 열라. 그러나 당신 자신과 당신의 가치에 대한 평가와 관련해서라면 스스로 감정을 조절할 수 있도록 하라. 주위의 온도를 잘 반영하는 것이 온도계의 기능이지만 이것이 당신에게는 부정적인 결과를 가져올 수도 있다. 당신의 자부심이 다른 누군가에 의해 조절되고 있다고 느낀다면 다음과 같은 단순한 선언을 통해 당신 자신을 해방시키라. "나는 오늘 다른 사람들의 말이나 생각, 행동에도 불구하고 나 자신에게 매우 좋은 느낌을 갖고 있다. 나의 감정을 지배하고 오늘 내 삶에 권한을 갖고 있는 사람은 나 자신이다!" 사람들은 모두 자신을 보호하고자 하는 본능을 갖고 있기 때문에 자기 자신을 똑바로, 객관적으로 바라보기가 어려울 수도 있다. 그러나 우리 자신의 감정과 여러 단점들을 솔직하게 바라봐야만 우리 삶에 변화를 불러일으킬 수 있는 일이 일어나도록 할 수 있다. 자신의 '약한 고리', 예를 들어 불 같은 성질이라든가 열등감, 자신이 무가치하다는 생각을 발견하면 그 반대의 성격에 대해서도 생각할 수 있게 된다. 열등감을 억누르고 싶다면 즐거운 기질과 내면의 영혼에 대한 믿음 같이 바람직한 것을 생각해보라. 그러면 당신의 생각과 감정을 새로운 방향으로 이끌 수 있다.

당신 존재의 중심에 서서 살아갈 때 삶은 좀 더 생산적이고 즐겁게 변할 것이다.

할 수 있다고 생각하든, 할 수 없다고 생각하든 당신 생각이 맞다

헨리 포드

지금 당신 인생의 상당 부분은 당신 자신이 만들었다는 사실을 알고 있는가? 상황이 어떠했든 그 상황에 어떻게 반응할지는 바로 당신이 수많은 선택 가운데 결정한 것이다. 당신은 지금까지 선택하는 능력을 훈련해왔다. 그렇다면 처음에 어떤 선택을 내렸든 마음을 바꾸거나 상황을 바꿀 수 있는 것이 당연하지 않은가?

이것은 매우 강력한 믿음이다! 당신에게 어떤 일이 일어나도 당신은 "내 인생의 주인은 나"라고 말할 수 있다. 인생을 즐겁게, 그리고 성공적으로 살아가기 위해서는 긍정적인 태도를 가져야 한다. 긍정적인 태도는 우리가 내면의 선함과 조화를 이루고 있다는 느낌을 주고 이 선함이 표현될 수 있도록 도와준다. 결국 우리의 태도가 삶의 기쁨을 느끼는 데 큰 역할을 한다.

그러나 당신에게 일어난 좋은 일들이 삶에 대한 당신의 지배력을 증명해주듯 부정적인 조건들은 동전의 다른 면을 보여준다. 벼룩을 길들이는 방법에 대해 들어본 적이 있는가? 일단 벼룩을 유리 병에 넣고 뚜껑을 닫는다. 벼룩은 병에서 팔짝팔짝 뛰지만 뛸 때마다 뚜껑에 부딪치게 된다. 벼룩은 곧 뚜껑에 부딪칠까 두려워 더 이상 뛰려 하지 않고 자신이 뛸 수 있다는 사실조차도 잊어버린다. 이제 뚜껑을 열어 놓아도 벼룩은 병 높이의 한계에서 벗어나지 못하게 된다. 계속된 실패로 벼룩은 주어진 한계에 적응해 버렸다. 마음속에 부정적이고 제한적인 생각을 자꾸 떠올리면 우리도 벼룩처럼 될 수 있다. 우리 자신이 만들어놓은 한계 때문에 우리는 가끔 자유로운 생각을 통해 날 수 있다는 사실을 잊어버리게 된다. 우리는 때로 우리 자신을 쓸데없이 '유리병' 속에 가둔다. 눈에 보이지 않는 마음의 감옥은 때로 우리에게 이렇게 속삭인다. "넌 그것을 할 수 없어. 그건 현실적이지 않아. 너는 그렇게 똑똑하지 못해. 그걸 하는 데는 돈이 너무 많이 들 거야. 사람들이 널 비웃을 거야. 넌 너무 어려. 넌 너무 늙었어. 넌 그 일을 할 만큼 건강하지 못해. 너희 부모님이 허락하지 않을 거야. 그건 시간이 너무 많이 걸릴 거야. 넌 그걸 할 만큼 많이 배우지 못 했잖아."

생각이 어떻게 우리를 궁지에 몰아 넣는지 보여주는 재미있는 이야기가 있다. 한 여성이 낯선 마을에 와서 친구에게 소개 받은 치과의사를 찾아갔다. 그녀는 벽에 걸린 치과의사의 면허증을 보고 거기 적힌 이름이 40여 년 전 고등학교 때 자신과 같은 반이었던 키가 크고 잘 생긴 동창생과 같다는 것을 알았다. 치과의사는 회색 머리에 여기저기 조금씩 머리가 벗겨졌고 얼굴에는 깊은 주름이 있었다. 그녀는 치과의사가 자기 또래라고 하기에는 너무 늙었다고 생각했다. 그래도 그녀는 혹시 자신과 같은 고등학교를 나왔는지 물어봤다. 그는 그렇다고 대답했다. 그녀는 다시 물었다. "혹시 언제 졸업했는지요?"

"1940년입니다." 그가 대답했다.

"어머나, 당신은 저와 같이 학교를 다녔군요." 그녀가 소리쳤다.

그러자 치과의사가 그녀를 꼼꼼히 살펴보더니 천천히 물었다. "혹시 어떤 과목을 가르치셨죠?"

사람들은 때로 자신의 삶과 자신이 살고 있는 세계에서 무엇인가 문제의 징조를 찾아보려 하고, 조사하려 하고, 심지어 과장하곤 한다. 즐겁지 않은 일에 관심을 두고 있다면 주위에서 불쾌한 일을 찾는 것은 너무나 쉽다. 제 2차 세계대전으로 인해 온갖 시련을 견뎌내야 했던 안네 프랑크는 자신이 겪은 모든 불행한 일에도 불구하고 여전히 사람들이 선하다고 믿는다고 일기에 썼다. 이것이 바로 우리가 살아가면서 가져야 하는, 그리고 우리가 살아갈 수 있도록 도와주는 낙관주의다. 우리가 살아가는 세상은 오랫동안 존재해왔다. 세상에는 우리가 바꿀 수 없는 부분도 많고, 그런 부분이 우리에게 영향을 미치기도 한다. 그러나 우리 모두는 우리가 살아가는 이 세상의 중요한 부분을 만들고 있다.

우리가 무엇인가를 성취하기 위해 창조된 존재라는 사실을 기억하고 있다면 어떤 일이 일어날까? 우리가 광활하고 경이로운 우주의 자녀이자 상속자라고 진실로 믿는다면? 그런 믿음을 갖고도 '유리병'이 우리 인생에 한계로 작용하도록 허락하고, 꼭 유리병 높이만큼만 뛰고 더 나아가지 않을까? 우리 자신의 분노와 상처, 미움, 원망, 고통, 탐욕 등을 인식하고, 이런 부정적인 생각을 치워버릴 수 있는 정신적인 유리병이라고 생각한다면? 그래도 스스로 만들어놓은 한계라는 밍싱 때문에 방해 받을 것인가? 우리의 마음이 집중하고 있는 것은 무엇이든 우리에게로 끌어당긴다는 사실을 진지하게 고려하고 있는가? 우리가 무엇인가를 할 수 있다고 생각하면 할 수 있고, 할 수 없다고 생각하면 정말로 할 수 없다면?

　인생은 우연이 아니다. 인생은 대부분 선택이다. 우리는 생각을 선택할 수 있는 자유, 그리고 습관과 태도를 만들 수 있는 자유를 갖고있으며 "우리 삶의 건축가"가 될 수 있다. 이런 태도가 삶의 방향과 성격을 결정한다. 우리는 생각하고 느끼는 존재다. 마음의 힘을 통해 우리는 관심을 갖고 있는 것을 좀 더 잘 경험하고 성취할 수 있게 된다. 무엇인가를 만들 수 있는 마음의 힘만큼 우리가 잘 이해하지 못하는 분야도 없다. 사람들은 습관을 바꾸기가 얼마나 어려운지 알고 있다. 그러나 습관은 바꿀 수 있다. 우리가 할 수 있다고 생각하든, 할 수 없다고 생각하든 우리의 생각이 맞다!

의심과 두려움은 실패로 가는 지름길이다
브라이언 아담스

　　어느 여름날 저녁, 한 남자가 아름다운 숲과 인접해 있는 집 뒷마당에 혼자 앉아 있었다. 그는 자연 속에서 편안한 마음으로 어둠이 깔리는 모습을 즐기고 있었다. 어둠이 짙어지자 나무들 사이로 부는 바람도 강해지는 것을 느꼈다. 그러자 좋은 날씨가 계속될 수 있을지 궁금해졌다. 그는 또 숲 속 깊은 곳에서 들려오는, 휘젓는 듯한 이상한 소리를 들었다. 그는 동물들이 으르렁거리며 다가오고 있다고 생각했다. 얼마 지나지 않아 그의 마음은 부정적인 생각들로 가득 찼고 긴장하게 됐다. 마음속에 의심과 두려움이 쌓여갈수록 평화로운 여름날 저녁을 즐기고 싶다는 생각은 희미해져 갔다.

목표를 달성하지 못하는 경우 의심과 두려움이라는 두 가지 괴물이 주도적인 역할을 했기 때문일 수 있다. 이 두 가지 괴물이 마음속에 머물러 있으면 부정적인 힘이 증폭되면서 일시적인 어려움을 극복하는 데 도움이 되는 능력, 즉 현재 처해있는 상황을 즐길 수 있는 능력이나 긍정적인 전략을 발견하는 능력이 위축된다. 미국의 소설가인 로버트 헤릭은 이렇게 말했다. "끝까지 시도하라. 그리고 절대 의심하지 말라. 무슨 일도 그렇게 어렵지 않다. 노력하다 보면 그 사실을 알게 될 것이다."

"의심과 두려움은 실패로 가는 지름길"이라는 말은 동물의 세계에서도 유효하다. 기수를 태우고 달리는 말은 장애물을 만났을 때 기수가 장애물을 넘을 수 있을지 의심하거나 두려워하고 있다는 사실을 감지하면 장애물 앞에서 주춤거린다. 기수가 가장 두려워하는 상황, 즉 장애물을 뛰어넘지 못하는 결과가 초래되는 것이다. 의심과 두려움은 마땅히 소중한 순간이 되어야 할 때 그 순간을 망쳐버리고 기쁨을 강탈해가는 도둑과 같다. 의심과 두려움은 질병과 결핍을 가져온다.

실패를 피하려면 생각을 긍정적인 방향에 집중시켜야 한다. 성공한 운동선수는 경기에 임할 때 긍정적인 이미지를 떠올린다. 눈 앞에 닥친 경기를 성공적으로 마치겠다는 생각에 집중하면 성공 외에는 다른 어떤 결과도 걱정할 틈이 없다. 응원하는 관중들은 경기에 함께 집중하며 그 선수를 돕는다. 프로 골프 경기를 관람하는 관중들은 골프 선수의 깊고 조용한 집중에 동참한다. 골프 선수가 클럽으로 공을 치는 순간 관중들은 모두 함께 숨을 죽인다. 골프 선수가 공을 치고 나면 감탄사를 내뱉거나 박수를 치거나 환호성을 지르면서 감정을 표현한다. 골프 선수가 친 공이 멀리 나가지 못했거나 홀을 조금 비켜갔을 때 관중들은 실망하며 "아아" 하는 탄성을 자아내지만 이조차도 샷이 성공적으로 끝났음을 나타낸다.

셀리그 그로싱거는 미국 뉴욕 주 동부의 캣스킬 마운틴에 유명한 리조트 호텔을 만든 사람이다. 그는 젊은 시절이었던 1914년 의사에게서 바쁜 뉴욕시의 생활에서 벗어나 휴양을 취하라는 권고를 들었다. 그로싱거는 3주 동안 산에서 휴식을 취하며 원기를 회복하고 맑은 정신으로 도시로 돌아왔다. 그리고는 가족을 위해 캣스킬 마운틴에 농장을 구입하기로 했다. 그가 산 농장은 돌멩이 투성이로 수확을 기대하기 어려웠고, 전기도 들어오지 않았고, 집 안에는 수도관도 설치되어 있지 않았다. 그로싱거 가족은 이 농장에서 소득을 얻을 길이 없었기 때문에 건강에 좋은 음식과 신선한 공기와 조용한 환경을 원하는 휴양객을 받기로 했다. 그로싱거는 친절하고 따뜻한 주인이었다. 덕분에 농장 환경이 매우 원시적이었음에도 휴양객이 점점 더 늘어났다. 그로싱거 가족은 늘어나는 휴양객을 받기 위해 5년이 채 안 돼 농장 부근에 더 넓고 좀 더 현대적인 시설을 마련했고, 이 곳은 세계적으로 유명한 리조트 호텔인 그로싱거스로 발전했다. 그로싱거 가족은 꿈을 성취하는 데 너무 바빴기 때문에 의심하거나 두려워하며 비전을 망칠 여유가 없었다.

생각은 길이고, 긍정적인 생각은 위로 향하는 길이다. 의심과 두려움으로 마음이 무거워지면 머리 속에 실패와 패배가 떠오른다. 길을 잘 선택해 긍정적인 생각과 기대로 확고하게 만들면 괴물들은 도망가 버린다. 의심과 두려움은 긍정적인 마음속에 자리할 수 없으며 궁극적인 성공을 방해하지도 못한다.

어떤 것에 집중하면 그것은 점점 더 커진다
아놀드 페이턴트

긍정적이고 선한 생각과 감정은 영혼을 끌어올려주는 생각과 감정을 촉발시킨다. 반대로 부정적인 생각과 두려운 감정에 집중하면 훨씬 더 나쁜 것들을 불러들이게 된다. 어떤 일을 할 때 그 성패는 긍정적인 생각에 집중하느냐, 아니면 부정적인 생각에 집중하느냐에 달려 있다. 우리가 가지고 있지 않은 것(우리 생각의 부정적인 면)에 마음을 빼앗긴다면 우리가 가지고 있는 것(긍정적인 면)을 분명하게 볼 수 없게 된다는 사실을 기억하라.

한번 실험을 해보자. 잠시 '파란색' 이란 단어에 집중하라. 아마도 하늘이나 바다의 이미지가 떠오를 것이다. 추상적인 단어를 떠올려도 비슷한 효과가 나타난다. '행복' 이라는 단어를 생각해보라. 이 단어에 집중하면 즐거웠던 여름 휴가나 아이들이 웃으며 뛰어 노는 모습, 언젠가 봤던 영화의 아름다운 한 장면 등으로 이미지가 확대될 것이다. 우리가 무엇에 집중하느냐에 따라 우리의 마음은 자동적으로 이미지를 확대해나간다.

그런 점에서 부정적인 이미지보다는 긍정적인 이미지에 집중하는 것이 더 바람직하지 않을까? 당신이 매우 복잡한 일에 직면했는데 당신의 마음이 '실패'라는 단어에 쏠리고 있다고 생각해보자. 갑자기 당신이 지금 하고 있는 일에서 실패하는 이미지가 떠오를 것이다. 이 이미지는 다른 일에서도 실패하는 것으로, 더 나아가서는 다른 사람들이 실패했다고 당신을 비웃는 것으로까지 확대될 수 있다. 이제 마음을 비우고 당신이 똑같은 일에 직면해 있는 이미지를 다시 한번 머리 속에 떠올려 보라. 그리고 '성공'이라는 단어에 집중하라. 일을 성공적으로 수행하는 긍정적인 이미지로 마음을 채우라. 다른 사람들이 악수를 청하고 존경의 미소를 보내면서 당신의 성공을 축하하는 이미지를 만들어보라. 이런 성공의 이미지는 눈덩이처럼 커져서 당신이 더 힘든 다른 일에서도 성공을 거두는 이미지까지 떠오를 것이다.

하지만 이런 생각이 실제 일에서도 효력을 발휘할 수 있을까? 그렇다! 당신이 특별한 이미지에 집중하고 있을 때 당신은 마음속에 떠오르는 것에 말하게 된다. 이런 식으로 마음이 긍정적인 이미지에 몰두해 있으면 다른 사람과 대화할 때도 이 같은 생각과 이미지에 대해 더 자주 얘기하게 된다. 당신이 말하는 것을 잘 들어주는 사람은 당신의 긍정적인 말과 행동을 받아들이고 마음속에 건설적인 이미지와 생각들을 자리하게 한다. 불꽃을 활활 타오르게 하는 불씨처럼 그는 좋은 생각을 다른 사람과 나누게 되고 그들은 그 생각을 또 다른 사람들에게 전하게 된다.

당신이 무엇인가를 진짜로 "알고 있다면" 더 큰 믿음과 확신을 가지고 당신의 희망을 성취할 수 있는 능력을 키우는 것이 옳지 않을까? 긍정적인 생각에 집중하면 더욱 긍정적인 생각이 떠오르고 이런 생각들은 일을 할 때 우리가 성공할 수 있도록 도와준다. 지금 가지고 있는 좋은 것들을 긍정적으로 행복하게 받아들이면 미래에 당신에게 다가오는 놀라운 일들을 어떻게 즐겨야 하는지 배울 수 있다. 무엇이든 잘하기 위해서는 연습이 필요하다. 부정적인 생각과 감정에 빠져 있는 대신 행복하고 긍정적인 생각에 몰두하고 그 생각이 커지는 것을 바라보라.

당신의 세계를 구성하는 지식과 인식은 당신이 마음속에 품고 있던 것에서 나왔다. 당신의 정신이 집중하는 곳에 믿음을 가지라. 당신은 진정으로 살아 있고 감각을 곤두세운 채 깨어 있으며 열정적인가? 그렇다면 풍요로운 삶의 수확이 당신의 세계를 기쁨으로 채울 것이다.

성공의 열쇠

오로지 사전에서만 '성공(Success)'이 '일(Work)'보다 앞서 자리할 뿐이다. 에이브러햄 링컨은 숱한 개인적인 실패와 패배를 어떻게 극복할 수 있었느냐는 질문에 불굴의 신념 덕분이라고 말했다. "신성한 존재가 없었다면 나는 성공하지 못했을 것입니다. 신의 도움이 있기 때문에 나는 실패할 수 없었습니다." 링컨은 신에 대한 믿음과 성경에서 위안과 위로를 얻었다.

토마스 에디슨은 종교적인 사람은 아니었지만 "최고의 지성"이 있다는 사실은 믿었다. 링컨은 학교에 거의 다니지 못했기 때문에 교육을 받지 못하고 자란 사람을 뜻하는 "방랑하며 노동하는 사람(wandering, laboring boy)"으로 불렸다. 에디슨도 정규적인 학교 교육은 3개월밖에 받지 못했다. 에디슨의 선생님이 그를 "골치덩어리"라고 부르자 에디슨의 어머니는 그를 학교에 보내지 않고 집에서 직접 가르쳤다. 후에 에디슨은 학교 수업이 지루했다고 고백했다.

헌신은 성공의 또 다른 요소다. 에디슨은 "천재는 1%의 영감과 99%의 노력으로 만들어진다"고 말했다. 에디슨은 수많은 실험에도 불구하고 뚜렷한 성과가 나타나지 않아도 낙담하지 않았다. 에디슨이 축전지를 만드는 데 계속해서 실패하자 한 친구가 위로했다. 그 때 에디슨은 이렇게 말했다. "나는 실패하지 않았네. 효과가 없는 1만 가지의 방법을 발견한 것 뿐일세." 에디슨은 말년에 청력이 점점 더 나빠지고 있는데, 그것이 어떤 영향을 미치느냐는 질문을 받았다. 에디슨의 대답은 "지금이 더 집중하기가 쉽다는 것을 알게 됐다"는 것이었다.

목표를 추구하다 보면 장애물을 수없이 만난다. 시도하고, 시도하고, 또 시도한 다음에야 비로소 성공을 이루었던 인물들이 있다. 우리도 똑같이 할 수 있다.

WORLDWIDE
Laws of Life

08
행운의 법칙

준비하는 것은 성공을 향해 한 걸음을 내딛는 것이다
존 템플턴

인생에서 성공하려면 일을 질서 있게 처리해야 한다. 준비는 성공에 필요한 여러 순서 가운데 첫째 단계다. 행운은 준비된 자를 더 좋아한다.

기회는 사람들이 알고 있는 것보다 훨씬 더 많이 우리 모두의 문을 두드린다. 기회의 순간을 잡지 못했다면 그 기회를 제대로 인식하지 못했거나 기회를 잡을 준비가 되어 있지 않았기 때문이다.

많은 사람들은 성공을 위한 준비를 하지 않는다. 사람들은 성공이 그들에게 호의를 표시해주기를 희망하면서 뜻밖의 큰 행운이 찾아 오기만을 기다린다. 그러나 성공을 맞을 준비가 되어 있지 않으면 바로 옆을 지나가는 기회조차 잡기 어렵다. 성공에는 "싹을 이삭에 충실한 곡식"으로 키워내기 위한 이해력과 통찰력과 힘이 필요하다.

가끔 자기 자신에게 성공을 위해 무엇을 준비하고 있는지 물어보라. 당신은 확신을 갖고 목표에 전적으로 헌신하고 있는가? 당신은 기꺼이 땅을 경작하고 씨앗을 뿌리고 부드러운 싹을 키워내고 어린 이삭을 돌볼 수 있는가? 기회가 요구하는 것 이상의 길을 걷고, 기회가 필요로 하는 것 이상의 에너지와 관심을 쏟을 준비가 되어 있는가? 신념과 원칙을 갖고 확고하게 서있을 자신이 있는가? 기회가 문을 두드릴 때 알아차릴 수 있도록 당신 자신을 훈련시켜 왔는가?

모스 부호 운영회사에서 일자리를 구했던 한 청년의 이야기는 준비가 얼마나 중요한지 보여준다. 그는 신문에서 구인 광고를 보고 모스 부호 운영회사를 찾아갔다. 회사 사무실은 넓고 분주했으며 뒤쪽에서는 전신음이 소란스럽게 울려대고 있었다. 벽에는 안쪽 사무실로 들어오라고 할 때까지 앉아서 기다리라는 구직자 안내문이 붙어 있었다. 여러 명의 지원자들이 이 청년보다 먼저 와서 기다리고 있었다. 경쟁자가 너무 많아 낙담할 수도 있었지만 그는 자신이 준비를 잘해왔고, 또 시도한다고 해서 잃을 것도 없다고 생각했다. 그래서 다른 사람들 뒤에 앉아 끝까지 기다리기로 했다. 2~3분이 지났을까, 갑자기 그 청년이 일어서더니 안쪽 사무실로 들어갔다. 당연히 다른 지원자들은 그 청년을 바라보며 수군거렸다. 안에서 5분 정도 지났을 무렵 이 청년이 사장과 함께 나왔다. 사장은 기다리던 나머지 사람들에게 "이제 가도 좋습니다. 우리는 필요한 사람을 뽑았습니다"라고 말했다.

그러자 나머지 지원자들이 불평과 불만을 쏟아냈다. "받아들일 수 없습니다. 그 사람은 여기에 온 마지막 사람이고 우리는 면접할 기회조차 갖지 못했습니다. 그런데 그 사람이 일자리를 얻다니요. 공평하지 않아요!"

그러자 고용주가 대답했다. "미안합니다. 하지만 우리는 조금 전에 '이 메시지를 모스 부호로 이해하면 즉시 안으로 들어오십시오, 일자리를 당신에게 줄 것입니다'는 내용을 전신음으로 울렸고, 여러분들도 여기에 함께 앉아 들을 수 있었습니다. 다만 여러분들은 아무도 그 메시지를 이해하지 못했고, 여기 이 청년만 이해하고 들어왔습니다.

그래서 이 청년이 일자리를 얻게 된 것입니다."

나는《템플턴 플랜The Templeton Plan》이란 책에서 경제적인 성공, 개인적인 성공, 그리고 행복하고 충만한 인생을 추구할 때 정신적인 가치들이 얼마나 도움이 되는지 소개했다. 당신의 기본적인 가치들이 정신적인 원칙, 혹은 삶의 법칙에 뿌리내리고 있다면 성공은 좀 더 쉽게 다가올 것이다. 이런 삶의 법칙들을 행동규범으로 받아들인다면 당신은 충만한 존재가 되어가는 과정 중에 있는 것이다. 당신은 당신 자신을 아낌없이 내어주고 두려움 없이 사랑하는 방법을 배워야 한다. 삶의 법칙을 지킨다면 당신이 무엇을 하려고 시도하든 성공할 가능성은 더욱 높아진다.

새로운 느낌과 지식을 읽고 배우고 경험하기를 계속하라. 어떤 상황에서도 초기 단계에 주도권을 잡으라. 다른 사람들을 관찰하라. 다른 사람들의 말을 경청하라. 어느 정도 깊이의 지식을 가지고 있든 그것을 최대한 활용하라. 당신 자신을 돕는 것이 다른 사람을 돕는 것이라는 사실을 기억하라. 당신의 재능과 능력을 가장 현명한 방법으로 활용하고 있는지 스스로에게 물어보라. 당신은 의식적으로 정직과 용기, 겸손, 친절, 성실, 희망의 덕목들에 따라 살아가고 있는가? 인생의 덕목들과 그 덕목들이 당신의 삶 속에서 갖는 의미에 대해 더 많이 배우라.

부정적으로 보이는 상황에서 긍정적인 것을 찾으라. 생산적인 변화가 나타날 수 있도록 다른 사람들과 조화롭게 사는 방법을 배우라. 이런 모든 것이 "준비하는 것"이며 당신을 성공으로 이끌어줄 것이다.

우리는 경험을 통해 더 나아질 수도 있고 더 나빠질 수도 있다

에릭 버터워스

1848년 아일랜드 독립을 위한 무장봉기를 일으켰던 주역들의 후일담이 〈풍요로운 삶Abundant Living〉이라는 잡지에 소개된 적이 있다. 폭동에 참여했다가 붙잡힌 주모자들은 영국 빅토리아 여왕에 대한 반역죄로 법정에 섰다. 폭동 주동자 모두 반역죄로 사형을 선고 받자 세계 곳곳에서 이에 반대하는 격렬한 항의가 잇따랐다. 결국 영국 정부는 주동자들을 처형하지 않고 호주로 추방했다. 당시 호주는, 훗날 러시아가 죄인들을 보냈던 시베리아처럼 영국에서 죄를 지은 사람들이 유배되는 곳이었다. 1874년에 빅토리아 여왕은 호주 총리로 선출된 찰스 더피가 26년 전 반역죄로 추방되었던 찰스 더피와 같은 사람이라는 사실을 알게 되었다. 여왕은 그 때 추방했던 나머지 8명은 어떻게 되었는지 궁금했다. 알아본 결과 패트릭 도너휴와 테렌스 맥매너스라는 인물은 미국의 육군 장성이 되었고, 모리스 리넨은 호주의 법무장관이 되었다. 마이클 아일랜드는 리넨의 뒤를 이어 호주의 법무장관, 토마스 맥기는 캐나다의 농림부 장관, 토마스 미거는 미국 몬태나 주의 주지사로 선출되었다. 또 존 미첼은 미국 뉴욕에서 활동하는 유명한 정치인이 되었고, 그의 아들 퓨로이 미첼은 뉴욕시장으로 선출되었다. 리처드 오거먼은 캐나다 뉴펀들랜드 주의 주지사가 되었다!

"우리에게 일어난 일"은 "우리가 그 일에 어떻게 대처하느냐"에 비하면 그리 중요하지 않다. 우리 삶의 행로는 종종 예상치 못한 방향으로 꼬이거나 구부러져 우리를 잠시 동안 길 밖으로 벗어나게 만들기도 한다. 어떤 사람들은 결손 가정이나 알코올 중독에 빠진 부모 밑에서 어린 시절을 불우하게 보냈을 수도 있다. 또는 집안의 골치거리로 취급 받으며 자랐을 수도 있다. 누구나 해야 한다고 생각하면서도 그 일을 하지 못하고 있는 이유를 찾아내 변명할 수 있다. 그러나 성공적인 삶의 비결은 좋은 경험이든 나쁜 경험이든 그 경험에서 배워 앞으로 나아가는 데 있다. 우리는 마음만 먹으면 우리에게 닥친 난관을 뚫고 계속 전진하며 우리가 살기를 원하는 삶을 살아갈 수 있다.

에드문트 부르케는 "총과 칼보다는 인내가 더 많은 것을 성취하게 해준다"라고 말했다. 실제로 올바른 목표만 세운다면 우리는 오래 살수록 우리 자신을 완전하게 만들 수 있는 기회를 더 많이 가질 수 있다. 인생이라는 길을 성공적으로 걷고 있는지 궁금하다면 당신 자신에게 "나는 나뭇가지 더미인가, 아니면 나무인가"라는 질문을 던져보라. 나뭇가지 더미는 잘라내거나 부러진 나뭇가지를 쌓아놓은 무더기일 뿐이다. 나뭇가지 더미는 멀리서 보면 나무처럼 보이기도 하지만 살아있는 나무줄기와 연결되어 있지 않아 썩어가고 있다. 그러나 나무는 살아있으며, 여기서 나온 나뭇가지들은 서로 한 생명으로 연결되어 있다. 이를 당신의 삶에 적용해보면 그 차이를 이해할 수 있을 것이다!

삶의 마지막에 이르러 당신이 겪은 수많은 경험들을 돌아본다고 상상해보라. 그 때 어떤 상황에서도, 어떤 어려움에서도 최선을 다했다고 자부심을 느끼며 과거를 돌아보고 싶지 않은가? 그것이 "다른 선택을 했으면 얼마나 좋았을까" 하는 후회와 함께 과거를 돌아보는 것보다 낫지 않을까? 후회하지 않기 위해서는 어떠한 상황에서도 당신이 할 수 있는 최선을 다하는 것이 중요하다. 당신은 조금 더 인내하고, 목표 달성을 위해 조금 더 노력하고, 더 큰 힘을 모으기 위해 조금 더 깊이 내면을 성찰하고, 신과 당신 자신에 대해 조금 더 믿음을 가져야 한다. 과거 어느 때보다도 더 열심히, 그리고 더 부지런히 노력해야 한다. 당신에게 있는 모든 것을 바치고도 목표를 이루지 못했다면 부끄러워할 필요가 없다. 최선을 다했기 때문이다. 당신은 모든 것을 다 바쳐 최선을 다한 사람만이 느낄 수 있는 내면의 평화를 경험할 수 있고, 결과에 상관없이 성공한 사람이 될 수 있다. 스스로 최선을 다했다는 것을 알면 경험을 통해 더 나빠지지 않고 더 나아질 수 있다.

언제나 최선을 다해 헌신하면 삶의 모든 경험에서 가치를 발견할 수 있고, 또 삶의 모든 경험에 가치를 부여할 수 있다. 당신에게 주어진 것을 가지고 오늘 하루를 완성하라. 오늘 당신의 재능과 능력이 가장 훌륭하게 표현되도록 노력하라. 당신이 가진 내면의 자원을 이렇게 활용하면 과거에 대해 어떠한 후회도 남지 않을 것이며, 평온하고 만족스러운 마음으로 과거의 경험들을 돌아볼 수 있을 것이다.

일이란 사랑이 눈에 보이는 형태로 변화된 것이다

칼릴 지브란

　　　　　화가는 그림의 구도와 다양한 색채의 흐름에 몰두하느라 시간이 얼마나 지나갔는지조차 의식하지 못할 수 있다. 외과의사는 수술에 온 마음을 집중시켜 우주의 치료 에너지가 그의 지식과 직업에 대한 소명의식, 그리고 그의 손을 통해 흘러나오게 할 수 있다. 자동차 공장의 조립라인에서 일하는 근로자는 사람들이 안전하게 운전할 수 있는 자동차를 만들고 있다는 사실에서 만족을 느낄 수 있다. 가구공장에서 일하는 근로자는 자신의 숙련된 손끝에서 완성된 가구 덕분에 수많은 집들이 아름답게 장식될 수 있다는 사실에서 내적인 기쁨을 느낄 수 있다.

　발명왕 토마스 에디슨은 수시로 연구실에서 먹고 자며 하루에 18시간씩 일했다. 그러나 이런 생활이 에디슨에게는 고역이 아니었다. 에디슨은 "내 평생에 일을 했던 적은 한 번도 없었다. 모든 것이 나에게는 재미였을 뿐이다"라고 말했다. 미국의 36대 대통령인 린든 베인스 존슨이 민주당 원내총무로 일할 때였다. 당시 상원의원들은 밤늦게까지 일해야 하는 경우가 많았다. 연일 강행군에 지친 한 상원의원이 다른 의원에게 불평했다. "도대체 왜 이렇게 서두르는 거지? 로마는 하루 아침에 만들어지지 않았단 말이네." 이 얘기를 들은 의원이 대답했다. "그렇긴 하지. 하지만 로마를 건설할 때는 존슨이 현장 주임이 아니었으니까!"

어느 어머니가 아이들에게 해준 지혜로운 조언도 기억할 만하다. "사랑할 수 있는 일을 해라. 그리고 네가 하는 일을 사랑하거라!" 직업이란 당신의 흥미를 발전시켜주면서 편안한 생활을 유지할 수 있도록 돈을 벌게 해주는 일이라고 말할 수 있다. 그러나 직업은 그 이상의 것이다. 천직이라는 말이 있다. 천직은 영어로 '보케이션(vocation)'이라고 하는데, 이 단어는 '부르다'라는 뜻의 라틴어 어원을 가지고 있다. 따라서 천직이란 부름을 받은 것, 즉 소명이라고 할 수 있다. 더 나아가 천직을 찾는다는 것은 당신 자신을 찾는다는 것과 같은 의미다. 소명을 발견할 때 당신은 일을 통해 사랑을 줄 수 있게 된다. 사실 사랑은 천직을 정복할 수 있도록 해주는 열쇠라고 할 수 있다. 사랑은 당신에게 세상에 줄 수 있는 특별한 재능이 무엇인지 가르쳐주며, 그 재능을 어떻게 다른 사람들과 나눌 수 있는지 알려준다.

칼릴 지브란은 그의 저서 《예언자The Prophet》에서 "일이란 사랑이 눈에 보이는 형태로 변화된 것"이라고 썼다. 발명품과 예술 작품은 모두 사랑에서 시작된다. 비행기를 발명한 라이트 형제는 "하늘을 날고 싶다"는 생각을 사랑했다. 그들의 소명은 인류 역사상 처음으로 비행기를 만드는 것이었다. 당신이 신중하게 선택한 직업은 당신 자신에게 성취감을 주는 것은 물론 다른 사람에게 도움이 될 수도 있다. 직업은 사랑을 표현하는 것이 될 수 있다. 직업은 단순히 큰 돈을 버는 것 이상의 훨씬 더 큰 보상을 가져다 주는 일생의 일이 될 수 있다.

대학교의 학과 편람에서 일생의 일, 당신의 진정한 천직을 찾을 수 있을 것이라고 기대하지 말라. 또는 당신이 입사할 회사가 당신에게 꼭 맞는 자리를 준비해놓고 기다리고 있을 것이라고 기대하지 말라. 천직은 기업의 인사부에서 지시하거나 제시할 수 있는 것이 아니다. 천직은 우리 각자의 내면에서 모방이 아닌 독창적인 생각으로 자라난다. 천직은 월급을 받기 위해 시간을 보내는 것이 아니다. 천직은 당신이 이 세상에 선사할 수 있는 가장 위대한 재능이자 능력이며 가장 소중한 재산이다. 당신이 선택한 분야에서 유용한 일은 무엇이든 봉사의 직분이 될 수 있다.

행운은 준비하고 있는 사람의 문을 두드린다
무명씨

딘은 대학교 2학년을 시작하면서 교육학을 전공할 생각으로 대학 졸업 때까지 3년간의 학습 계획을 지도교수와 상의했다. 지도교수는 그가 석사는 물론 더 나아가 박사 학위까지 딸 수 있을 것이라고 격려했다. 딘은 학교 안에서만 가치 있는 지식과 교훈을 배울 수 있는 것은 아니라고 생각했다. 그는 교육 분야에서 경력을 쌓는 데 도움이 될 만한 동아리 활동이나 아르바이트를 하기로 결심했다. 그는 학생교육연합에 적극적으로 참여했고 교육학을 전공하는 데 도움을 주는 여러 가지 교내 활동에도 참가했다.

딘은 비록 교육학과는 별로 연관이 없었지만 백화점에서 영업하는 아르바이트를 했다. 그의 상사는 딘이 필요한 돈을 벌면서 공부도 할 수 있도록 근무시간을 조정해줬다. 딘의 봉급은 아르바이트로 할 수 있는 다른 일들과 비슷한 수준이었지만 이 아르바이트의 장점은 신발과 옷을 할인된 가격에 살 수 있다는 점이었다. 백화점 영업은 딘의 인생 목표와 관련이 없어 보였지만 그는 상사의 도움에 항상 고마움을 느끼고 무엇인가 보답하고 싶다는 생각을 가졌다.

딘은 교육학에 필요한 전문성을 키우기 위해 아르바이트를 하면서 무엇을 할 수 있을까 고심하다가 새로 고용된 영업직원들이 고객을 상대하는 데 어려움을 겪는 경우가 많다는 사실에 생각이 미쳤다. 그는 또 자신의 경험을 통해 임원들은 신입직원들을 적절하게 교육시키기를 원하지만 다른 중요한 일들로 늘 바쁘다는 사실을 알고 있었다. 일을 시작한 지 얼마 안돼 금방 그만두는 신입직원도 적지 않았다. 딘은 신입직원들에게 도움이 될 만한 조언들을 항목별로 정리했다. 신입직원들이 자주 물어보는 질문들을 모으고, 그들이 고객들을 어떻게 상대하는지 면밀하게 관찰했다.

몇 주가 지나자 딘은 상당한 분량의 기록을 축적할 수 있었다. 그는 이 기록들이 신입직원을 위한 교육지침서를 만드는 데 필요한 핵심 내용을 담고 있다는 사실을 깨달았다. 그는 상사에게 교육지침서의 초안을 보여주고 제안이나 평가를 해달라고 부탁했다. 또 모든 직원들이 읽을 수 있도록 교육지침서를 만들고 싶다고 말했다. 그의 상사는 딘의 계획을 적극적으로 지지해줬고 그의 봉급도 인상해줬다. 3년 후

딘이 교육학 대학원에 진학할 때 그의 상사는 딘을 칭찬하는 진심 어린 추천서를 써줬고, 이 추천서 덕분에 딘은 경영교육학 분야의 일류 대학원에 상당한 장학금을 받고 입학할 수 있었다. 딘이 얻은 행운은 그의 동창생들이 생각했던 것처럼 우연이나 운 때문이 아니었다. 딘의 행운은 그의 관심과 능력과 에너지를 모두 다 쏟아 부은 결과였다. 딘은 자신에게 주어진 자원을 모두 활용했고 결과적으로 성공할 수 있는 기회를 얻게 됐다.

작은 일, 겉으로 보기에는 사소한 일조차 미래를 준비하는 마음으로 임하는 것이 중요하다. 눈을 크게 뜨고 진심으로 찾으려고만 하면 새로운 일을 배울 수 있는 기회는 즉각 다가온다. 거의 매 순간마다 스스로 성장하고 인식의 지평을 넓힐 수 있는 기회가 나타난다.

좋은 평판이 돈보다 더 가치 있다
퍼블릴리우스 사이러스

당신의 평판은 다른 사람들이 당신을 어떻게 바라보고 있는지 보여주는 결과물이다. 좋은 평판은 겸손과 성실, 사랑, 그리고 자비의 견고한 토대 위에서 서서히 만들어진다. 좋은 평판을 쌓는 것은 집을 짓는 것과 비슷하다. 집을 지으려면 우선 토대를 탄탄하게 닦은 뒤 그 위에 기둥을 세우고 벽을 쌓아야 한다. 다 만들어진 집은 설계부터 완공 단계까지 전체 건설 과정에서 당신이 내린 결정들의 총합이다. 당신이 집의 벽을 아주 얇게 만들었다면 작은 바람에도 집이 무너질 수 있다. 신경을 써서 강하고 품질 좋고 내구성이 뛰어난 건축자재를 선택했다면 그 집은 강한 바람에도 견딜 수 있다.

평판은 다른 사람들이 당신의 품성에 대해 느끼고 있는 것이다. 품성을 만들어간다는 것은 집을 짓는 것과 비슷하다. 살아가면서 겪는 경험들에 반응할 때 당신이 내린 선택들이 품성을 만들고 형성해가는 건축자재가 된다. 지금 이 순간의 당신은 그 동안 당신이 내린 선택들의 결과다! 올바른 선택을 내려야 하는 책임은 당신에게 있다. 다른 사람들의 조언이 도움이 될 수는 있다. 경험을 통해 터득한 깨달음이 더 큰 이해와 지혜를 가져다 주기도 한다. 삶의 법칙을 공부하면 새로운 성찰의 문이 열릴 수도 있다. 그러나 당신이 얻은 지식을 어떻게 사용할 것인지 결정하는 사람은 바로 당신이다. 아무도 당신을 대신해 행동할 수는 없다.

매일매일 당신이 하는 일이 당신의 평판에 영향을 미친다. 올바른 결정을 내리는 것은 오로지 당신에게 달려 있다. 친구와 부모, 동료, 교사가 조언해주고 도와주고 당신의 편을 들어줄 수는 있다. 그러나 그들이 당신을 대신해 행동할 수는 없다. 시간을 두고 어떤 행동이 당신의 삶에 어떤 영향을 미칠지 생각해보고 그 생각에 근거해 결정을 내린다면 당신은 좋은 평판을 얻을 수 있을 것이다. 당신이 부유한지 여부는 중요하지 않다. 평판이 좋으면 당신이 더 의미 있고 더 행복하게 살아갈 확률이 높아진다. 실수하지 말아야 한다는 의미가 아니다.

누구나 실수한다. 그러나 실수했을 때 그 실수를 인정하고 잘못을 고치기 위해 어떤 조치를 취하는 것이 중요하다. 이렇게 하면 당신의 평판이 손상 받는 것을 막을 수 있다.

좋은 평판을 듣고 있다면 당신은 스스로 편안함을 느낄 것이다. 인생의 모든 순간을 당신 자신과 함께 보내고 있다는 사실을 기억하라. 당신 자신을 좋아하지도 않고 존경할 수도 없다면 다른 사람을 좋아하고 존경하기도 어렵다. 좋은 평판을 쌓도록 노력하라. 평판은 돈으로 살 수 없다. 노력으로 벌어들여야 한다.

최선의 것을 기대하면 당신의 긍정적인 전망이 기회의 문을 열어줄 것이다
존 템플턴

문제란 무엇인가? 사전에서는 문제를 "해결책에 대해 제시된 질문"이라고 정의하고 있다. 그렇다면 삶에서 직면하는 문제란 단순히 삶이 당신에게 묻고 있는 질문일 뿐이다. 문제는 상자에서 막 꺼낸 조각그림 맞추기와 같다. 작은 조각들이 천 개나 있을 수 있지만 각각의 조각은 완전한 형태 혹은 그림을 완성하는 데 기여한다. 이 조각들은 서로 연결되지 못한 채 흩어져 있으면 아무 것도 아니다. 조각그림 맞추기의 재미는 조각들 사이의 관계를 발견해 서로 짜맞추어 나가는 것이다. 당신도 살아가다 보면 삶의 다양한 상황 속에서 여러 가지 조각들을 찾고 발견하는 것이 완성된 이미지를 갖는 것보다 더 즐거울 수 있다는 사실을 깨닫게 된다. 왜냐하면 문제의 해답만큼이나 그 해답을 찾는 과정도 중요하기 때문이다. 사우디아라비아의 오랜 속담 가운데 "모든 것이 처음에는 작았다가 점점 더 커가지만 문제만큼은 처음에는 커 보였다가 점점 더 작아진다"는 것이 있다.

최선의 것을 경험하고 최선의 것을 위해 최선의 것을 남겨두도록 하라! 두려움을 느꼈다면 단단하게 잠겨버렸을 기회의 문을 당신의 긍정적인 전망이 열어줄 것이다. 한계에 직면했을 때 희망찬 비전이 가진 잠재력이 드러난다. 의심이 당신을 포기하게 만들 때 당신의 신뢰할 만한 인내가 지지대가 되어줄 것이다.

스페인 출신의 위대한 첼리스트이자 지휘자이며 작곡가인 파블로 카잘스는 빈에서 데뷔 무대를 가질 때 극도로 예민해져 있었다. 첫 음을 연주하려고 첼로의 활을 잡았을 때 그는 자신의 손이 매우 경직돼 있다는 것을 깨달았다. 긴장을 풀기 위해 손을 약간 돌린다는 것이 그만 활을 떨어뜨려 버렸다. 활은 그의 손에서 떨어져 오케스트라 한가운데까지 미끄러져 갔다. 오케스트라의 한 연주자가 활을 주워 조심스럽게 카잘스에게 전달해주었다. 그는 문득 침착함과 확고함이 얼마나 중요한지 어머니가 들려줬던 말이 떠올랐다. 활이 카잘스의 손에 돌아왔을 때 그의 손은 안정을 되찾았고, 그 날의 연주는 카잘스의 가장 성공적인 연주 가운데 하나로 기억되고 있다!

헬렌 켈러는 많은 장애를 가지고 있었지만 결코 부정적인 감정으로 자기 연민의 구덩이 속에 빠지는 일이 없었다. 그녀가 어두운 침묵의 감옥을 부수고 자신을 표현하기 위해 어느 정도의 낙관적인 기대와 희망을 품었어야 했을지 상상해보라. 헬렌 켈러는 자신의 스승인 앤 맨스필드 설리반과 함께 미국 전역을 돌아다니며 강연을 했고, 설리반 선생을 통해 청중들의 질문을 전달받아 대답했다. 헬렌 켈러가 자주 듣던 상투적인 질문 중의 하나는 "잠잘 때는 눈을 감느냐?"는 것이었다. 그녀는 이 질문에 "나는 무엇인가를 보기 위해 깨어 있는 것이 아니다"라고 대답했다. 그녀는 숭고하고 희망이 가득한 내면의 눈을 빛에 고정시켰고, 이 빛은 감당하기 힘든 육체적인 장애를 극복하고 시력과 청력이 정상적인 사람들보다 훨씬 더 창조적인 삶을 살아가도록 그녀를 인도해주었다.

　모든 상황에서 가능한 한 최선의 것을 찾으라. 그러면 당신은 어떠한 문제도 더 위대한 선을 표현하는 것으로 변화시킬 수 있는 기회를 갖게 될 것이다. 당신을 통해 역사함으로 당신을 위해 일하는 신성한 영혼에 대해 감사하라. 페르시아 타브리즈의 시인 사이브의 시를 기억하라. "행운이 전진하다 뒤로 주춤 물러선다면, 더 높이 뛰어오르기 위한 한두 걸음의 후퇴일지니."

성공의 열쇠

열한 살 된 제레미는 기회를 잡고 싶다는 열망을 갖고 있었고 준비도 되어 있었다. 제레미는 아버지와 아버지 친구들과 함께 캐나다로 낚시 여행을 떠날 준비를 하고 있었다. 제레미는 아버지에게 큰 물고기를 잡을 수 있도록 튼튼한 낚싯대와 낚시릴을 사고 싶다고 졸랐다. 제레미의 아버지는 제레미를 실망시키고 싶지 않았고, 또 튼튼한 낚시장비는 깊은 바다에서 낚시할 때 사용할 수 있겠다 싶어 제레미가 원하는 장비를 사주었다.

아버지 친구들은 제레미의 새 낚시장비를 보고 웃음을 터뜨렸다. "제레미, 넌 고래를 잡을 모양이로구나."

제레미는 그러나 자신 있게 대답했다. "저는 큰 낚시바늘을 사용할 생각이에요."

"그래, 그 낚싯대에는 큰 바늘을 꽂을 수 있을 거다"라고 다른 사람이 웃으며 말했다. 제레미는 자신의 말을 진지하게 받아들이지 않는 어른들의 태도에 전혀 주눅들지 않았다.

호수에서 4일간 낚시를 했지만 별다른 소득은 없었고 제레미의 낚싯대는 사람들에게 익숙한 농담거리가 되었다. 그 날도 낚시를 하고 있는데 갑자기 한 사람이 "뭔가 걸렸어!"라고 소리쳤다. 그의 낚싯대는 활처럼 구부러져 팽팽해졌다. 얼마 후 낚싯대가 금세 쭉 펴지더니 낚시줄에 힘이 빠졌다. 낚시줄이 끊어졌던 것이다! 실망한 그 사람은 좀 더 튼튼한 장비를 준비할 걸 그랬다고 중얼거렸다.

다음날 낚시를 끝내고 오두막집으로 돌아가야 할 시간이었다. 갑자기 제레미의 낚시줄이 팽팽해졌다. 처음에 제레미는 통나무가 걸린 것으로 생각했다. 그러나 얼마 후 놀랄 만한 힘이 낚시줄을 움직이기 시작했다. 제레미의 낚시줄에 엄청난 물고기가 걸렸던 것이다!

제레미는 45분이나 씨름한 끝에 보트 위로 32파운드짜리 물고기를 끌어 올렸다! 같이 갔던 사람들은 깜짝 놀라 제레미에게 부러움과 존경을 함께 표시했다. 제레미가 그들에게 큰 물고기를 잡으려면 준비를 더 잘 해야 한다는 사실을 보여줬기 때문이다!

당신은 기회가 언제 문을 두드릴지 결코 알 수 없다. 기회는 종종 예상하지 못했던 모습으로 나타난다. 행운은 당신이 현재 준비하고 있는 것 이상을 요구할 수도 있다. 큰 물고기를 잡고 싶다면 제레미처럼 큰 물고기가 미끼를 물었을 때 끌어 올릴 수 있을 정도의 준비를 갖춰야 한다. 그렇지 않으면 큰 물고기는 도망가 버리고 만다!

WORLDWIDE
Laws of Life

09
열정의 법칙

열정은 성취를 촉진하는 동력이다
존 템플턴

미국의 테오도르 루즈벨트 대통령은 아메리카 대륙에 운하를 만들겠다는 이상을 갖고 있었다. 그러면 태평양과 대서양을 오가는 선박들이 남미 대륙 끝을 우회하지 않아도 된다. 그러나 여기에는 난관이 많았다. 미국 내에서도 이 운하로 배가 드나들 경우 경제적으로 얼마나 큰 이익이 될지 알 수 없다며 반대하는 여론이 높았다. 중남미 국가에서는 미국이 이 같은 거대 사업을 추진하는 것이 자신들의 영역을 침범하는 것이라고 반대했다.

그러나 루즈벨트 대통령은 이런 어려움에 물러서지 않았다. 그는 자신의 이상을 실현시키려는 열정이 있었다. 미국 정부는 마침내 콜롬비아 및 파나마 정부와의 협상을 통해 대서양쪽 연안의 콜론에서 태평양 연안의 파나마시티까지 파나마 해협을 관통하는 운하를 건설할 수 있는 권리를 얻어냈다.

그러나 문제는 거기서 끝나지 않았다. 파나마 운하 건설이 시작되자 모기로 전염되는 황열병이 기승을 부려 공사가 거의 중단될 위기에 처했다. 루즈벨트 대통령은 이 문제도 정면 돌파했다. 황열병 치료제와 모기 퇴치용 살충제를 개발하도록 지시했다. 루즈벨트 대통령은 파나마 운하가 선박이 드나드는 통로로서는 물론 관광지로도 이용되기를 원했다. 따라서 황열병 퇴치는 중요한 문제였다. 황열병에 걸릴 위험이 있다면 관광객들이 찾지 않을 것이기 때문이었다. 마침내 파나마 운하가 완공됐을 때 이곳은 모범적인 위생의 표상이자 루즈벨트 대통령의 열정과 결의를 보여주는 상징이 되었다.

조지 조는 미국 텍사스 주 작은 마을의 고등학교 학생인데, 이 마을은 미식축구 열기가 대단했다. 그러나 이 학교는 워낙 작아서 공격수와 수비수, 스페셜팀을 따로 구성할 만큼 선수가 많지 않았다. 그래서 한 학생이 두세 개의 포지션을 담당해야 했다. 조지 조는 무려 네 개의 포지션을 소화할 수 있는 멀티 플레이어였다. 그는 공격수로는 쿼터백을 맡아 빠르게 공을 몰아가고 패스했으며, 수비수로는 코너백으로, 또 스페셜팀으로는 킥 리터너(kick returner: 공을 받아 가능한 멀리 뛰는 역할)와 펀터(punter: 공을 가능한 높고 멀리 차 체공시간을 길게 해주는 역할-이상 옮긴이)로 뛰었다. 더욱 놀라운 사실은 그가 키는 167센티미터, 몸무게는 63.5킬로그램밖에 되지 않아 거의 언제나 필드에서 뛰는 선수 가운데 몸집이 가장 작은 선수였다는 점이다. 게다가 그는 잽싸고 민첩하긴 했지만 다른 선수들보다 달리기가 뛰어난 것도 아니었다.

이 작은 소년이 어떻게 네개나 되는 포지션을 담당하며 팀을 연속우승으로 이끌 수 있었던 것일까? 그는 게임과 경쟁을 사랑했고 거기에 무한한 열정을 보였다. 그는 경기 때마다 모든 에너지와 능력을 즐거이 쏟아 부었다. 조지 조는 50%의 동기 유발과 50%의 노력으로 만들어진 선수였으며, 그런 그를 지켜보는 것은 흥분되는 일이었다!

뜨거운 열정을 갖고 노력했던 또 다른 소년을 보자. 이 소년은 방송

아나운서가 되기를 원했지만 말을 심하게 더듬었다. 말을 너무 심하게 더듬어 대중 앞이나 방송에서 말을 하는 것이 불가능할 뿐만 아니라 그와 대화하는 것 자체가 상대방에게는 고통이었다. 따라서 그가 아나운서가 된다는 것은 불가능해 보였고, 아무도 그가 아나운서가 될 수 있을 것이라고 생각하지 않았다. 그러나 그는 다른 사람들이 믿지 않는다고 해서 포기하지 않았다. 그는 고대 그리스의 한 유명한 웅변가가 자신과 마찬가지로 말을 심하게 더듬었으나 말더듬이를 극복하기 위해 해변에서 자갈을 물고 파도를 향해 소리를 지르며 발성 연습을 했다는 이야기를 읽었다. 이 소년에게는 가까이에 해변도 자갈도 없었지만 말을 더듬는 버릇을 고칠 때까지 매일 입 안에 구슬을 가득 넣고 발성 연습을 했다. 이 소년의 헌신과 열정은 말더듬이라는 장애를 제거하고 아나운서로 성공할 수 있게 했다.

무엇에 '열중하다(to enthuse)'라는 말은 '영적으로 채우다(to fill with spirit)'라는 의미며, 열정적인 정신이 이용되거나 촉진되기를 기다리고 있다는 뜻이다. 열정은 이용되고 촉진될 수 있다. 열정은 다른 사람에게 전파될 수 있다. 열정의 에너지는 전세계에 전달되는 방송과 같다. 열정은 전달되고 전파될 수 있으며, 사람들 사이에 공유될 때 더 큰 힘을 발휘할 수 있는 잠재력을 가지고 있다.

미식축구를 사랑했던 소년과 아나운서가 되기를 원했던 소년, 그리고 루즈벨트 대통령은 모두 인생의 중요한 법칙을 이해했고, 이를 통해 성취를 이뤄냈다. 다름아닌 "열정은 성취를 촉진하는 동력"이라는 법칙이다.

도전을 멈추지 않는 한 정말로 패배한 것은 아니다
마이크 디트카

　　　　살다 보면 어떤 일을 이루기 위해 더 많은 힘과 용기가 필요하다는 느낌이 드는 순간이 반드시 있게 마련이다. 때로는 새로운 도전에 맞설 준비가 되어있지 않거나 다른 문제를 해결하느라 이미 지쳐버렸다고 느껴질 때도 있다.

　올림픽 수영선수는 경쟁자들보다 단 몇 밀리미터라도 더 빨리 결승선에 도달하기 위해 자신의 모든 근육을 최대한 활용해 몸을 앞으로 끌고 나간다. 컴퓨터 기술자는 복잡한 문제를 해결하기 위해 밤 늦게까지 머리를 싸매고 고심한다. 화가는 정성스럽게 그림의 세부 묘사를 다듬고 고친다. 이들의 목표는 모두 다를지 모르지만 이들 안에는 목표를 이룰 때까지 높은 이상을 향해 계속 노력하라고 속삭이는 무엇인가가 공통적으로 들어있는 것처럼 보인다.

　ABC방송국을 거쳐 NBC방송국의 특파원으로 활동하고 있는 존 호켄베리 기자는 19세 되던 해 하반신이 마비돼 그 후 걷지 못했다. 그러나 그는 휠체어에 앉아 전세계 모든 뉴스를 전해주고 있다. 미국의 문호 어니스트 헤밍웨이는 《무기여 잘 있거라A Farewell to Arms》의 결말 부분을 마음에 들 때까지 39번이나 고쳐 썼다! 지금 좌절감을 느끼고 있다면 숨을 한번 깊이 들이쉰 다음 믿음을 어디에 두고 있는지 멀리 바라보라. 시선을 목표에 고정시키고, 그 목표를 향해 다가가는 자신의 모습을 지켜보면서 필요한 일을 차근차근 해나가는 게 중요하다.

한 신사가 역마차를 타고 여행을 하고 있었다. 앞으로 뻗어 있는 길은 매우 좁고 길어 마치 터널 같았고, 게다가 나뭇가지들이 울창하게 드리워져 있어 다소 어두워 보였다. 역마차가 이 좁은 길에 점점 가까이 다가가자 마부는 말들을 채찍으로 여러 번 내리쳤다. 마차에 타고 있던 신사가 이것을 보고 "말들이 한결같이 잘 달리고 있는데 왜 채찍질을 하느냐"고 물었다.

마부는 이렇게 대답했다. "말들이 이 길에만 들어서면 머뭇머뭇하길래 뭔가 정신을 쏟을 만한 다른 것을 준 겁니다. 그러면 말들이 나뭇가지가 드리워져 길이 어두운 것을 잊을 수 있을 테니까요!"

우리는 관심을 쏟을 만한 다른 일이 있을 때 걱정스러운 문제를 잊어버린다. 우리는 때로 과거의 사고 방식에 갇혀 똑같은 실수를 되풀이하곤 한다. 잘못을 고치려 해도 노력의 결과는 나타나지 않는 것처럼 보인다. 우리가 시도하는 방법이 상황을 개선시키기보다 오히려 악화시키는 것은 아닐까? 어쩌면 우리는 문제에 너무 집착하다 보니 현재의 관점에서 조금만 벗어나면 보이는 해결책을 놓치고 있는지도 모른다. 아마도 관점의 변화, 현재의 상황에서 완전히 시선을 돌려 새로운 방향을 바라보는 것이 필요한지도 모른다. 관점이 변하면 억눌려 있던 걱정이 해소되면서 에너지를 새로운 방향으로 돌릴 수 있게 된다.

힘겨운 시기에는 '포기'나 '실패'를 생각하지 말고, 가슴 속에 품은 희망과 목표 뒤에 존재하는 동기를 다시 한번 생각해보라. 그리고 내면의 능력에 주의를 집중하고 "계속 앞으로 나아가라!"

꿈은 우리 삶 속에서 살아 숨쉴 때 비로소 실현될 수 있다
존 템플턴

꿈이 있다.……그리고 또 꿈이 있다!

미국인 발명가 엘리아스 호웨는 바느질하는 기계를 만들려고 애쓰고 있었다. 그러나 어디에 바늘귀를 뚫어야 할지 결정하지 못해 어려움을 겪고 있었다. 아이디어도 고갈되고 돈도 거의 바닥날 무렵, 그는 잠을 자다가 이상한 꿈을 꾸었다. 꿈 속에서 그는 신비한 나라의 왕에게 재봉틀 설계도를 그려주지 못해 사형선고를 받게 되었다. 그는 수많은 병사들에게 둘러싸였는데, 그 병사들은 모두 앞에 구멍이 뚫린 창을 들고 있었다. 잠에서 깨어난 그는 이 꿈이 바로 자신이 고민해왔던 문제의 해답이라는 사실을 깨닫고 곧바로 연구실로 달려갔다. 그는 그 날 아침 9시도 채 되기 전에 재봉틀을 성공적으로 만들 수 있는 첫 번째 설계도를 완성했다.

영국군 장성이었던 윌리엄 존슨 경 역시 꿈과 관련해 흥미로운 경험을 한 적이 있다. 그가 북미 대륙의 인디언 담당 외교관으로 미국에서 지낼 때였다. 어느 날 그는 영국의 고급 양복점에 주문했던 양복 몇 벌을 배달 받고 포장을 풀고 있었다. 그 때 모호크족의 헨드릭 족장이 찾아와 양복이 매우 훌륭하다고 칭찬했다. 그리고 윌리엄 경이 자신에게 양복 한 벌을 선물하는 꿈을 꿨다고 말했다. 윌리엄 경은 이 말이 무슨 뜻인지 금세 알아채고 가장 좋은 양복을 골라 헨드릭 족장에게 선사했다. 그리고 나서 자신도 꿈을 꿨다고 말했다. 헨드릭 족장이 어떤 꿈이냐고 묻자, 그는 꿈 속에서 헨드릭 족장이 모호크 강 주변의 가장 비옥한 땅 612만평 가운데 일부를 자신에게 선물했다고 설명했다. 헨드릭 족장은 그 땅을 즉시 윌리엄 경에게 주고는 이렇게 덧붙였다. "윌리엄 경, 당신의 꿈은 나에게 너무 가혹해요. 더 이상은 당신과 함께 있는 꿈을 꾸고 싶지 않군요."

꿈, 혹은 뛰어난 아이디어는 무엇인가를 발견하는 데 중요한 역할을 하는 경우가 많다. 이렇게 이루어진 발견은 또 다른 꿈을 성취해주는 역할을 한다. 미국의 바이러스 학자 조나스 E. 솔크는 소아마비 백신을 개발한 뒤 이를 대량으로 보급하기 위해 열심히 노력했다. 그러나 소아마비 백신을 팔아 돈을 벌 생각은 하지 않았다. 어느 날 그는 누가 소아마비 백신에 대한 특허권을 가지고 있느냐는 질문을 받았다. 그러자 이렇게 대답했다. "백신은 모든 사람의 소유다. 당신은 태양에 대해 특허권을 주장할 수 있는가?"

꿈이든 비전이든 아이디어든, 혹은 당신이 무엇이라고 부르든 지금까지 소개한 사례에는 중요한 한 가지 공통점이 있다. 각각의 사례에 등장하는 모든 사람들이 꿈을 현실화하기 위해 "어떤 식으로든 행동했다"는 점이다! "꿈은 삶 속에서 살아 숨쉴 때에야 비로소 실현될 수 있다"는 사실을 보여주는 것이다.

열정은 전염된다
존 템플턴

미국 뉴욕 브룩클린의 가난한 지역에 있는 작은 교회가 한 사업가에게 그가 소유하고 있는 공터에서 아이들이 놀아도 괜찮은지 물어보았다. 이 사업가는 공터를 놀이터로 사용하는 대신 두 가지 조건을 제시했다. 하나는 교회가 보험료를 물어야 하며, 또 하나는 교회가 공터를 청소해야 한다는 것이었다. 교인들은 보험료를 지불할 돈을 모았다. 또 토요일마다 공터를 청소하기로 했다.

청소하기로 한 날 몇몇 가족은 조금 늦게 도착했는데, 그들 중에는 다리가 불구인 열 살 난 딸과 함께 온 부부도 있었다. 다른 사람들은 이 부부가 왜 딸을 데리고 왔는지 궁금했다. 다리를 쓸 수 없는 소녀가 무슨 일을 할 수 있단 말인가? 어쨌든 이 소녀는 거의 걸을 수도 없지 않은가?

그러나 이 어린 소녀는 놀이터로 쓸 땅을 청소한다는 사실이 너무나 기뻤다. 소녀는 얼굴 가득 커다란 미소를 머금은 채 한 손으로는 목발을 짚고 다른 한 손으로는 아버지와 어머니가 주운 쓰레기를 담을 플라스틱통을 붙들고 있었다. 이 가족은 웃으며 그 땅에서 할 수 있는 여러 가지 운동경기와 각종 활동들에 대해 얘기를 나누었다. 이 가족이 가진 열정은 다른 사람들에게도 전염됐다! 이 작은 절름발이 소녀는 자신의 태도를 통해 청소를 자원한 다른 사람들에게도 똑같은 열정을 불어 넣었다. 그러나 일부 사람들은 소녀가 왜 그렇게 흥분하는지 이해할 수 없었다. 소녀는 놀이터를 이용할 수 없을 것이라고 생각했기 때문이다. 사람들은 소녀에게 놀이터가 개방됐을 때 거기서 열릴 각종 운동경기와 활동에 어떻게 참여할 계획이냐고 물어보았다. 그러자 소녀는 열정이 가득한 목소리로 이렇게 대답했다. "나는 점수를 기록할 수도 있고, 심판을 할 수도 있어요."

어떤 활동을 긍정적인 모험으로 받아들이는 사람은 다른 사람도 똑같은 태도를 갖게 만들 수 있다. 자신의 일을 즐길 수 있는 방법을 찾고, 자신의 일에 열정적인 사람은 다른 사람들도 그의 태도를 따를 수 있도록 기반을 마련한다. 선이든 악이든 어느 한 사람이 무엇인가를 하면 이는 전염성을 가지고 있다는 사실을 기억하라. 웃음이 전파되는 것처럼 찡그린 얼굴도 전염된다. 어떤 사람의 인생도 항상 맑은 날만 계속될 수는 없다. 우리가 열정을 가지고 주어진 일을 한다면 주위의 다른 사람들도 우리의 기운을 따를 것이다. 영어로 "열정(enthusiasm)"이라는 단어기 "영적으로 채운다!"는 뜻에서 유래됐다는 것은 우연일지 모른다. 하지만 열정은 정말로 전염성이 있다!

열정은 목표를 향해 정진하라고 격려하는 영혼의 불꽃이다

찰스 필모어

재능을 발휘할 수 있는 기회가 올 때마다 두 팔을 벌려 환영하라! 당신 안에 열정과 열의가 들끓고 있음을 느끼라. 당신에게 다가온 기회를 선으로 완전하게 실현하는 데 그 에너지를 사용하라. 열정은 영혼을 자극하고, 우리가 앞으로 발전해 나아갈 수 있도록 도와준다. 찰스 필모어는 아흔넷이 되던 해에 이렇게 말했다. "나는 열정과 열의로 달아올라 내가 해야 할 일을 향해 달려 나간다." 얼마나 놀라운 자세인가! 열정은 우리를 행동하게 만드는 내면의 불이다. 열정은 목표를 향해 노력을 집중할 때 탁월함에 도달할 수 있는 능력을 제공해준다. 열정은 "앞으로 나아가게 하는 추진력"이요, "모든 일의 뒤에 있는 충동"이라고 불린다.

도널드 커티스 박사는 그의 저서 《천국을 이루는 데 기여하며 Helping Heaven Happen》에서 어린 시절 매일같이 해야 하는 지루하고 따분한 일을 할 때면 그에게 열정과 힘을 불어넣어 주었던 짧은 노래가 있었다고 소개했다.

잘했다, 더 잘했다, 최고다,
잘했지만 더 잘할 때까지,

더욱 더 최고가 될 때까지,
그만 두지 말고 계속하렴.

커티스 박사는 책에서 이렇게 썼다. "우리는 이 노래를 몇 번씩 부르며 웃으면서 쓰러질 때까지 빨리, 더 빨리 움직였다. 이해하겠지만, 우리는 해야 할 일을 그리 어렵지 않게 잘해낼 수 있었다. 그리고 곧 다음 일에 우리의 에너지를 쏟아부을 수 있기를 원했다." 해야 할 일을 잘해내면 굉장한 에너지가 발산된다. 그러면 우리에게 손짓하며 기다리는 다음 기회로 나아갈 수 있게 된다. 소리굽쇠가 피아노 음에 맞춰 진동하듯 우리도 우리 주변과 우리 안에서 나는 소리에 맞춰서 진동한다. 이 원리는 "거울의 원칙" 또는 "반사의 법칙"이라고 불린다.

지루하고 따분하고 피곤한 삶에 질질 끌려가듯 살아갈 필요는 없다. 잘못된 믿음, 제한적인 생각, 미신과 무지와 두려움의 희생양이 될 필요는 더욱 없다. 당신은 인식에 새로운 날개를 달 수 있다. 다음 이야기는 록펠러 연구소가 기생충 실험에서 얻어낸 놀라운 결과에 관한 것이다. 이 실험은 이른바 하등동물조차 생존에 필요한 자원을 얻기 위해 자연의 지성에 의존할 수 있는 능력을 가지고 있다는 사실을 보여준다. 연구소는 장미나무 화분을 실내로 가져와 창문 바로 앞에 두고 창문은 닫았다. 장미나무가 말라 죽어가자 장미나무에 붙어 살아가던, 원래는 날개가 없던 기생충에 날개가 자라니기 시작했디! 기생충은 이처럼 변태를 통해 자신에게 더 이상 물과 영양분을 제공해줄 수 없는 죽은 나무를 떠날 수 있었다. 장미나무에 붙어있던 기생충이 생존할 수 있는 유일한 방법은 날개가 자라나 날아가는 것이었고, 기생충은 실제로 그렇게 했다. 기생충은 생존에 필요한 조건들이 사라졌을 때 다른 곳으로 옮겨갈 수 있는 수단을 발견할 수밖에 없었다. 그렇게 하지 않으면 선택은 죽음밖에 없었기 때문이다. 크리스토퍼 프라이의 희곡 《죄수의 잠A Sleep of Prisoners》을 보면 위대한 문구가 나온다. "아, 그런 멋진 날개들이 사용되지 않은 채 내 가슴 속에 접혀져 있었다니." 여기서 "그런 멋진 날개들"이란 정신적이고 영적인 힘이자 잠재력으로 우리 모두의 내면에 존재할 것이다. 활기를 불어넣어주는 열정의 힘이 우리가 진정으로 갈구하는 목표를 향해 나아갈 수 있도록 눈에 보이지 않는 정신의 날개가 되어주지 않겠는가? 시인 필립 도드리지도 이런 열정의 힘에 공감하고 있음을 이렇게 표현했다. "나의 영혼아 깨어나라! 가슴 가득 용기를 품고, 힘차게 나아가라; 천국을 향한 경주에는 열정이 필요하다, 그것이 불멸의 왕관이다."

성공의 열쇠

누가 꿈꾸는 사람들인가? 그들은 이 세계에 위대함을 건설하는 건축가들이다. 그들은 비옥한 토양과도 같은 자신의 진취적인 영혼 안에 미래에 대한 비전이라는 씨앗을 심는 사람들이다. 꿈꾸는 사람들은 이른바 사실이라고 하는, 꿈을 펼치는 데 갖가지 한계로 작용하는 신기루를 결코 바라보지 않는다. 그들의 비전은 의심과 불확실성이라는 베일과 안개 너머를 바라볼 수 있으며 시간의 벽을 뚫고 나갈 수 있다.

 제국을 건설한 사람들은 왕관보다 더 위대하고 왕좌보다 더 고귀한 것을 위해 싸워왔다. 그들은 그리스 신화에서 황금빛으로 번쩍이는 양의 모피를 구하기 위해 아르고선에 탔던 영웅들처럼 진리를 추구하는 위인들이다. 그들은 모든 세대를 통해 미지의 광활함으로부터 그들을 부르는 운명의 목소리를 들어왔다. 그들의 두뇌는 인류 역사가 시작된 이래 모든 기적들을 이루어왔다. 보석의 레이스로 장식된 그들의 첨탑은 낡은 세상의 하늘을 찔렀고, 그들은 황금 십자가로 태양과 입맞춤했다.

 그들은 새로운 방법을 널리 알리는 사람들이다. 그들은 의심의 안대로 눈을 가리기를 거부한다. 그들은 굶주리고 헐벗고 상처 받을지언정 노력하는 자에게는 언제나 진리가 증명된다는 사실을 믿기에 용기와 희망의 끈을 놓지 않는다. 그들은 오로지 부서지기 쉬운 믿음과 두려움만이 그들이 지향하는 목표에 도달하지 못하도록 방해할 수 있다는 사실을 잘 알고 있다. 그러나 열정을 가지고 진심으로 꿈을 갈망한다면, 이전에 몇 번을 실패했든 관계없이 목표를 달성할 수 있다는 사실 역시 잘 알고 있다.

-레베카 클락의 《대발견Breakthrough》가운데

WORLDWIDE
Laws of Life

10

인내의 법칙

불굴의 인내가 성공과 실패를 가르는 열쇠다
무명씨

한 남자가 직장을 잃은 뒤 수십 차례나 취업 면접을 봤지만 번번이 떨어져 낙담해 있었다. 이 남자는 다음 면접을 계속 기대해보라는 격려의 목소리에 의문을 표시했다. 왜 다시 시도해야 하는 것일까? 그러나 이런 대답이 돌아왔다. 면접에서 떨어질 때마다 그를 기다리고 있는 좋은 일자리에 한 발자국씩 더 가까이 다가가는 것이라고. 그는 끈기를 갖고 다시 시도했다.

간절하게 바라는 목표가 가파르고 미끄러운 산의 정상에 있다고 상상해보라. 그런데 무거운 돌을 등에 지고 올라가야 한다. 높이 올라갈수록 어떤 느낌이 드는가? 흥분되는가? 피곤한가? 완전히 지쳐 힘이 소진됐는가? 첫 번째, 혹은 두 번째 시도에서 목적지에 도달하는 데 실패했다면 당신이 계속 올라가도록 만드는 것은 무엇인가?

이 질문들의 대답에서 그 사람의 여러 성품을 엿볼 수 있는데, 그 중의 하나가 인내다. 인내는 장애물이나 좌절에 직면했을 때에도 목표나 아이디어, 혹은 자신의 임무를 계속 진척시켜나가고 지속해나가는 능력이다. 목적지로 향하는 길에 놓여있는 장애물을 치우는 것은 어렵고 좌절감마저 느끼게 한다. 그래서 목표를 성취하는 데 필요한 에너지와 신념을 포기하고 싶다는 생각까지 들기도 한다. 인내는 "처음에 성공하지 못하면 다시, 또 다시 시도하라"고 끊임없이 속삭이는 당신 내면의 목소리다.

한 가지 목표에 도달하기 위해서는 반복적으로 시도해야 한다. 매번 시도할 때마다 목적을 달성하는 데 조금씩 더 가까이 다가가게 된다. 다른 여러 가지 목표도 마찬가지 과정을 통해서 도달할 수 있다. 이런 과정을 통해 우리는 처음에 계획하지 못했던 보다 위대한 선으로 방향을 바꾸거나 더욱 훌륭한 선을 성취하게 된다.

1864년에 태어난 조지 워싱턴 카버는 미국 남부의 황무지를 비옥하게 만들고 싶다는 꿈이 있었다. 이 꿈을 이루기 위해서는 필요한 교육을 받아야 했지만 가난한 그가 교육을 받기는 매우 어려웠다. 특히 흑인이기 때문에 어려움은 더 했다. 그러나 그는 교육을 받기 위해 끈질기게 노력했고, 마침내 1896년 아이오와 주립대학교에서 석사학위를 받았다. 후에 남부 농민들에게 목화 대신 땅을 기름지게 하는 땅콩과 고구마를 심도록 설득했다. 땅콩과 고구마 농사에서 첫 성공을 거둔 뒤에도 끊임없는 연구와 노력을 통해 땅콩을 활용할 수 있는 300가지 이상의 방법을 발견했고, 이런 식으로 농작물을 판매할 수 있는 안정적인 시장을 개척해 나갔다.

토마스 에디슨은 열두 살 때 기차에서 신문을 팔았고, 열다섯 살 때는 전신국에서 전보치는 일로 돈을 벌었지만 여가시간에는 공부와 실험을 계속했다. 그는 생활에 유용한 수많은 발명품을 만들어냈다. 하지만 1879년 마침내 백열전구 발명에 처음 성공하기까지 실패한 전구 실험에 쓴 돈만 4만 달러가 넘었다. 그는 50년간 1033개의 특허를 신청했다. 그는 시도하고, 시도하고, 또 시도했다.

조지 워싱턴 카버나 토마스 에디슨이 보여준 이런 노력을 이해하면 우리는 목표에 더 가까이 다가갈 수 있을 뿐만 아니라 그 과정에서 우리 자신에 대해서도 배우게 된다. 인내를 통해 그동안 인식하지 못했던 우리 자신의 장점들을 발견하고 동시에 목표를 이루기 위해 더 발전시켜야 하는 성격이나 역량이 무엇인지 알게 된다. 우리는 성공으로 이끌어주는 임무들을 완수해나가면서 만족을 얻게 된다. 인내의 과정 속에서 내적인 강점들을 키울 수 있게 된다. 우리가 성공이라고 여기는, 바람직한 결과를 향해 신념을 가지고 계속 나아가다 보면 영적인 근육이 발달하게 된다.

모든 돌들을 다 뒤집어 보라
유리피데스

고대 그리스의 극작가인 유리피데스는 가치 있는 목표를 달성하는 데 얼마나 많은 인내와 노력이 필요한지 알려주기 위해 이렇게 말한 것이 아니었을까? 아마도 그는 부지런함의 미덕을 강조하고 싶었을 것이다. 돈키호테의 작가 세르반테스는 "근면은 행운의 어머니다. 그러나 근면의 반대인 게으름은 좋은 의도를 가진 어떤 목표에도 결코 도달하지 못하게 한다"라고 말했다. 인도에서 가난하고 병든 사람들을 위해 헌신했던 마더 테레사는 "근면은 거룩함의 출발점"이라고 말했다. 거룩함이란 신이 우리 각자를 위해 사랑으로 계획해 놓은 길을 신과 더 가까이 걷는 것을 의미한다. 우리는 한결같은 믿음으로 노력할 때 비록 장애물을 만난다 해도 신성한 질서에 의해 준비된 장소에 도달할 수 있다. 부지런한 사람은 그가 가는 길에 돌이나 다른 어떤 장애물이 있으면 그대로 두지 않는다.

 길에 놓인 돌들을 뒤집으며 방향을 찾아 목표를 향해 나아갈 때 우리 내면의 인식은 우리가 돌을 치우는 데 열중하느라 과연 무엇을 위해 노력하고 있는지 잊어버리지 않도록 인도해준다. 때로는 아무리 힘을 써도 길을 가로막고 있는 거대한 장애물을 옮길 수 없는 경우가 있다. 그 때는 고요하게 내면이 인도하는 다른 행동을 따르는 것이 더 현명하다.

 많은 탐험가와 발명가, 과학자, 예술가들이 새로운 발견을 하는 과정에서 세상에 알려진 한계를 한 번 이상 뛰어넘었다. 그들은 부지런함을 무기로 달성하기 어려운 목표를 향해 계속해서 나아갈 수 있는 힘을 얻었다.

 노아 웹스터는 할 수 있는 모든 노력을 다 해 25년간 영어사전을 편집했고, 마침내 미국을 대표하는 영어사전을 만들어내는 데 성공했다. 로버트 E. 피어리는 23년간 준비하고 노력한 끝에 1909년 세계 최초로 북극점에 도달하는 데 성공했다. 크리스마스 캐롤 『화이트 크리스마스White Christmas』와 미국의 중요 행사 때마다 불리는 애창곡 『신이여, 미국을 축복하소서God Bless America』의 작곡가 어빙 베를린은 첫 번째 노래를 작곡한 대가로 고작 32달러밖에 받지 못했다. 그러나 좌절하지 않고 꾸준히 노력한 끝에 마침내 세계적인 작곡가로 인정 받을 수 있었다.

부지런함은 처음에는 허황된 상상처럼 보였던 일들을 놀랄 만한 성공으로 현실화시켜준다. 크리스토퍼 콜럼버스는 배를 타고 서쪽으로 계속 가면 인도에 닿을 수 있다는 자신의 생각을 실현시키기 위해 모든 돌들을 뒤집어보는 노력을 다했다. 그는 원정 여행에 필요한 재정적 지원을 얻기 위해 당시 에스파니아를 통치하던 페르난도 2세와 이사벨 1세 부부를 찾아가 자신의 계획이 실현 가능한 일임을 설득했고, 첫 항해는 물론 그 뒤 몇 차례의 탐사 여행도 원조를 받을 수 있었다. 인도로 가는 새로운 항로를 개척하겠다는 콜럼버스의 꾸준한 노력은 완전히 새로운 땅, 아메리카를 발견하는 결과를 낳았다.

과학자 퀴리 부인은 삶 전체를 과학 연구에 바쳤다. 그녀는 부지런하고 꾸준하게 실험에 몰두해 라듐과 폴로늄이라는 원소를 발견했고, 핵물리학과 방사능 이론의 토대를 닦았다. 퀴리 부인의 경우 돌 하나를 뒤집으면 뒤집은 그 돌이 다음 발견의 디딤돌이 되었다. 퀴리 부인은 역사상 처음으로 노벨상을 두 번이나 수상하는 영예를 안았다.

장애물을 치우기 위해서는 힘도 필요하다. 그러나 자신의 힘이 심각하게 시험 당할 때는 어떤 사람도 최소한 일시적으로는 실망하게 된다. 이럴 때는 유리피데스가 남긴 명언을 떠올리며 계속 노력하는 것이 무의미하게 보일 수도 있다. 그러나 지금 이 순간은 당신 자신을 표현하고 성장시킬 수 있는 기회로 가득 차있다. 당신의 인식과 시야를 넓히라. 더 많이 노력하고, 더 많이 나눠주고, 생각과 느낌을 더 크게 함으로써 당신 자신을 확장하라. 성경에는 우리가 노력을 계속할 수 있도록 격려해주는 말이 있다. "하나님이 우리에게 주신 것은 두려워하는 마음이 아니요, 오직 능력과 사랑과 근신하는 마음이니."(디모데후서 1장7절) 새로운 마음으로 원기를 회복해 내면의 힘을 기억할 때 우리는 더 큰 힘을 얻어 유리피데스의 조언에 따라 "모든 돌들을 다 뒤집어보는" 노력을 계속할 수 있게 된다.

배움에는 끝이 없다
존 템플턴

원시적인 스타일의 화풍을 창조해냈던 그랜드마 모세는 늙은 나이에 그림을 그리기 시작했다. 그녀에게 배움을 계속할 용기가 없었다면, 창작력을 발전시켜나가는 데 방해가 되는 모든 것을 거부할 자신감이 없었다면, 우리는 그녀의 작품을 감상하는 즐거움을 얻지 못했을 것이다. 후라이드 치킨으로 유명한 KFC를 설립한 샌더스 대령은 60대에 패스트푸드 프랜차이즈 사업에 뛰어들었다. 미국의 제 2대 대통령인 존 아담스의 부인 애비게일 아담스는 배움과 교육의 중요성을 이렇게 표현했다. "배움은 우연히 얻어지지 않는다. 배움은 열정을 가지고 추구해야 하며 근면을 가지고 전념해야 하는 것이다."

배움에 끝이 없다는 사실을 인정한다면 "살며 배우며"라는 말은 우리 삶을 인도해주는 지혜로운 좌우명이 될 수 있다. 우리에게 필요한 지식은 두뇌세포에서 나온 생각을 쥐어짠다고해서 얻어지는 것이 아니다. 오히려 형상에 구애받지 않는 보편적인 신을 향해, 신의 무한하고 위대한 정신을 향해 마음을 더 넓게 열 수 있다는 절대적인 믿음을 가질 때, 그리하여 마음을 열고 생각의 구속을 없애고 생각을 확장시켜 나갈 때 얻어진다. 그 안에 어떤 지식과 어떤 배움이 우리가 배워서 받아들여주기를 기다리고 있는지 누가 알겠는가! 어디에 있든, 무엇을 하든 우리와 다른 사람의 삶을 모두 풍요롭게 해주는 무엇인가를 배울 수 있다. 무엇인가 새로운 것을 배우기 위해 때로는 과거의 생각과 행동 방식은 버려야 할 때도 있다. 그러나 낡은 방식을 버릴 때 우리의 삶은 우리가 과거에 꿈꾸어왔던 것보다 훨씬 더 흥미롭고 충만하게 된다.

예수가 "사람이 등불을 켜서 말 아래 두지 아니하고 등경 위에 두나니"(마태복음 5장15절)라고 말했을 때 이런 뜻을 가르치려 했던 것은 아닐까? 여기서 '말'은 곡물이나 액체의 양을 재는 기구로 "속이 깊은 그릇"이라고 할 수 있다. 결국 예수는 "등불을 켜서 그릇 밑에 감춰두지 않는다"고 말한 것이다. 진실로 우리는 빛을 가두어둘 수 없다. 설사 우리가 전구에 불을 켠 뒤 그 전구를 그릇으로 덮는다 해도 그릇 밑 틈새로 빛이 새어 나올 것이다. 빛이 나는 전구기 그릇 안에 갇혀 있다 해도 그 전구는 그릇을 뜨겁게 달구어 자신의 존재를 알리고 주변 공기 속으로 따뜻함을 전파시킬 것이다. 이것은 우리가 태어날 때부터 타고나는 천성 중의 일부분인 신성한 지성 역시 억누르거나 억제할 수 없다는 뜻이 아닐까?

 우리는 종종 빛을 내고 싶어하는 등불을 인간적인 믿음이라는 그릇으로 덮어두려 한다. 좌절이나 실망은 이처럼 빛을 발하기를 원하는 위대한 등불이 자신을 덮어놓은 그릇 밑으로 새어 나오게 한 빛이 아닐까? 큰 일을 하기에는 너무 늙었다, 너무 못 배웠다, 너무 능력이 없다는 식의 인간적인 믿음을 거부함으로써 등불을 덮고 있는 그릇을 치우라. 우리를 위한 기쁜 소식이 있다. 창조력과 지식의 빛은 우리가 그 위에 덮어씌우는 인간적인 믿음이라는 그릇들 속에 아무리 겹겹이 숨겨져 있고 억제되어 있다 해도 결코 그 신성함이나 지칠 줄 모르는 광대한 에너지를 잃지 않는다는 사실이다. 대신 그 빛은 무의식적인 작용을 통해 자신의 존재를 드러내려 하고 마침내 우리는 깊은 감동을 주는 흥미로운 꿈을 갖게 된 우리 자신을 발견하게 된다.

 발명왕 에디슨은 "당신이 지금 24년 전에 했던 것과 똑같은 방법으로 무엇인가를 하고 있다면 아마도 더 나은 방법이 있을 것이다"라고 말했다. 이 말에는 위대한 진리가 숨어 있다. 지금이야말로 수많은 놀라운 일들을 배우겠다는 태도를 받아들이거나 그 태도를 발전시킬 수 있는 가장 탁월한 순간이라는 사실이다. 내면이 격려하고 있는 것에 귀를 기울이라. 당신은 활동하는 인간이기에 강점을 가진 분야가 적어도 하나 이상 있을 것이다. 당신에게 존재하는 이런 강점을 부각시키라. 그리고 배움에 대한 열망을 간직함으로써 당신의 위대함을 겸손하게 선언하라.

올바른 방향을 향하고 있다면 해야 할 일은 계속 걷는 것뿐이다
불교 격언

숲으로 둘러싸인 마을에 살고 있는 한 소녀가 있었다. 이 소녀는 숲을 산책하는 것을 좋아했다. 소녀는 아침이면 산책을 나가 새와 다람쥐에게 즐겁게 말을 걸었고, 오후에는 차가운 이끼로 덮인 바위에 앉아 쉬었다. 어느 날 소녀는 평소보다 숲속 더 깊은 곳까지 들어갔다. 어느덧 하늘이 어두워지기 시작했고 소녀는 문득 자신이 길을 잃었다는 사실을 깨달았다. 소녀가 볼 수 있는 것은 키 큰 소나무들과 자신이 살고 있는 마을의 가장 높은 뾰족탑 끝부분뿐이었다.

소녀는 깜짝 놀라 울면서 주위를 둘러봤다. 가까이에 키 큰 소나무들이 둘러서 있는 것을 보니 어느 정도 위안이 되었다. 그 중에서도 유난히 키가 큰 나무 하나가 소녀에게 속삭이듯 말했다. "뾰족탑을 향해 똑바로 걸어가. 절대로 뾰족탑에서 눈을 떼지 마. 그럼 곧 집에 도착할 수 있을 거야."

소녀는 망토를 둘러쓰고 저녁 때 먹으려고 땄던 버섯이 든 바구니를 들고 걷기 시작했다. 소녀는 뾰족탑을 향해 똑바로 걸어가면 곧 집에 안전하게 도착할 것이라는 사실을 알았기 때문에 뾰족탑 끝을 바라보며 바쁘게 걸어갔다.

그렇게 걷고 있는데 뒤에서 발자국 소리가 들려왔다. 소녀는 잠시 뾰족탑에서 눈을 떼고 고개를 돌려 뒤에 누가 있는지 살펴봤다. 거기에는 빨간 여우가 서있었다. 여우는 따뜻한 입김이 느껴질 정도로 소녀의 발꿈치 가까이에 바짝 다가서 있었다. 여우가 말했다. "작은 소녀 아가씨. 바로 저 산등성이에 제비꽃이 잔뜩 피어있는 아름다운 들판이 있답니다. 나를 따라오면 꽃다발을 만들어 집에 있는 어머니에게 가져다 드릴 수 있을 거에요."

소녀는 제비꽃을 좋아하는 어머니를 기쁘게 해주고 싶은 생각에 두려움을 잊고 여우를 따라 나섰다. 하지만 여우의 머리 속에는 소녀의 바구니 속에 들어있는 맛난 버섯 생각뿐이었다. 숲은 점점 더 어두워졌고 소녀는 갑자기 뾰족탑 끝을 바라보고 걸으라던 소나무의 말이 기억났다. 소녀가 여우를 따라 새로 들어선 길에서는 어디를 쳐다봐도 뾰족탑이 보이지 않았다.

소녀는 다시 두려운 마음에 달리기 시작했다. 소녀는 자신이 같은 길을 맴돌고 있다는 사실도 깨닫지 못한 채 계속 달렸다. 그러다가 다시 자신이 큰 소나무들 사이에 서있다는 사실을 알았다. 조금 전에 봤던 소나무들이라는 사실을 알아차린 후 위를 바라보니 뾰족탑 끝이 보였다. 소녀는 이번에는 안전하게 집에 도착할 때까지 다른 곳에는 눈길도 돌리지 않고 뾰족탑만 바라보고 걸었다.

이루기 어려운 목표를 가슴 속에 품은 적이 있는가? 그 목표는 성취하는 데 몇 년은 걸릴 것처럼 아득하게 보였을 것이다. 또 어느 쪽으로 나아가야 목표에 가까이 다가갈 수 있는지도 불확실하게 느껴졌을 것이다. 지금 우리가 걸어가고 있는 길은 새로운 직업으로 향하고 있을 수도 있고, 혹은 아이들의 교육에 필요한 돈으로 이어져 있을 수도 있다. 지금 걷고 있는 이 길의 끝에 무엇이 기다리고 있든 거기에 도달하는 유일한 방법은 눈을 목표에 고정시키는 것이다. 길을 가다 보면 신기한 것에 시선이 팔려 목표에서 눈을 뗄 수도 있고, 더 편안해 보이는 길로 고개를 돌릴 수도 있다. 그러나 가장 확실한 길은, 아마도 가장 쉬운 길은 아니겠지만, 잘못 표시된 이정표가 없고 주의를 산만하게 할 만한 것도 없어 똑바로 목표를 향해 나아갈 수 있는 길이다.

숲 속의 A 지점에서 B 지점으로 갈 생각이라면 당신은 우선 어떤 길이 있는지 조사하고 길을 잃지 않도록 나침반을 챙기며 여행을 준비해야 한다. 불교 격언이 가르치듯 "올바른 방향을 향하고 있다면 해야 할 일은 계속 걷는 것뿐이다."

삶의 현실은 어느 누구도 과거나 미래에서 살 수 없다는 것이다. 당신은 오직 지금 이 순간만을 살 수 있다. 그리고 중요한 것은 당신이 현재 바라보고 있는 방향이다. 올리버 웬델 홈스는 이렇게 표현했다. "나는 이 사실을 깨달았다. 이 세상에서 중요한 것은 어디에 서있느냐가 아니라 어디를 향해 가고 있느냐다. 천국의 항구에 도달하기 위해서는 때로는 바람을 타고, 때로는 바람에 맞서 항해해야 한다. 그러나 반드시 항해해야 한다. 표류하거나 닻을 내리고 머물러서는 안 된다." 이 말은 즉시 행동으로 옮겨 앞으로 나아가라는 뜻이다. 당신의 세계가 당신을 지배하도록 내버려두는 한 당신은 어떤 것도 지배할 수 없다. 과거의 일에 정신이 팔려 있다면 당신은 정신적으로 낡은 태도에 볼모로 붙잡혀 있는 것이다. 나의 한 친구는 이런 말을 들려주었다. "뒤를 돌아보는 것은 괜찮다. 그러나 응시하지는 말라."

빛과 진리를 향해 마음을 열라. 아이디어나 깨달음, 인도함이 없어 어쩔 줄 몰라하며 허둥거릴 필요는 전혀 없다. 당신 자신을 믿으라. 당신에게 어려움을 극복할 수 있는 능력이 있음을 믿으라. 지금까지 삶의 경험을 통해 어떻게 성장해왔는지 돌아보라. 각각의 상황에서 얻은 통찰력과 분별력에 대해 생각해보라. 당신에게 일어난 긍정적인 일을 즐거워하는 능력을 키우라. 더 큰 깨달음을 얻을 수 있는 방향으로 계속 걸어가라. 기쁨이 당신의 나침반이 되게 하라!

발전은 근면한 생활과 불굴의 인내에 달려있다
존 템플턴

운동 경기에서 우승을 차지하는 사람은 대개 기량이 가장 뛰어난 선수가 아니라 마지막까지 최선을 다한 사람이다. 성경에서도 "빠른 경주자라고 선착하는 것이 아니며, 유력자라고 전쟁에서 승리하는 것이 아니며"(전도서 9장11절)라고 지적하고 있다. 미국의 여배우인 헬렌 헤이즈는 "지구력이 없으면 아무 소용이 없다"고 말한 적이 있다.

이런 말들은 모두 근면과 인내를 강조하고 있다. 인내는 사업뿐만 아니라 인생의 수많은 분야에서 개인적인 성공을 성취하는 데 중요한 요소다. 우리는 살을 빼기 위해 규칙적으로 운동을 해야겠다든지, 가족과 좀 더 많은 시간을 보내야겠다든지, 또는 좀 더 영양을 고려한 균형 있는 식사를 해야겠다든지 하는 식으로 결심을 한다. 그러나 이런 결심은 금세 잊혀진다. 목표 달성에 필요한 지구력이 없기 때문이다.

각자의 독특한 재능과 능력을 발휘할 수 있는 분야는 실로 다양하다. 그러나 예술, 사업, 스포츠, 전문직 등 어느 분야를 막론하고 기량을 완벽한 수준으로 향상시킬 수 있는 방법은 부지런히 일하고 끊임없이 훈련하는 것이다. 이는 자제력을 가지고 목표를 이룰 때까지 인내하면서 꾸준히 계속한다는 의미다. '마지막까지' 최선을 다하는 실천이 언제나 쉬운 것은 아니다. 우리는 종종 즐겁기는 하지만 장기적인 우선 순위에서는 무시해도 좋을 만한 일에 우리의 소중한 시간을 쓰고 싶은 유혹을 받기도 한다.

중국의 고대 사상가인 노자는 다양한 인생사에 대한 관찰과 명상을 통해 효과적인 삶의 법칙을 발견했다. 그의 이런 가르침은 《도덕경》이라는 책을 통해 오늘날까지 전해져오고 있다. 노자의 가르침 중 상당 부분은 근면과 인내가 갖는 효과에 관한 것이다. 도덕경에 나오는 '물결 효과' 사상이 대표적인 예다.

"세상에 긍정적인 영향을 주고 싶으면 우선 너의 삶부터 조화롭게 유지하라. 한 가지 원칙 위에 너 자신을 세워 긍정적이고 효과적으로 행동하라. 그러면 존경을 받고 커다란 영향력을 갖게 될 것이다.

너의 행동은 물결 효과를 통해 다른 사람들에게 영향을 준다. 물결 효과는 모든 사람이 다른 모든 사람들에게 영향을 주기 때문에 가능하다. 강한 사람들은 강한 영향을 미친다. 너의 인생에 영향력이 있다면 너는 가족에게 영향을 미칠 것이다. 가족의 인생에 영향력이 있다면 가족은 사회에 영향을 미칠 것이다. 사회에 영향력이 있다면 국가에 영향을 미칠 것이다. 국가에 영향력이 있다면 세계에 영향을 미칠 것이다. 세계에 영향력이 있다면 물결 효과가 우주로 확산될 것이다. 네가 갖는 영향력은 너로부터 시작돼 물결이 퍼져가듯 확산된다는 사실을 기억하라. 그러니 네가 갖는 영향력이 긍정적이고 힘이 있는지 확인하라. 영향력이 물결처럼 번져나간다는 사실을 어떻게 알 수 있는가? 모든 성장은 잠재력을 가진 핵으로부터 바깥 쪽으로 퍼져나가는 것이다. 네가 바로 그 핵이다."

이 '원대한 그림'이 근면과 인내에 관한 깊은 깨달음을 주고 있다고 생각하지 않는가? 목표를 달성했을 때 다가오는 벅찬 감동을 맛보기 위해서는 어려움을 참는 것이 필요하다. "아무도 그것이 쉬울 것이라고 말하지 않았다"는 격언은 진리를 담고 있다. 그러나 그 곳에서 버티라! 쉽게 포기하지 말라! 당신은 목표를 향해 가면서 놀랄 만한 성취를 이뤄낼 능력을 갖고 있다. 당신이 할 수 있는 모든 것을 진심으로 하기를 원한다면 거기에 전념하고 인내하는 훈련을 해야 한다. 그래야만 인생이라는 경주의 마지막에 강한 사람으로 살아남을 수 있다.

오늘 할 수 있는 일을 내일로 미루지 말라

체스터필드 경

　　　　　　체스터필드 경으로 널리 알려진 필립 도머 스탠호프는 1770년대 중반 그의 아들에게 긍정적인 삶을 살아가는 데 필요한 지혜로운 조언을 편지로 써서 남기기로 했다. 그는 재치 있고 품위 있는 글로 젊은이가 꼭 알아야 할 신사다운 행동과 교양, 삶의 지혜를 두루 전했다. 아들에게 남긴 조언 가운데 지금까지 널리 인용되는 유명한 명언이 바로 "오늘 할 수 있는 일을 내일로 미루지 말라"다.

　일을 미루지 말아야 하는 이유는 많다. 어떤 일이 발생했을 때 즉시 처리하지 않으면 문제는 더욱 심각해지고 복잡해진다. 작은 어려움들은 긍정적이고 적극적인 방법으로 처리하면 대개 더 큰 문제로 불거지지 않는다. 예를 들어 살짝 벤 상처는 적절히 치료만 하면 금세 낫는다. 그러나 그 상처를 치료하지 않고 더러운 곳에 그대로 노출시키면 세균에 감염되어 결국 심각한 치료를 받아야 할 수도 있다. 이런 식으로 작은 불편을 피하려다 더 큰 문제를 만들기도 한다.

　꾸준한 노력이 갑작스럽고 돌발적인 활동보다 더 생산적이다. 목표를 향해 차근차근 전진하면 관심을 쏟아야 할 작은 일들이 갑자기 한꺼번에 몰릴 때 일이 엉켜 엉망진창이 되는 상황을 피할 수 있다. 매일 최선을 다하면 훗날 더 큰 발전에 대비해 더 많은 에너지를 축적해놓을 수 있다. 꾸준히 노력하면 목표에 편안하게 다가가면서 예상치 못한 어려움에 대비한 에너지도 남겨둘 수 있게 된다.

가령 깨지기 쉬운 꽃병을 먼 곳에 사는 친구에게 보낸다고 생각해보자. 꽃병을 조심스럽게 포장해 튼튼한 박스에 넣어 목적지까지 곧바로 가는 '빠른 택배'로 보낸다면 꽃병은 아마 친구에게 안전하게 도착할 것이다. 그러나 꽃병을 허술하게 포장해 얇은 박스에 넣은 뒤 보통 소포로 보낸다면 목적지에 도착할 때쯤에는 이미 꽃병이 깨져 있을지도 모른다. 이 비유는 우리가 직면하는 문제와 어려움에도 그대로 적용할 수 있다. 문제나 어려움은 오래 무시할수록, 또 허술하게 처리할수록 점점 더 커진다.

미국의 첫 여성 의사였던 엘리자베스 블랙웰은 1851년 뉴욕에서 의사 생활을 시작했다. 그러나 그녀에게 치료를 받으려는 환자가 없었을 뿐만 아니라, 자신이 의사라는 말만 하면 조그만 방조차 빌릴 수 없었다. 몇 주나 돌아다니며 수소문한 끝에 그녀는 한 건물 주인으로부터 가까스로 작은 공간을 빌릴 수 있었다. 이 건물 주인은 그녀에게 방에서 무엇을 할 것인지 묻지 않았다.

그리고 남녀 평등사상을 받아들였던 퀘이커 교도 여성이 엘리자베스의 첫 번째 환자가 되어주었다. 하지만 어떤 병원에서도 엘리자베스를 의사로 고용하려 하지 않자, 엘리자베스는 결국 퀘이커 교도 친구들의 재정적인 도움을 얻어 뉴욕에서도 가장 손꼽히는 빈민가에 자신의 병원을 차렸다

이 병원은 1853년 3월에 문을 열었다. 엘리자베스는 모든 환자들을

무료로 진료한다는 안내문을 내걸었다. 그러나 처음 몇 주는 아무도 찾아오지 않았다. 그러던 어느 날 누가 자신을 계단 위로 부축해줬는지도 모를 정도로 고통스러워 하는 한 여자가 병원에 와서 엘리자베스의 팔 안에 쓰러졌다.

그 여자는 치료를 받고 회복한 뒤에 친구들에게 7번 가에 너무나 좋은 여자 의사가 있다고 소개했다. 무료 진료소에 대한 소문은 점점 더 퍼져나가 뉴욕 여성 및 어린이 진료소로 발전했다. 이 진료소는 현재 대형 병원으로 발전해 이스트 15번 가에 자리하고 있다.

우리는 모두 중요한 목표를 향해 한 걸음씩 서서히 다가간다. 보통 이런 걸음은 작은 것들이다. 우리가 필요한 걸음을 미룰 때마다 진행이 중단되거나 뒤로 밀려나게 된다. 체스터필드 경의 조언에 따라 오늘 합리적으로 처리할 수 있는 일을 내일로 미루지 않을 때 우리는 우리 자신을 위해 세워놓은 목표에 꾸준히 다가갈 수 있다.

성공의 열쇠

토마스 칼라일은 2년간 심혈을 기울인 자신의 역삭 《프랑스 내 혁명 The French Revolution》을 완성한 뒤 깊을 숨을 내쉬었다. 이 위대한 원고는 칼라일의 전 인생을 통틀어 가장 어려운 작업이었다. 그는 자신의 재기 넘치는 정신 속에서 제멋대로 날뛰는 지식의 편린들을 적절한 글로 옮기기 위해 노력하면서 말 그대로 자기 자신을 이 일에 쏟아부었다. 그는 마침내 원고를 완성했고 엄청난 양의 원고를 묶어 가까운 친구인 존 스튜어트 밀에게 보내 평가를 요청했다.

밀에게 원고를 보내고 며칠이 지난 어느 날 저녁, 칼라일이 차를 마시고 있는데 밀이 현관 문을 두드렸다. 칼라일은 자신의 작품에 대해 친구가 어떤 의견을 갖고 있는지 듣고 싶어 서둘러 문 쪽으로 성큼성큼 다가갔다. 칼라일이 문을 열자 하얗게 질려버린 표정의 밀이 서있었다.

"도대체 무슨 일이야?" 칼라일은 친구를 집 안으로 끌어 당기며 물었다. 밀의 입에서 말이 홍수처럼 쏟아져 나왔다. 밀은 자신의 하녀가 칼라일의 원고를, 그것이 얼마나 소중한 것인지도 모르고 그저 한뭉치의 종이조각인 줄만 알고 불을 붙이는 데 썼다고 말했다!

칼라일은 너무도 화가 나서 정신을 잃을 지경이었다. 그 후 며칠간 칼라일은 자신에게 이렇게 혹독한 시련을 안겨준 운명을 비난하면서 집안을 왔다 갔다 하며 지냈다. 2년간의 노력이 연기 속으로 허무하게 사라져버렸다! 이제 그가 무엇을 할 수 있을 것인가? 그는 지난 2년간 자신의 모든 것을 그 작업에 쏟아부었고 이제 육체적으로나 정신적으로 완전히 소진된 상태였다. 머리 속에는 더 이상 아무것도 남아 있지 않았다. 원고가 타고 남은 잿더미를 뒤져서 그가 원고에 불어넣었던 지식과 당시의 감정들을 다시 찾아낼 수도 없는 노릇이었다. 그는 완전히 낙담한 채 절망 속에서 머리를 흔들었다.

칼라일은 그가 느끼는 허무함을 처량하게 응시하듯 위층 침실 창가에 멍하니 앉아 오랜 시간을 보내기 시작했다. 어느 날 아침 그는 또 다시 낙담한 채 창가에 서서 건너편 집을 멍하니 바라보고 있었다. 그러다 뭔가 나풀거리는 것이 눈에 띄어 자신도 모르게 그 움직임에 시선을 집중했다. 그것은 벽돌을 하나씩 쌓아 올려 벽을 만들고 있는 벽돌공의 움직임이었다. 칼라일은 벽돌공의 모습을 유심히 쳐다봤다. 벽돌공은 부드럽고 정성스럽게 벽돌 위에 회반죽을 칠하고 그 위에 벽돌을 하나씩 차례로 얹어나가고 있었다. 칼라일은 그날 내내 그 모습을 지켜봤다. 벽돌공이 차근차근 끈기 있게 일을 해나가면서 아름답고 화사하고 튼튼한 벽이 모양을 갖춰 나갔다.

갑자기 칼라일의 마음속에 섬광처럼 어떤 생각이 떠올랐다. 인내와 끈기와 한 가지 목표를 향한 열정이 벽을 세우듯 그도 《프랑스대혁명》을 다시 쓸 수 있다는 것이었다!

마침내 그는 마음의 평화를 되찾았고 머리 속에는 다시 아이디어가 넘치기 시작했다. 칼라일은 좌절감을 옆으로 치워버리고 다시 일생의 최고 역작을 만드는 일에 착수했다. 그의 지식과 이해력은 급속도로 확대돼 새롭고 더 위대한 작품 속에 반영됐고, 마침내 원작을 능가하는 작품이 탄생할 수 있었다.

  그렇다. 벽돌을 하나씩 쌓아가듯, 우리는 하나하나의 말과 하나하나의 생각, 하나하나의 꿈으로 일생 최대의 걸작을 조금씩 쌓아가고 있는 것이다. 벽돌공이 다른 누군가가 만들어 놓은 벽돌을 가지고 벽을 만들듯 진정으로 창조자의 재능을 갖춘 사람은 무엇인가 새롭고 아름답고 의미있는 것을 조합하고 구성하는 사람이라는 사실을 기억하라!

WORLDWIDE

Laws of Life

II

책임의 법칙

위대해지려면 책임감을 가져야 한다

윈스턴 처칠

위대한 일을 성취하고 싶다면 오늘 당신이 해야 할 작은 일들에 책임감을 갖는 것부터 시작하라. 숙제를 하지 않거나 학교 수업에 필요한 준비를 하지 않는 학생들은 성인이 되어서도 성공하는 데 필요한 능력과 지식을 얻지 못할 수 있다. 가족과 친구들에게 친절하고 책임감 있는 행동을 하지 못하는 젊은이는 직업적으로, 또 개인적으로 중요한 인간관계에서 좌절할 가능성이 높다. 다른 사람들의 연민과 이해에도 한계가 있기 때문이다. 문서 보관이나 주의를 요하는 일들을 무시하는 바람에 사업이 잘못될 수도 있다.

이 법칙이 대단히 거창한 것은 아니다. 당신이 오늘 하는 일에도 그대로 적용할 수 있다. 사라는 간호사가 되기를 원했다. 그녀의 이웃에는 지역 병원의 야간진료 전담 수간호사가 살고 있었는데, 이 간호사는 사라에게 선망의 대상이었다. 이 간호사는 언제나 자신이 해야 하는 일 이상을 했기 때문에 여러 차례 우수 간호사로 선정되었다. 사라는 진심으로 이 간호사처럼 되고 싶었다. 사라는 이 간호사처럼 되기 위한 첫 걸음이 될 것이라는 생각으로 그 병원의 자원봉사 간호조무사로 신청했다. 사라는 간호조무사 일이 너무 재미있어서 간호사가 천직이라는 생각을 더욱 굳히게 됐다. 하지만 그녀는 친구들과 잡담하고 병원 매점에서 시간을 보내느라 맡은 일을 제대로 하지 않았다. 환자들이 마실 물을 기다리느라 지쳐 불평하고 있는 동안 사라는 병실에 있는 TV로 재미있는 프로그램을 보고 있었다. 이 일로 사라는 첫 경고를 받았고, 결국 자원봉사 간호조무사 자격을 박탈당했다. 이 병원에 기록된 좋지 않은 실적 때문에 사라는 간호학교에 입학하기가 더욱 어려워졌다. 그녀는 같은 학년의 친구들보다 더 넓은 범위의 책임을 완수할 만한 역량을 가졌다는 사실을 증명해보여야 했다.

당신이 원하는 발전을 가로막고 있는 것이 무엇인지 아는 게 중요하다. 자, 당신 마음을 X-레이로 찍어보자! 그리고 스스로에게 다음과 같은 질문을 하고 정직하게 대답해보라.

- 습관적으로 자기 자신에게 뭔가 부족하다는 감정을 느끼는가?
- 삶에 변화가 생길 때 필요 이상으로 오래 주저하는가?
- 위대한 일을 성취할 수 있다는 자신감이 부족한가?
- 스스로 만들어 놓은 틀에 박힌 일상에서 벗어난다면 다른 사람들이 뭐라 말할까 두려운가?

이 질문들은 성공에 방해가 되는 습관들이다. 이 습관들은 당신에게 흘러 들어오는 풍요의 흐름을 막는다. 어떤 성공의 방해물이든 제거할 수 있는 강력한 해독제는 "자신의 인생에 책임을 지고 매일 받은 축복을 세는 것이다!" 이미 받은 풍요로움을 깨닫고 여기에 감사한다면 동시에 불행하다고 느끼는 것은 불가능하다. 그런 점에서 매일 받은 축복을 세는 것이 중요하다! 자신의 인생에 전적인 책임을 짊으로써 스스로 부과한 굴종의 굴레에서 벗어나라. "당신이 스스로를 믿지 않으면 아무도 당신을 믿지 않을 것이다!"라는 오래된 격언이 있다.

이루겠다고 결심한 일은 대부분 해낼 수 있다. 기억하라. 당신이 생각하고 믿는 것이 당신에게 끌려온다.

책임감은 자기 신뢰를 자라게 하고 자기 신뢰는 당신을 더욱 흥미롭고 매력적인 사람으로 만들어준다. 무엇보다 가장 좋은 것은 당신 자신에 대한 믿음이 커질수록 선한 것을 당신에게 끌어당기는 힘도 더욱 커진다는 사실이다. 빅터 프랭클은 미국 동부 해안에 서있는 자유의 여신상과 균형을 맞추기 위해 서부 해안에 '책임의 신상'을 세워야 한다고 주장했다. 양쪽 해안에 나란히 손을 잡고 서있는 신상을 각각 두 개씩 세우는 편이 더 나을 수도 있다. 끊임없이 자유를 주장하는 사람들은 무책임한 행동이 더 큰 자유를 가져오는 것이 아니라 더 큰 속박을 가져올 뿐이라는 사실을 이해해야 한다. 자유를 즐기려면 책임을 져야 한다.

자기관리가 성공을 부른다
존 템플턴

우리는 가끔 인생이란 거대한 혼란 덩어리며 전혀 논리적이지 않다고 생각한다. 그렇게 생각하는 것도 무리는 아니다! 우리가 어떤 상황에 처해있는지 비유를 들어보자. 우리는 이미 영화가 시작돼 한참 상영 중인 극장에 들어가는 관객과 같다. 늦게 들어온 관객은 영화가 어떻게 시작됐는지 모르고 영화가 어떻게 끝날지도 전혀 예측할 수 없다. 관객은 대본조차 논리적이지 않다고 생각하며 전개 방식과 구조에 혼란을 느낄 수도 있다.

이와 마찬가지로 우리도 인생이라는 드라마의 구성을 언제나 알고 이해하는 것은 아니다. 가끔은 영화가 무엇을 얘기하고자 하는지 전혀 알 수 없는 것처럼 우리가 등장인물로 참여하고 있는 우주적인 드라마에 대해서도 거대한 구성을 파악하지 못할 수 있다. 이 경우 우리는 '감독'이나 '프로듀서' 아니면 그 상황을 창작한 '시나리오 작가'를 비난하고 싶은 생각이 들 수도 있다. 그러나 인생이라는 우주적인 드라마에는 '작은 역할'이란 없다. 비난할 만한 존재는 더더욱 없다! 인생이라는 드라마는 대본을 정확하게 읽고 우리가 유일무이한 존재로 다른 사람이 줄 수 없는 독특한 선물을 '쇼'에 선사할 수 있다는 사실만 알고 있으면 그렇게 혼란스럽지 않다.

아마도 "모든 책임은 내가 진다(The buck stops here)"라는 말을 들어본 적이 있을 것이다. 이 말은 미국에서 흔히 쓰이는 "책임을 돌리다(Passing the buck)"는 말과 짝을 이뤄 함께 쓰인다. 어떤 사람이 책임을 돌린다는 지적을 받는다면 그는 책임을 회피하거나 책임을 다른 사람에게 떠넘긴다는 의미다. 어떤 사람이 "모든 책임은 내가 진다"고 말하면 자신이 모든 문제를 직접 처리하고, 그 결과에 대한 책임도 자신이 떠안는다는 의미다. 이 두 가지 표현 중에서 당신이 습관적으로 사용하는 표현은 무엇인가?

지금 이 순간에도 무엇인가가 부당하고 불공평하다며 반발하는 사람이 있을 것이다. 당신 자신도 부당함을 용납하지 못하고 격렬하게 반발하는 쪽을 택할지 모르겠다. 역사상 수많은 사람들이 더 높은 고귀한 목적을 위해 정부나 사회구조에 반대하는 반란을 일으켜 왔다. 어떤 사람들은 그 반란의 대가가 자신의 목숨이 될 수도 있다는 사실을 알고 있었지만 그 대가를 기꺼이 치를 준비가 되어 있었다. 이 사람들은 다른 사람들에게 커다란 혜택을 주는 변화를 만드는 데 기여하기도 했다.

예를 들어 어떤 학생이 부모에게 반항하기로 결심한 결과 잠 잘 곳을 잃고 대학에 다닐 돈도 지원받을 수 없게 됐다면 그는 이 반항의 대가를 기꺼이 받아들여야 한다. 마찬가지로 어떤 직원이 하기로 했던 일을 완수하지 못했을 때는 고용주가 급여를 깎는다 해도 불평할 수 없다. 우리는 받을 만한 것을 받는다. 그리고 이런 사실을 불평 없이 받아들이는 방법을 배워야 한다.

시골 장날에 한 농부가 정확히 2갤런짜리 항아리 모양으로 키운 호박을 가져왔다. 그는 "이 호박이 내 엄지 손가락보다도 작았을 때 이 호박 위에 유리 항아리를 씌워 이렇게 자랐다"고 말했다. 호박이 항아리 안에 가득차게 되자 호박은 성장을 멈췄다는 것이다. 유리 항아리가 호박에게 했듯이 우리의 생각도 우리 인생에 그렇게 작용한다. 우리는 우리가 생각하고 믿는 만큼 성장하고 성숙하며 창조력을 발휘한다. 그러나 우리가 가진 생각의 한계에서 성장은 멈춘다.

우리가 해야 할 첫 번째 일은 우리 인생이 다른 사람의 손에 달려 있다는 생각을 버리는 것이다. 우리는 '자유의지'라고 불리는 조종실을 가지고 태어나며, 우리가 '승인 도장'을 찍지 않는 한 어떠한 것도 우리 마음 안으로 들어오지 못한다.

책임의 원칙은 우리 인생의 모든 영역에 적용된다. 예를 들어 마약이나 술로 우리의 몸을 학대하기로 했다면 이 결정의 대가가 무엇인지 사실을 분명히 해야 한다. 그리고 마약이나 술이 질병이나 시간 낭비와 같은 대가를 치를 만큼 충분히 값진 것인지 스스로에게 물어봐야 한다.

성공으로 이끄는 자기관리를 익히는 최선의 방법은 두려움이 아닌 믿음, 미움이 아닌 사랑, 슬픔이 아닌 기쁨, 긴장이 아닌 평화, 구속이 아닌 자유가 우리가 선택해야 할 역할이라는 사실을 아는 것이다.

살아가면서 어떤 행동을 선택하든 "모든 책임은 내가 진다. 나는 내 결정의 대가를 기꺼이 치를 것이다. 나는 내 행동의 결과를 받아들일 것이다"라고 진심으로 말한다면 우리는 훨씬 더 잘 살 수 있을 것이다.

마음을 다스리면 이 세상 전부를 가질 수 있다
빌 프로보스트

어떤 사람에게는 인생에 대한 긍정적인 태도가 너무 비현실적으로 보여 받아들이기 힘들 수도 있다. 이런 회의론자들은 긍정적인 사람들이 원하는 대부분의 일을 성취해낸다는 사실을 믿기 어려워한다. 그러나 부정적인 생각으로 의사 결정을 제한하는 것보다는 긍정적인 마음으로 가능한 해결책을 찾는 것이 어떤 상황에서든 성공의 가능성을 더 높여준다. 세일즈 전문가인 지그 지글러는 "당신의 사업은 결코 당신의 바깥 어딘가에서 잘되거나 잘못되는 것이 아니다. 당신의 사업은 바로 당신의 두 귀 사이에서 잘되거나 잘못되거나 결정된다!"라고 말했다. 그는 성공적인 세일즈에 필요한 핵심적인 요소로 다른 사람들의 요구를 이해하고, 그 요구를 충족시켜주는 능력을 꼽았다. 지글러는 이를 "다른 사람들이 원하는 것을 얻을 수 있도록 충분히 도와주는 것만으로도 당신은 인생에서 원하는 모든 것을 얻을 수 있다"고 표현했다. 다른 사람들의 말에 귀를 기울이고, 그들의 요구를 정확하게 이해하는 능력은 마음을 얼마나 열어놓고 있는가에 달려 있다. 미국의 사상가이자 시인인 랄프 왈도 에머슨은 "위대한 사람은 정신의 힘이 물질의 힘보다 더 강하고, 생각이 세계를 지배한다는 사실을 이해하는 사람이다"라는 말로 우리가 가진 마음의 힘과 생각이 얼마나 중요한지 강조했다.

메리 케이 코즈메틱스의 창업자인 메리 케이 애쉬는 우리 시대의 가장 탁월한 성공 신화를 만든 주인공 가운데 한 명이다. 그녀의 회사는 1963년 미국 텍사스 주 댈러스의 작은 화장품 가게에서 출발해 판매 인력만 20만 명이 넘는 매출액 수천 만 달러의 세계적인 기업으로 성장했다. 애쉬는 경영을 다른 사람의 필요를 만족시키는 것이라고 생각했다. 어린 시절부터 몸에 밴 기독교적인 가치도 그녀의 사업 철학에 크게 기여했다. 그녀는 회사의 모든 직원들에게 다른 사람들의 필요를 채워주는 것을 최우선 과제로 삼으라고 강조했다.

어떤 일을 하기 전에 "이것이 나에게 어떤 이익이 되지?"라고 묻고 싶은 충동을 자제하는 것이 핵심이다. 이기심은 성공의 핵심 원칙을 간과하게 만든다. 성공의 핵심 원칙은 다른 사람들에게 도움이 돼야 한다는 것이다. 성공한 사람들이 왜 성공했는지 잘 살펴보고 분석해보면 분명한 공통점이 드러난다. 그들은 무엇보다 진심으로 기쁘기 때문에 다른 사람들의 필요를 채워준다. 그리고 자신의 이기적인 동기를 다른 사람들에게 도움이 되고 싶다는 더 위대한 동기에 종속시킴으로써 그들이 선택한 인생의 프로그램들을 성공으로 귀결지을 수 있었다. 성공한 다른 모든 사람들과 마찬가지로 우리의 성공 역시 우리가 성장하고 발전할 수 있도록 도와준 사람들의 숫자에 정비례한다.

분명한 사실은 우리의 생각이 바로 우리라고 하는 존재를 만든다는 것이다. 우리의 생각은 마음속에서 잉태되어 호수의 물결처럼 시공간을 여행하며 접촉하는 모든 것에 영향을 준다. 생각은 경험을 쌓아 올리는 벽돌이다. 우리가 보는 세상은 우리 자신이 생각하면서 만들어 온 것이다. 다름아닌 "마음이 건축가" 이기 때문이다.

당신은 문제의 일부가 되거나 해결책의 일부가 될 것이다
엘드리지 클리버

세상에는 두 부류의 사람이 있다. 한 부류는 문제를 발견하면 문제를 지적하고 설명하고 불평하다가 마침내 문제의 일부가 되는 사람이다. 다른 한 부류는 문제를 발견하는 즉시 해결책을 찾는 사람이다. 문제의 일부가 되는 사람에게 인생은 힘겨운 싸움이다. 그러나 해결책을 찾는 사람에게 인생은 성장의 계기가 되는 흥미로운 기회를 제공해준다. 삶의 각 상황에 어떻게 반응할지는 당신의 선택이다. 결과는? "당신은 문제의 일부가 되거나 해결책의 일부가 될 것이다."

문제의 일부가 되는 것은 쉽다. 수없이 많은 갈등 요인과 가상 시나리오에 초점을 맞추면 누구라도 어떤 일이 실패할 이유를 10가지 이상 찾아낼 수 있다. 반면 문제가 해결되는 방향으로 마음을 집중하기 위해서는 더 많은 노력이 필요하다. 문제의 일부가 되는 사람에게는 극복하기 어려운 장애물로 보이는 것도 해결책을 찾는 사람에게는 성장의 기회가 될 수 있다.

어느 늦은 밤, 두 사람이 숲 속을 걸어가고 있었다. 날이 매우 어두웠기 때문에 두 사람은 길을 분간하기가 어려웠다. 두 사람은 어둠 속을 뚫고 가다가 나뭇가지와 나뭇잎으로 대충 덮여 있던 구덩이를 보지 못하고 구덩이 속에 빠져버렸다. 외부에서 누가 도와주지 않는다면 빠져나가기가 어려워 보였다. 한 사람은 얼굴을 손에 묻고 자신의 끔찍한 불운을 한탄하며 앉아 있었다. 다른 한 사람은 구덩이에 떨어지자 마자 탈출할 방법부터 찾기 시작했다. 그는 어둠 속에서 구덩이를 더듬다 한쪽 벽에 매달려 있는 긴 나무 뿌리를 만지게 됐다. 그는 재빨리 일어나 나무 뿌리를 붙잡고 구덩이를 빠져나가 불평하며 앉아있던 친구에게 도움의 손길을 내밀었다.

당신이 직면한 도전은 어둠 속에서 구덩이에 빠지는 것처럼 그렇게 극단적인 것이 아닐 수 있다. 그러나 당신이 어떤 상황에 대처하기 위해 내리는 결정은 현재와 미래의 성패에 결정적으로 중요하다. 당신은 다른 사람들과 어울려 잡담할 기회를 가질 수도 있다. 그 자리에 없는 동료 직원을 험담하는 데 참여할 수도 있다. 다른 모든 사람들이 다 그렇게 한다는 이유만으로 회사 정책을 불평하고 싶은 충동도 느낄 수 있다. 그러나 어떤 경우든 당신은 문제의 일부가 되거나 아니면 해결책의 일부가 된다는 사실을 기억하라. 당신이 어떤 역할을 하든 그 결정은 당신의 미래에 엄청난 영향을 미친다.

해결책을 찾는 사람이 되기 위해 의식적으로 노력하라. 문제의 일부가 되는 데는 용기도, 특별한 재능도, 노력도 필요하지 않다는 것을 기억하라. 해결책을 찾는 사람이 되면 당신 자신에 대해 좋은 감정을 느낄 수 있고, 당신의 능력에 대해서도 더 많이 신뢰할 수 있게 된다. 또 주위 사람들로부터 존경과 찬사도 받게 된다. 그들은 당신이 일을 처리할 줄 아는 사람이라고 생각한다. 목표 지향적이고 긍정적인 접근 방식을 통해 당신은 주변 사람들이 더 높은 수준의 일을 성취할 수 있도록 격려할 수 있다.

자와할랄 네루 인도 총리는 이렇게 말했다. "위기나 막다른 골목에 직면하면 적어도 한 가지 좋은 점이 있다. 상황이 억지로라도 생각을 하게 만든다는 점이다." 중국 공산주의 혁명을 성공시킨 마오쩌둥은 문제를 해결하는 법을 이렇게 설명했다. "문제를 해결하지 못하겠는가? 그렇다면 웅크리고 앉아 현재의 드러난 사실과 문제가 진행된 과거의 과정을 조사해보라! 문제를 철저히 조사하면 어떻게 해결할 수 있는지도 알게 된다." 시간을 들여 나타난 현상을 검토하고 조사하면 부정확한 결론으로 곧바로 치닫고 싶은 충동을 억제할 수 있다.

당신이 하는 말이 곧 당신이다
존 템플턴

오페라 가수가 목젖이 떨리는 목소리로 노래할 때 목소리의 울림에 의해 주위의 유리잔들까지 떨리게 된다는 얘기를 들어본 적이 있을 것이다. 군인들이 행군하면서 우렁차게 외치는 구령 소리는 어떤가! 풍요의 법칙에 따르면 우리가 하는 말이 우리가 부자인지 가난한지를 결정한다. 말은 우리의 세계를 만드는 소리를 담는 도구이기 때문이다. 우리가 사용하는 말과 그 말을 실천하는 방법이 우리의 세계를 형성한다!

예를 들어보자. 샐리는 읽고 있던 책에 푹 빠져 친구 밀리에에게 전화하기로 한 약속을 지키지 않기로 했다. 며칠 후 샐리는 옆 집에 사는 여자 친구와 함께 가까운 도시에 갈 일이 생겼다. 샐리는 출발에 임박해서야 이선에 무척이나 친하게 지냈던 또 다른 학교 친구인 베키에게 전화해서 "곧 버거 헤븐에 갈거야. 미리 말하지 못해서 미안해. 네가 이해하기를 바래"라고 말했다.

2주 후 베키와 밀리에, 그리고 다른 세 친구가 동물원에 가기로 했다. 그 중 하나가 "샐리한테도 같이 가자고 하지 않을래?"라고 제안했다. 밀리에는 즉시 "그러지 말자"고 했다. "걔는 약속을 잘 안 지켜." 샐리는 친구들이 자기를 빼놓고 동물원에 가기로 했다는 사실을 알고 마음이 상했다. 샐리는 좋은 친구란 약속을 잘 지킨다는 사실을 몰랐다. "당신이 하는 말이 곧 당신"이라는 옛 말은 진리다. 당신이 말한 대로 하지 못하면 불행하고 외로운 존재가 된다.

약속을 지키는 데 "사소한" 상황이란 없다. 누군가에게 전화한다고 약속해놓고 이를 무시하는 것은 당신에게는 사소한 일일지 모르지만 당신의 전화를 기다리는 사람에게는 중대한 일이다. 그 사람은 그 순간에 누군가 얘기할 사람이 필요했을 수도 있다. 약속한 전화를 하지 않음으로써 당신은 어떤 사람을 불쾌하게 만들 수 있는 일을 저질렀을 뿐만 아니라 당신 자신에게도 상처를 입혔을 수 있다. 가까운 미래에 상황이 당신에게 불리하게 돌아가 그 어느 때보다도 더 친구가 필요해질 수 있다. 그러나 당신이 약속을 잘 지키지 않았다면 친구들은 이미 당신을 포기해버렸을 수 있다. 이는 "당신이 하는 말이 곧 당신"이라는 격언의 부정적인 사례다.

반면 지금 하려는 짐의 이야기는 긍정적인 사례다. 짐은 약속을 하면 아무리 사소하고 작은 일이라도 꼭 지켰다. 어떤 사람과 어디에 가기로 약속을 했다면 더 흥미롭고 재미있는 일이 생겨도 망설이지 않고 선약을 지켰다. 그는 "고마워요, 정말 가고 싶기는 하지만 이미 선약이 있어요"라고 대답했다.

짐의 행동은 항상 두 가지 긍정적인 반응을 얻었다. 선약을 한 친구는 계획했던 일을 할 수 있어 기뻐했고, 나중에 새로운 제안을 했던 친구는 짐의 거절에 깊은 인상을 받았다. 짐은 또 친구의 제안을 받아들이지 못한 데 대해 미안한 마음을 가지면서 자신을 배려해준 것에는 항상 감사했다. 짐은 학교에서 인기가 좋았을 뿐만 아니라 어른이 되어서도 존경을 받으며 성공적인 삶을 살았다. 그의 말은 보증수표였고, 친구와 직장 동료들은 모두 그를 좋아했다. 그의 말은 듣기에 즐거울 뿐만이 아니라 그의 확실한 성실성까지 보여줬다. 현대 사회에서 "약속을 잘 지킨다"는 평판은 진실로 가치 있다.

근심은 아무것도 이루지 못하고 귀중한 시간만 낭비할 뿐이다
존 템플턴

의사가 되고 싶어하는 재능있는 젊은 여성이 있었다. 그녀는 아픈 사람들을 치료해줄 수 있다면 얼마나 좋을까 상상해봤다. 다른 사람의 생명을 구할 수 있는 기회도 주어질 것이다. 의사가 되면 돈도 많이 벌 수 있을 것이다.

그러다 곧 걱정이 시작되었다. 의사가 되기까지 시간이 얼마나 걸릴지, 공부하는 데 얼마나 많은 돈이 들지 걱정이 이만저만이 아니었다. 그녀는 걱정을 너무 많이 한다는 것조차 걱정이 되었다. 의사가 되고 싶다는 소망과 의사가 될 가능성에 대한 걱정 사이에서 갈등만 하다

결국 가고 싶었던 학교의 입학시험조차 보지 못했다. 그녀의 우유부단한 성격은 인생의 목표를 달성하는데 방해가 됐다. 이런 행동은 옛 격언을 떠올리게 한다. "걱정은 흔들의자와 같다. 흔들의자는 당신에게 뭔가 할 일을 주지만 당신을 어떤 곳에도 데려다 주지는 못한다."

많은 사람들이 흔들의자에 앉아 흔들거리고 있을 때 마음이 편안해진다. 놀란 아이는 품에 꼭 안고 부드럽게 흔들어주면 평온해지곤 한다. 신체적으로 상처를 입은 사람도 고통을 완화하기 위해 종종 앞뒤로 흔든다. 그러나 흔들의자에 앉아 흔들어봤자 그 위치에서 벗어나지는 못한다. 흔들의자는 우리를 앞으로 나아가게 만들지 못한다.

걱정하는 것은 마치 흔들의자를 흔드는 것과 같다. 걱정은 우리에게 매우 익숙한 일이며, 문제를 해결하기 위해 무엇인가 하고 있다고 잘못된 믿음을 갖게 해준다는 점에서 위안을 주는 행동이기도 하다. 그러나 걱정하는 게 습관이 되면 더 이상 의식적으로 걱정하는 행동을 선택할 수 없게 되고 자동적으로 걱정하게 된다. 걱정은 흔들의자처럼 우리를 앞으로 나아가지 못하게 하고 무엇인가 성취하게 도와주지도 못한다. 걱정은 도전적인 문제에 창조적으로 접근할 수 있는 방법을 발견하는 데 쓸 수도 있었을 귀중한 시간을 낭비하게 한다. 걱정은 휴식과 긴장을 푸는 데 활용할 수도 있었을 시간을 점령해버린다. 휴식과 긴장 완화야말로 원기를 회복시켜 활기 넘치는 에너지로 도전에 직면하게 도와주는데도 말이다. 삶에 직면하는 방법, 즉 장애물을 만나 극복하는 방법은 수없이 많다. 이 가운데 가장 패배적이고 부정적으로 접근하는 방법이 바로 그 도전에 대해 걱정하는 것이다.

걱정에서 가장 빨리 해방되는 길은 자신의 책임을 받아들이는 것이다. 자신이 책임을 진다는 생각은 걱정에 놀랄만큼 효과적인 대안이다. 웨인 다이어 박사는 《당신의 일탈 영역Your Erroneous Zones》이라는 책에서 "죄책감을 느끼거나 걱정할 때 가장 큰 비극은 우리 자신을 현재의 순간에 꼼짝 못하게 묶어 두게 된다는 점이다"라고 말했다. 관심을 지금 이 순간에 집중시키고 우리의 생각과 감정에 책임을 지면 걱정으로 인해 성공이 방해받는 일은 피할 수 있다.

한 부부가 재정적인 문제에 직면했다. 남편은 그 달 써야 할 곳은 많은데 수입은 그렇게 안된다며 걱정만 했다. 부인은 하루종일 침울한 남편의 말을 들은 뒤 그와 함께 식탁에 앉았다. 그녀는 식탁 위에 청구서를 늘어놓은 뒤 연필과 종이를 집어 들고 이렇게 말했다. "걱정하는 것이 이 청구서들을 갚는 데 어떤 도움이 되는지 한 가지라도 근거를 대보세요. 그럼 나도 당신과 앉아 하루종일 걱정할게요. 하지만 근거를 대지 못한다면 이 청구서들을 갚을 방안이나 찾아봅시다."

우리는 걱정에서 벗어나 좀 더 긍정적인 대안, 좀 더 창조적이고 자유로운 태도, 좀 더 밝은 마음의 상태, 좀 더 건전한 믿음을 선택할 수 있다. 당신은 성장하고 발전해가는 존재다. 당신은 건설적인 행동을 할 수 있는 역량을 갖고 있다. 사람들이 걱정하는 대부분의 일은 일어나지 않는 경우가 많다. 걱정이 삶의 문제에 대처하는 한 가지 방법이 될 수는 있지만 책임감이 이보다 더 나은 방법이다. 걱정은 종종 두려움 때문에 생긴다. 그러나 책임과 자기 존중은 신에 대한 믿음, 삶이 좋은 것이라는 믿음, 우주에 대한 믿음, 우리 자신의 잠재력에 대한 믿음에서 나온다.

만약 의사가 되기를 원했던 젊은 여자가 걱정하는 데 썼던 시간을 입학시험을 준비하는 데 활용하고 좀 더 긍정적인 태도에 집중했더라면 아무리 작은 것일지라도 긍정적인 행동을 취했을 것이다. 필요할 때 잠시 쉬는 것은 좋다. 그러나 그 후에는 일어나 한 발을 다른 발 앞으로 내밀어 한 번에 한 걸음씩 앞으로 나아가야 한다.

성공의 열쇠

　인생을 다시 한번 살 수 있다면 다음에는 더 많은 실수를 저지를 것이다. 긴장을 풀고 더욱 유연해질 것이다. 다음 번 삶의 여행에서는 지금보다 더 어리석어질 것이다. 어떤 일이든 지금보다는 심각하게 받아들이지 않을 것이다. 더 많은 기회를 잡을 것이다. 더 많이 여행할 것이다. 더 많은 산을 오르고 더 많은 강을 헤엄칠 것이다. 아이스크림은 더 많이 먹고, 콩은 덜 먹을 것이다. 다음 번 삶에서는 지금보다 실제로 부딪치는 '문제들'이 더 많이 생길지도 모른다. 그러나 상상 속의 문제들은 줄어들 것이다!
　사실 나는 매 순간을, 그리고 매일매일을 분별 있고 양식 있게 살아왔다. 아, 나는 내 인생의 수많은 순간들을 가져봤다. 그러나 내가 다시 한번 살게 된다면, 내 인생에 더 많은 순간들을 가질 것이다! 사실 나는 다른 것은 아무것도 가지려 노력하지 않을 것이다!
　즐겁지 않은가! 매일매일을 살기에 앞서 미리 몇 년 앞을 생각하며 사는 것보다는 단지 순간들을, 한순간 그리고 바로 다음 순간을 산다는 것이.

나는 온도계와 보온병, 비옷, 그리고 낙하산이 없으면 결코 어디로도 떠나지 않는 그런 종류의 사람이었다! 그러나 내가 만약 다시 한번 떠날 수 있다면 몸을 가볍게 하고 여행길에 오를 것이다.

내가 다시 한번 더 살 수 있다면 나는 맨발로 이른 봄을 맞이해 가을 늦게까지 맨발로 지낼 것이다. 더 많이 춤추러 다니고, 더 많이 회전목마를 타고, 더 많은 데이지꽃을 꺾을 것이다.

-〈인간주의 심리학회보Association for Humanistic Psychology Newsletter〉에 실린 85세 된 할머니의 글

WORLDWIDE

Laws of Life

12

지혜의 법칙

사소한 것이 큰 의미를 갖는다
에디스 린더만

　　대도시에서 출근 시간에 벌어진 일이다. 집채만한 이삿짐 트럭이 고가도로 밑에 끼어 앞으로도 뒤로도 빠져나오지 못하고 있었다. 이로 인해 그 어느 때보다도 극심한 교통 혼잡이 빚어졌다. 트럭 운전사는 고가도로 밑을 통과할 수 있는 자동차 높이를 단지 몇 인치 잘못 판단했던 탓에 낭패를 당했다. 사태 해결을 위해 교통경찰이 출동하고 수많은 사람들이 구경하러 몰려 들었다. 기술자까지 동원돼 트럭을 빼낼 방안을 궁리했다. 그 때 어린 소년 하나가 소음과 혼란을 뚫고 트럭 운전사에게 다가갔다.

　　"저는 어떻게 하면 여기에서 빠져 나올 수 있는지 알아요."

　　운전사는 짜증스럽다는 듯이 말했다. "그래, 그래! 여기 있는 사람들 전부가 다 전문가들인 모양이군!"

　　소년은 주눅들지 않고 "타이어 공기를 조금만 빼내면 되잖아요"라고 말했다.

　　몇 분 후 기술자들이 내놓은 해결책도 소년의 아이디어와 같았다. 불과 몇 인치 차이로 트럭은 고가도로 밑을 부드럽게 빠져 나올 수 있었다. 해결책은 이렇게 너무나 간단한 것이었다. 너무 단순해서 오히려 쉽게 찾지 못했던 것이다.

우리 자신의 문제를 해결하는 방법도 때로는 이처럼 아주 작고 사소한 데 있다. 어둠 속에서 작은 촛불 하나를 밝히는 것이 차이를 만든다. 우정을 예로 들어보자. 누구나 다른 사람들이 자신을 좋아해주기를, 친구들과 직장 동료들 사이에서 인기를 얻기를 바란다. 그러나 어떤 작은 일이 우리를 붙잡곤 한다. 현재의 환경에 얽매여 적극적으로 친구를 사귀기가 어렵다고 느끼기도 한다. 우리의 어떤 점이 조금만 변해도 아마 우리는 함께 지내기에 좀 더 즐겁고 흥미로운 사람이 될 수 있을 것이고 친구를 사귀기도 훨씬 쉬워질 것이다.

어쩌면 우리는 너무 잘난 척하거나 자의식이 강한 사람으로 비쳐지고 있는지도 모른다. 확실히 거만한 태도는 친구를 사귀는 데 장애물이 된다. 사람들은 대개 "나는……나는……나는……" 하면서 자기 얘기만 늘어놓는 사람과는 함께 있고 싶어하지 않는다. 당신의 어휘 사전에서 이기적인 '나'를 제거해버리는 방법을 배우라. 그러면 고가도로 밑을 통과해 우정에 도달하기가 더욱 쉬워질 것이다.

어쩌면 당신은 우정에 방해가 되는 습관을 가지고 있는지도 모른다. 예를 들어 다른 사람을 심하게 비판하거나 그 사람이 없는 자리에서 그 사람 흉을 보거나, 혹은 그 사람이 있는 자리에서 그를 당혹스럽게 하는 말을 한다면 친구들이 떠나지 않을까?

다른 사람에 대해 진실한 관심이 부족하기 때문에 친구를 사귀는 데 어려움을 겪는 것은 아닐까? 친구들이 성공하기를 진심으로 원하는가? 친구들이 행복과 부를 얻기를 마음을 다해 바라고 있는가? 친구들에게 진정으로 관심을 기울이고 있다는 것, 그리고 그들이 행복하기를 바란다는 것을 그들이 알고 있는가?

우리의 내면을 정직하게 들여다보고 우리가 원하는 우정을 형성하는 데 방해가 되는 것이 무엇인지 살펴볼 필요가 있다. 친구를 사귀려면 우리가 먼저 친구가 되어주어야 한다. 잠시 우리의 내면을 솔직하게 거울에 비쳐보자. 그리고 우리가 바라는 친구가 되기 위해 필요한 것이라면 무엇이든 하자. 삶의 축복을 누릴 수 있는 방법은 "작은 하나"에 달려 있을 수도 있다.

황금을 발견하려면 우선 황금이 어디에 있는지 알아야 한다
윌리엄 주노

내가 어렸던 시절 전국을 떠돌던 약장수들은 만병통치약을 팔며 노래와 춤, 촌극을 보여주었다. 이들의 공연은 비록 수준은 높지 않았지만 무료였기 때문에 인기가 많았다. 약장수들이 보여주던 촌극 중에 이런 게 있었다. 한 배우가 무대 앞에 나와 무엇인가를 열심히 찾는 흉내를 낸다. 그러면 다른 배우가 그에게 다가와 무엇을 찾고 있느냐고 묻는다.

첫 번째 배우가 대답한다. "몇 분 전에 동전을 떨어뜨렸어."

"무대 앞이나 옆에서 떨어뜨린 거야?"

"아니, 마차 뒤에서 떨어뜨렸어."

"그러면 마차 뒤에서 찾아야지."

"거긴 불빛이 없단 말이야." 첫 번째 배우가 말하는 이 부분이 바로 웃음을 유발하는 하이라이트가 된다.

우리는 이 배우의 터무니없는 논리에 웃음을 터트린다. 그러나 매일 엉뚱한 곳에서 자신이 원하는 것을 찾는 사람들이 너무나 많다. 수많은 사람들이 마약과 술, 그리고 육체적인 흥분에서 평화와 행복을 찾는다. 그러나 이는 소용없는 짓이다. 평화를 바란다면 가장 먼저 자기 자신의 내면부터 살펴봐야 한다. 평화는 외부 조건이라기보다 내면의 상황이다. 우리의 인식은 다음 단계의 보다 폭 넓은 생각과 인식의 지평을 향해 나아갈 때 발전할 수 있다. 다음 단계로 올라서 더욱 폭 넓게 우리 삶의 상황들을 인식하게 되면 본능적으로 내면을 향하게 된다. 더 높은 인식의 평원이 우리를 손짓하며 부른다. 착각에 불과한 "황금 신기루"가 아니다. 현실 속에서 황금빛 진리를 경험할 수 있도록 해주는, 보다 깊은 현실에 대한 소망이 우리의 영혼 안에서 "더 있다"고 속삭인다.

더 높은 관점에 도달하기 위해서는 때로 과거의 어떤 것을 고쳐야만 한다. 고통과 어려움을 주는 과거의 습관과 생활방식에서 벗어나기 위해 약간의 겸손과 내면을 깨끗하게 하는 각성이 필요하다. 사실이란 상황과 조건과 환경이 결합된, 빠르게 지나가 버리는 한 순간의 현실일 뿐이다. 성장하는 과정 중에는 때로 과거의 자신과 다른 입장에 서게 되기도 한다. 다음 단계의 보다 폭 넓은 환경에 들어설 준비를 하기 위해 정신은 자기 자신을 수정하고 적응하는 방법을 배운다. 이는 우리 인생의 새로운 단계나 새로운 인식 상태, 심지어는 개인적인 일과 환경에서 혁명적인 진전이 될 수도 있다.

진리라는 황금을 찾는다는 것은 당신의 삶과 당신 자신과 당신의 세계를 이루는 모든 것에 대해 좀 더 보편적인 관점을 가진다는 뜻이다. 과거 수많은 위인들이 가진 위대함은 아마도 평범한 사람들보다 더 높은 관점으로 세상을 바라볼 수 있다는 점이었을 것이다. 그들은 진리라는 황금덩어리를 찾기 위해 어디를 봐야 하는지 알고 있었다. 시간이 이런 더 높은 진리를 이해하지 못하도록 방해하는 것은 아니다. 우리의 인식 수준이 차이를 만들 뿐이다.

매일 진리를 탐구하면서 조금 더 멀리 보고, 조금 더 깊이 들어가고, 빛과 사랑의 황금실을 추구하면 우리는 정의로움의 길로 인도될 수 있다.

삶의 소중한 것을 더 쉽고 더 편안하게 얻는 방법을 모색하는 사람들은 값싼 모조품을 발견하거나 아무것도 발견하지 못하게 된다. 금을 찾는 사람이 파기 쉽다는 이유로 해변가 모래사장을 판다면 모래만 발견할 뿐 금을 얻지는 못할 것이다. 원하는 보석을 발견하기 위해서는 때로 거대한 바위 덩어리를 부수고 단단한 땅을 파야 한다. 그렇게 해야만 우리의 노력이 헛되지 않다는 것을 알게 된다.

지혜는 실수에서 나온다; 자신의 잘못을 직시하고 배우라
J. 옐리네크

지식과 정보를 습득하는 것과 지혜롭다는 것은 다르다. 대학교에서, 또 여행과 인간관계, 독서, 다양한 활동을 통해 지식을 습득할 수는 있다. 그러나 과연 지혜까지도 얻을 수 있을까?

웹스터 영어사전에서는 '지혜(Wisdom)'를 "현명하게 되는 품성……폭넓은 지식과 경험, 이해심을 기반으로 사람과 상황 등에 대해 올바르게 판단하고 처리해나가는 능력"이라고 정의하고 있다. 지혜로운 사람이란 사물의 더 깊은 의미를 볼 수 있는 능력을 가진 사람이라고 할 수 있다. 그런 점에서 지혜를 얻기 위해서는 충분히 오래 살아 어느 정도 깊이 있는 철학적 성찰을 통해 자신의 경험을 평가하고, 다른 사람의 경험으로부터도 배울 수 있어야 하는 것처럼 보인다. 로마의 스토아 철학자인 에픽테토스도 비슷한 생각을 가지고 있었다. "어떤 사건에 직면하든 당신 자신에게 돌아가 그 사건에 활용할 만한 어떤 능력을 가지고 있는지 물어보는 것을 잊지 말라."

이탈리아의 교육학자인 마리아 몬테소리는 "실수는 배움의 기회"라고 말하기도 했는데, 어떤 실수는 다른 실수에 비해 더욱 두드러져 보인다! 때로는 온 세상이 우리가 어떤 실수를 했는지 우리에게 지적하고 싶어 어쩔 줄 모르는 사람들로 가득 차 있는 것처럼 느껴질 때도 있다. 다른 사람들의 의견에 기꺼이 귀를 기울이고 다른 방법도 있을 수 있다는 사실을 인정하는 사람은 시간이 흐를수록 지식이 많이 쌓이고 지혜 역시 더욱 커지게 된다.

유대인들의 사상을 집대성한 책 탈무드에서는 "누가 지혜로운 사람인가"라는 질문에 "모든 사람에게서 배우는 사람"이라고 답한다. 지혜로워지기 위해서는 개인적인 믿음이나 편견은 기꺼이 버리고 열린 마음으로 생각해야 한다. 설혹 무안을 당하거나 어리석어 보인다 해도 적극적으로 다양한 영역에서 배우려고 하는 것이 중요하다. 자신이 모든 것을 아는 것은 아니라는 사실을 인정하고 즐겁게 배우고자 하는가? 배움이란 지식을 향해 가는 길에 실수하는 것까지 포함하는 바람직한 과정이다. 배움의 과정을 중요하게 여기고 있는가? 진정한 지혜란 어떤 주제에 대해 더 많이 배울수록 그 주제가 더욱 흥미로워지고 그럴수록 배울 것이 더 많다는 사실을 아는 것이다!

사람들은 종종 "실수를 통해 배웠다! 다시는 똑같은 실수를 반복하지 않을 것이다!"라고 말한다. 그러나 "유익한 교훈이었다. 비록 어렵기는 했지만 일이 이렇게 진행되어 기쁘다. 이제 나는 왜 어려움을 겪을 수밖에 없었는지 이해할 수 있게 됐다. 이번 교훈 덕분에 나는 내 행동방식을 바꿀 것이고, 앞으로 똑같은 실수를 되풀이하지 않을 것이나"라고 말하는 사람은 거의 없다. 이런 사람은 어려운 상황을 초래한 자신의 책임을 용기 있게 인정한다. 그는 상황이 긍정적이든 부정적이든 여러 가지 기회 가운데 하나를 선택할 수 있는 권한이 자신에게 있으며, 각각의 기회에 충분히 관심을 기울였더라면 다른 선택을 할 수도 있었을 것이라는 사실을 잘 알고 있다.

지혜로운 사람은 또한 용감한 사람이다. 우리는 종종 용감하다는 말을 외적인 용기와 연관지워 싸움이나 스포츠 경기를 할 때 힘이 넘쳐나고 두려움이 없는 상태로 착각한다. 그러나 약점을 극복하려고 노력할 때는 아무도 알아챌 수 없지만 우리 자신만은 알 수 있는 여러 종류의 내적인 용기가 필요하다. 인생의 실수라고 여겨지는 경험을 했을 때 자신의 책임을 인정함으로써 우리는 미래의 경험들을 보다 가치 있게 만들고 지혜를 키워나갈 수 있다. 자기 자신을 정직하고 용감하게 바라보려는 진실한 태도야말로 지혜로 가는 길에서 우리가 취해야 할 첫 걸음이자 가장 중요한 내딛음이다.

유유상종이다
로버트 버튼

우리가 말하고 먹고 일하는 방식은 대개 다른 사람들을 보고 배운 것이다. 따라서 좋은 역할모델을 원한다면 우리가 바라는 성품과 특징을 가진 사람들과 친하게 지내는 것이 당연하다. 알버트 아인슈타인도 유유상종(類類相從)이라는 삶의 법칙을 이와 비슷하게 해석했다. 그는 여러면에서 특별하고 고독한 천재였다고 여겨지지만 실은 그렇지 않았다. 아인슈타인은 젊은 시절 상대성 이론에 대해 고민하고 있을 때 가끔 여러 친구들을 집으로 초대해 물리학과 철학, 문학에 대해 토론했다. 아인슈타인은 물리학과 철학, 문학을 많이 알고 싶었기 때문에 이런 분야의 전문가 모임에 자신도 함께 하고자 했다. 아인슈타인은 굳이 이 그룹이 좋을까, 저 그룹이 좋을까를 판단하는 데 시간을 허비하지 않았다. 대신 그는 자신이 역할모델로 존경하고 본받을 수 있는 사람들의 그룹을 스스로 만들었다.

마음이 비슷한 사람들끼리 동료애를 느끼는 것은 당연하다. 비슷한 것이 비슷한 것을 끌어당긴다는 것은 우리 자신과 다른 개인들, 사물들, 조건들 사이의 인력을 의미하는 삶의 원칙이다. 우리는 생각과 믿음을 통해 이 같은 연관성 혹은 관계를 성취한다. 우리는 쇳조각이나 다른 자석을 끌어당기는 자석의 성질에 대해 잘 알고 있다. 자석 두 개가 올바른 방향으로 맞춰져 있으면 설사 좀 멀리 떨어져 있어도 둘 사이에 존재하는 자기장의 끌어당기는 힘으로 인해 서로 끌리게 된다.

'유유상종'의 두번째 측면은 당신은 당신에게 필요한 것을 끌어당긴다는 것이다. 당신이 무엇인가를 구하면 당신이 구하고 있는 것을 채워줄 수 있는 것을 끌어당기거나 그것에 끌리게 된다. 이런 관점에서 볼 때 비슷한 생각을 가진 사람들이 서로 끌리는 것은 당연하다. 또 당신이 천성적으로 되고 싶어하는 것이 될 수 있도록 해주는 가능성이나 능력에 끌리는 것 역시 보편적인 원칙이다. 신은 당신의 잠재력을 알고 있으며, 재능과 능력을 마음껏 활용하기를 바라는 선천적인 욕구를 당신에게 선사했다. 이 욕구를 이해하고 받아들이면 마음의 에너지가 욕구를 성취하기 위해 여러 곳에서 당신에게 필요한 가능성과 능력을 끌어당겨 이용하기 시작한다.

우리의 삶이 우리 자신에 관한 그림을 그리는 예술가라고 생각해본 적이 있는가? 우리의 삶이란 예술가가 그림을 그리는 도화지이자 물감이자 붓이다. 예술가는 서로 대비되거나 보완되는 색채를 솜씨 좋게 섞어 더욱 수준 높고 다양한 아름다움을 표현한다. 삶은 당신이 갖고 있는 생각을 당신이라는 도화지 위에 그리기를 바란다. 이 지구상에는 50억 이상의 사람들이 살고 있다. 어떤 사람들이 비슷한 것을 끌어당기는 힘에 의해 서로 끌리는 것, 그리고 사람과 여러 가지 일과 환경이라는 물감을 섞어 인생이라는 예술가가 우리라는 도화지 위에 신의 창조력을 장려하게 표현하는 것, 진실로 놀라운 일이 아닌가!

주위의 모든 사람과 모든 사물이 스승이다
켄 키스

세상에서 가장 위대한 스승을 찾고 싶은가? 이 순간 당신이 배워야 할 가장 필요한 것을 가르쳐줄 수 있는 누군가를 원하는가? 그런 스승은 생각보다 쉽게 찾을 수 있다. 단지 주위를 둘러보기만 하면 된다. 당신이 바라는 스승은 어디에든 있다. 당신의 인생은 당신에게 배워야 할 것을 가르쳐주기 위해 완벽하게 준비하고 있다. 인식하든 인식하지 못하든, 당신의 내면에는 누가 스승이고, 그들이 무엇을 가르쳐 줄 수 있는지 알 수 있는 지혜가 있다.

스승을 찾으려면 우선 당신과 가장 가까운 사람들, 즉 가족과 친구, 직장 동료를 살펴보라. 당신과 하루의 대부분을 함께 보내는 이 사람들이 당신 자신에 대해 많은 것을 말해줄 수 있다. 어떻게 말해줄 수 있을까? 우리가 다른 사람에게서 보는 것은 우리 안의 어떤 성격이 다른 사람에게 반사된 것이다. 다른 사람에게서 가장 존경하는 부분도 실은 자신이 보유하고 있지만 인식하지 못하고 있는 어떤 성품일 수 있다.

반대로 다른 사람에게서 가장 싫어하는 부분은 자신이 깨닫지 못하고 있지만 자기 내면의 어떤 성격을 반영하고 있는 것일 수 있다. 이는 긍정적이든 부정적이든 관계없이 어떤 사람에 대해 강렬한 감정을 느낄 때 특히 잘 들어맞는다. 다른 사람이 우리의 스승이 될 수 있는 이유는 그들이 무엇인가를 알고 있거나 하고 있기 때문이 아니라 우리가 그들에게 어떤 방식으로든 반응하기 때문이다. 다시 말해 다른 사람들은 당신이 어떤 사람인지 보여주는 거울인 셈이다. 미국의 제임스 가필드 대통령은 1871년 12월 28일 뉴욕 윌리엄스 대학교 졸업생들에게 한 연설에서 이렇게 말했다. "나는 진정한 스승이 갖는 가치에 대해 여러분들에게 얘기하지 않은 채 이 연설을 끝내고 싶지는 않습니다. 나에게 소박한 긴 의사 하나가 있는 오두막집 하나를 주십시오. 그리고 그 의자 한 쪽에는 마크 홉킨스가, 다른 한 쪽에는 내가 앉을 수 있게 해주십시오. 그러면 홉킨스를 제외한 모든 빌딩과 도서관들, 각종 기구들은 모두 여러분이 가져도 좋습니다." (마크 홉킨스는 당시 윌리엄스 대학교의 총장이자 전미 외교사절 이사회 의장이었다.)

소크라테스는 이렇게 말했다. "델파이의 신탁은 내가 모든 그리스인들 가운데 가장 현명하다고 말했다. 왜냐하면 모든 그리스인 가운데 오직 나만이, 내 자신이 아무 것도 모른다는 사실을 알기 때문이다." 확실히 이것은 가르침을 받을 만한 사람의 말이다. 진리는 당신 스스로 가르친다는 것이다. 그리고 자신의 삶과 자기 주위의 세계를 교과서와 교실로 삼을 수 있을 때 당신은 자신에게 가장 위대한 스승이 될 수 있다.

어떤 문제든 그와 똑같은 수준에서는 결코 해결할 수 없다
에밋 폭스

문제를 성공적으로 해결하는 사람은 문제를 바라보는 새로운 상황을 만들어낸다. 이는 마음을 혼란스럽게 만드는 어려움의 세세한 내용에서 관심을 딴 데로 돌릴 때 가능하다. 문제에서 좀 떨어져 새로운 관점에서 바라볼 때 우리는 새로운 빛, 혹은 전혀 다른 빛 아래서 상황을 점검할 수 있고 여러 가지 정보와 가능한 선택을 검토한 뒤에 적절한 행동을 취할 수 있다.

솔로몬 왕은 정말로 지혜로운 사람이었다. 그는 다른 사람들이 문제를 해결해달라고 요청하면 문제에 접근하는 관점을 얻기 위해 관련된 사람들의 내적인 동기를 살펴봤다. 한 아이를 두고 서로 자기 아이라고 싸우는 두 여자에게 그가 어떤 판결을 내렸는지는 너무나 유명하다. 이 이야기는 사람들의 진짜 마음을 파악하기 위해 그가 지혜와 상상력을 어떻게 활용했는지 잘 보여준다. 솔로몬 왕은 한 아이를 두고 싸우는 두 여인에게 아이를 둘로 나누어 두 여인에게 똑같이 나눠주라는 판결을 내린다. 이를 통해 그는 두 여인의 동기가 무엇인지 조사했다. 진짜 엄마는 자신의 "정당한 몫"을 차지하기 위해 아이를 죽이느니 비록 다른 여인이 데려간다 해도 아이를 살리는 편이 더 낫다고 생각했다. 그래서 솔로몬 왕에게 제발 아이를 둘로 나누지 말아달라고 간청했다. 솔로몬 왕은 이 여자가 아이를 진정으로 걱정하는 것을 보고 진짜 엄마가 누구인지 쉽게 판단할 수 있었다.

작가이자 문제 해결자로 잘 알려진 에밋 폭스는 문제를 해결하는 유일한 방법은 "인식을 문제에 직면했던 지점보다 더 높은 수준으로 끌어올리는 것뿐"이라고 말했다. 문제가 우리의 정신을 지배하고 있을 때 문제는 정확히 파악하기 어려운 장애물처럼 보인다. 들판에서 숲을 바라보면 숲은 불길하고 무서운 곳으로, 나무는 우리가 원하는 목적지까지 가는 것을 방해하는 장애물처럼 보인다. 그러나 의식 수준을 높이면, 마치 기구를 타고 높이 올라가 내려다보는 것처럼 숲의 전체 윤곽을 볼 수 있고, 숲과 주위 환경이 어떻게 배치되어 있는지 파악할 수 있다. 먼 거리와 높은 곳, 그리고 새로운 인식은 도전적인 상황들에 어떻게 대처해야 하는지 도움을 주는 포괄적인 관점을 제공한다.

신경병리학자인 랄프 E. 콜먼은 정신의 작용과 현상, 그리고 육체의 작용과 현상 사이에 어떤 관계가 있는지 규명하는 학문인 정신물리학을 오랫동안 연구했다. 정신물리학은 생물물리학이나 인공두뇌학, 의공학, 신경의학, 행동의학 같은 새로운 학문과 밀접하게 연관되어 있다. 콜먼 박사는 보이는 것과 보이지 않는 것, 물질과 비물질, 사람의 몸과 정신 사이의 관계를 전문적으로 연구했는데 사실 이런 분야는 높은 수준의 학식을 가진 사람이 관심을 쏟기까지 수백 년을 기다려야 했다. 콜먼 박사는 《정신물리학의 수수께끼 The Enigmas of Psychophysics》라는 제목의 논문에서 이렇게 썼다. "사람은 태생적으로 생명과 생명의 중요성에 호기심을 가지고 있다. 사람은 이런 호기심 덕분에 현재의 불만족 상태에서 벗어나고, 미래에 대한 지식을 얻고, 불만에서 자유로워지고자 하는 희망에서 연구(그리고 조사)를 하게 된다. 현대 의학은 살아있는 물질인 몸과 정신을 온전한 한 사람을 구성하는, 분리할 수 없는 부분들이라고 여기고 있다."

모든 사람 안에 존재하는 이 놀라운 '정신'은 우리가 직면하고 있는 문제보다 우리를 더 높이 날아오르게 해주는 항공기의 발진장치라고 할 수 있다. 당신이 비록 주변 사람이나 환경을 바꾸거나 지배할 수는 없을지 몰라도 주변 사람들을 만나고 상황에 반응하는 당신의 의식 수준은 결정할 수 있다는 사실을 기억하라. 이것은 역사상 가장 중요한 발견 중의 하나다. 당신은 두려워할 필요가 없으며 걱정하거나 초조해 할 필요가 전혀 없다. 당신은 당신의 반응과 이에 따른 행동방식을 결정할 수 있으며, 더 높은 수준의 지혜를 선택할 수 있다.

진리가 너희를 자유롭게 하리라
요한복음 8장 32절

우리는 자유, 혹은 부자유가 우리 바깥의 어떤 것에서 비롯된 것이라고 생각한다. 또 실제로 그렇게 보이기도 한다. 나이트클럽에서 입장객 가운데 자원자 한 명이 무대 위에 올라와 최면에 걸린 상태에서 자신이 의자에 묶여 있다는 말을 들었다. 그런 다음 일어나 주변을 걸어보라는 말을 들었다. 그러나 의자에서 벗어나려고 아무리 애를 써도 그를 묶고 있는 눈에 보이지 않은 사슬을 끊어낼 수 없었다.

이 사슬이 진짜 사슬인가? 나나 당신에게는 그 사슬이 진짜가 아니지만 최면에 걸린 그 사람에게는 그 사슬이 완벽한 현실이었다. 다른 사람들은 누구나 원하기만 하면 의자에서 일어나 떠날 수 있었다. 그러나 최면에 걸린 사람은 사슬이 자신을 속박하고 있다는 믿음 때문에 일어날 수 없었다. 그 사람을 보고 있는 사람들은 진리가 무엇인지 알기 때문에 원할 때 움직일 수 있는 자유가 있었지만 의자에 앉아 최면에 걸린 사람은 진리가 무엇인지 몰라 자유롭지 못했다.

최면상태에 있는 사람은 최면술사의 암시에 빠져든다. 최면술사가 말하는 것은 최면에 걸린 사람의 무의식 속에 도전할 수 없는 절대적인 진리처럼 받아들여진다. 때로는 너무나 깊이 새겨져 최면술사가

했던 말이 최면에 걸린 사람이 보고 믿는 현실이 된다. "보는 것이 믿는 것"이라고 확신한다면 최면에 걸린 사람은 자신의 눈을 통해 그가 이미 진리라고 생각하는 것을 확인하게 될 것이다.

모든 사람들이 어느 정도는 무엇인가의 영향을 받는다. 광고를 하면 효과가 있는 것도 이 때문이고, 자신의 믿음이 어디에 근거하고 있는지 가끔씩 살펴보는 것이 필요한 것도 이 때문이다. 당신이 지금 믿고 있는 것 중에서 다른 사람이 말했기 때문에 믿는 것은 어느 정도나 되는가? 당신이 스스로에 대해 믿고 있는 것 가운데 어느 정도나 다른 사람이 그렇다고 믿고 있기 때문에 그렇게 생각하는 것인가?

어떤 사람이 자신은 매우 똑똑하지만 그렇게 매력적이지는 않다고 믿으며 자랐다면 어떻게 될까? 이 사람은 그 믿음을 받아들이고 그에 맞게 행동할 것이다. 이 사람은 의자에 묶여 있다고 들었기 때문에 의자에 묶여 있다고 생각하고 움직일 수 없었던 최면에 걸린 사람과 같은 처지에 놓이게 된다. 이 사람은 자신이 믿고 있는 어떤 것에 속박돼 있다. 그리고 그 믿음이 진리든 진리가 아니든 차이는 없다.

당신을 자유롭게 만드는 위대한 진리란 무엇일까? 아마도 이것이라고 생각한다. 당신의 조건과 상황과 환경이 어떻든; 당신 자신이 얼마나 불행하고 비참하다고 생각하든; 당신이 지금 어떤 문제에 직면해 있든; 대답과 해결책은 바로 당신 안에 있다. 이 진리를 믿고 이 진리와 관계된 원칙을 실천하는 사람은 평화와 기쁨, 행복, 그리고 풍요로운 삶의 주인공이 된다. 이런 사람은 그들 내면에 무엇에도 정복당하지 않는 영혼이 있다는 사실을 안다. 그들은 영혼의 힘에 의해 감화 받고 영혼의 존재를 느낀다. 그들은 이 진리에 따라 살아간다.

인도의 정신적, 정치적 지도자였던 마하트마 간디는 이 진리를 이렇게 설명했다. "진리를 추구하는 사람들의 사전에 '성공할 수 없다' 는 말은 없다. 그들은 진리, 곧 신이기도 한 진리의 궁극적인 승리에 대해 확고한 믿음을 갖고 있기 때문에 억제할 수 없는 낙관론자이거나, 혹은 억제할 수 없는 낙관론자가 되어야 한다." 아랍의 철학자인 라사일 알-킨디는 진리를 아는 것이 얼마나 중요한지 다음과 같이 표현했다. "우리는 진리의 원천이 무엇이든, 설혹 외국인으로부터 왔든, 아니면 아주 낯선 먼 곳에서 왔든, 진리를 인정하고 받아들이는 것을 결코 부끄러워해서는 안 된다. 진리를 구하는 사람에게 진리보다 더 높은 가치를 지닌 목표는 없다. 진리가 과소평가되어서도 안 되고 진리를 옹호하는 사람이 무시되어서도 안 된다. 진실로 진리는 어떤 사람도 깎아 내리지 않고 모든 사람을 고귀하게 만들어 주기 때문이다."

　연주회를 준비하는 피아니스트가 연주곡에 통달하기 위해 확고한 결심으로 수 개월간 피아노 앞에서 연습에 열중하는 것처럼, 경기에 나가는 운동선수가 매일 몇 시간씩 훈련하는 것처럼, 전문가가 몇 년씩이나 공부한 뒤 자신이 선택한 직업에서 그동안 쌓은 지식을 활용하기 위해 헌신하는 것처럼, 삶과 일 속에서 신의 존재를 추구하는 사람은 신의 존재 속에서 살아가는 연습을 하는 것이 중요하다. 우리가 믿는 것, 특히 자기 자신에 대해 믿는 것 대부분이 진리가 아니며, 단지 나쁜 사람들로부터 받아들인 "최면과 같은 암시"에 불과할 수 있다는 사실을 깨닫기만 하면 진실로 진리가 우리를 자유롭게 한다. 당신 자신에 대해, 다른 사람들에 대해, 당신을 둘러싼 세계에 대해 당신이 믿고 있는 것이 무엇인지 파악하라. 그리고 "이것은 진실로 진리인가 아니면 다만 착각일 뿐인가"라는 질문을 스스로에게 던져보라. 당신의 믿음이 당신을 구속해 삶에서의 선택을 제한한다면 그 믿음은 진리가 아닐 것이다. 당신이 진정으로 어떤 사람인가에 대해 진리를 알게 될 때 당신은 실로 자유롭게 된다!

경험을 통해 배우는 것보다 더 강력한 것이 꼭 한 가지 있는데, 그것은 경험을 통해 배우지 않는 것이다

존 템플턴

현대 사회는 승리하는 데 큰 의미를 부여한다. 우리는 누구나 승리하는 사람을 좋아한다고 배운다. 미식축구팀 뉴욕 자이언츠의 감독이었던 리오 더로처는 "착한 사람이 꼴찌를 한다"는 말을 남기기도 했다. 프로 스포츠의 세계에서는 승리하는 것이 가장 중요하다. 비즈니스의 세계에서도 사다리의 가장 높은 곳에 올라서는 것이 지속적인 목표가 된다. "이기느냐 지느냐가 아니라 게임을 어떻게 하느냐가 중요하다"는 금언은 경쟁이 지배하는 현대 사회의 관점에서 보면 시대에 뒤떨어진 낡은 문구로 여겨진다. 그러나 "게임을 하는 사람은 게임을 보는 사람만큼 분명하게 보지 못한다"는 중국 격언에 위대한 지혜가 숨어있음을 기억하라.

승리는 분명히 기분 좋은 경험이다. 그러나 첫째가 되는 것에 과도한 가치를 부여하면 파괴적인 상황에 직면할 수도 있다. 사람들은 첫째가 되면 기분이 더 좋아지고 더 행복해질 것이라고 생각한다. 그러나 자신의 전문 분야에서 최고의 자리를 차지하고 있는 많은 사람들이 개인적으로는 불행하고 불안정하다는 사실이 증명되고 있다. 첫째가 된다는 것이 진정으로 의미하는 것은 무엇일까? 첫째가 된다는 것은 당신이 어느날 다른 사람보다 더 잘했다는 것을 의미할 뿐이다. 재능 있고 열정적인 새로운 경쟁자들이 나타나 질투심에 가득 차 당신의 자리를 노리게 되면 다음 번 결과는 완전히 다를 수도 있다. 최고의 자리가 도전 받지 않는 경우는 거의 없다. 당신의 자부심이 남들을 이기고, 남들보다 머리가 좋고, 남들보다 수완이 좋다는 생각 때문이라면 당신은 지금 매우 심하게 흔들리는 기반 위에 서있는 것이다. 이런 방식으로 접근하면 경쟁이란 당신의 취약한 제국을 무너뜨리려 위협하는 사람들을 물리치는 데 사용하는 무기가 될 뿐이다.

이제 경쟁이라는 경험이 인생에서 긍정적인 힘이 될 수도 있다는 사실에 눈을 돌려 보자. 사실 경쟁은 끊임없이 전진하고 진보하기 위해 필요하며 사회와 경제 발전의 활력소가 된다. 개인적인 차원에서 스포츠나 비즈니스에서 경쟁하는 것은 당신의 기량을 다듬고 키울 수 있는 좋은 기회가 된다. 경쟁은 또 좀 더 발전이 필요한 부분에 관심을 갖게 해준다. 자신이 직접 경쟁하거나 다른 사람들이 경쟁하는 것을 지켜볼 때 엄청난 양의 경험과 유용한 정보를 빠르게 얻을 수 있다.

문제는 경쟁이 아니라 우리가 하고 있는 일에 대한 우리의 태도다. 우리는 상대방보다 얼마나 더 잘했는가 하는 것을 잣대로 우리 자신의 가치를 판단하려고 한다. 게임에서 지면 자기 자신을 패배자라고 생각한다. 2등이 되면 자기 자신이 2류가 됐다고 느낀다. 다른 사람과의 생산적인 경쟁은 우리 자신의 실적을 재는 기준일 뿐 인간으로서 우리의 가치를 재는 기준이 아니라는 사실을 기억하라.

중국의 마오쩌둥은 이런 말을 남겼다. "복숭아 맛을 알려면 복숭아를 직접 깨물어 먹어봐야 한다. 혁명의 이론과 방법을 알고 싶으면 직접 혁명에 참여해야 한다. 모든 진정한 지식은 직접적인 경험에서 나온다." 우리는 인생이라는 게임에서 경험을 통해 배울 수 있지만 때로 인생이 우리에게 다른 기회를 줄 때 경험에서 배우지 않음으로써 배울 수도 있다!

어떤 일을 할 때마다 진실로 이전보다 더 나아지기를 바란다면, 또한 삶에 대한 인식을 서서히 넓히고 발전시키기를 원한다면, (왜냐하면 당신은 경험 위에서 만들어지고 있으므로) 당신은 한 가지 이상의 기준에서 승리자가 될 수 있다.

성공의 열쇠

어떤 젊은이가 이 세상에서 가장 어리석은 사람을 찾아보겠다며 길을 나섰다. 어느 이른 아침 마을을 지날 때였다. 길 옆의 작은 집에서 이상한 소리가 들렸다. "쿵쿵쿵" 하더니 이내 심하게 부딪치는 소리와 함께 신음소리가 흘러 나왔다. 젊은이는 잠시 멈춰 귀를 기울였다. 이 소리는 몇 번이고 반복됐다. 그는 이상한 소리가 흘러 나오는 집 가까이 다가가 창문을 통해 안을 훔쳐봤다. 집안에는 나이든 남자가 속옷 차림으로 서있었다. 놀랍게도 그는 방 한 쪽 끝에서 "쿵쿵쿵" 하고 달려와서는 등받이에 바지가 걸려 있는 의자를 향해 훌쩍 뛰어오르더니 의자에 "쾅"하고 부딪혔다. 이 남자는 바닥에 넘어진 채 고통스러운 신음소리를 내며 누워버렸다. 잠시 후 이 남자는 일어나더니 의자를 일으켜 세우고 등받이에 바지를 걸어놓은 뒤 방 저쪽 끝으로 갔다. 그리고 다시 한번 "쿵쿵쿵" 하고 달려와 의자와 충돌했다! 이어서 또 한번 "아으으으……" 하는 신음소리.

젊은이는 궁금증을 참지 못해 그 집 문을 두드렸다. 나이든 사람이 나와 문을 열고 젊은이를 맞이했다. 젊은이는 "창문을 통해 다 봤습니다. 왜 그런 행동을 하고 계신지 말씀 좀 해주십시오"라고 말했다.

나이든 사람이 대답했다. "옷을 입는 중이오. 의자에 바지를 걸어 놓고 달려와 뛰어오른 뒤 바지 속으로 쑥 들어가는 거지. 내 아버지도 이렇게 바지를 입었고, 내 아버지의 아버지도 이렇게 바지를 입었다오. 그리고 이 방법이 그들에게 괜찮았던 만큼 나에게도 좋고……."

젊은이는 다시 한번 깜짝 놀랐다. "그렇게 옷을 입으면 시간도 많이 걸리고 무엇보다 고통스럽지 않나요? 대부분의 사람들은 바지 가랑이 하나에 발을 하나씩 넣어서 옷을 입어요. 그렇게 하면 훨씬 더 쉽고 빠르게 바지를 입을 수 있죠. 여기 의자에 앉아보세요. 제가 보여드리죠."

이번에는 나이든 사람이 놀랄 차례였다. "이런, 이런, 당신이 우리 집 앞을 지나고 있었다니 얼마나 행운인지 모르겠소. 정말이지 배우기에 너무 늦은 때란 없단 말이야."

정말 말도 안 되는 이야기라고 생각할지 모르겠다. 하지만 이 이야기가 우리에게 주는 메지시는 분명하다. 알아야 할 모든 것, 배워야 할 모든 것을 배웠다고 믿는 사람은 치명적인 실수를 저지르게 된다. 역사상 가장 위대한 천재 중의 한 명인 알버트 아인슈타인은 "배우지 않고 지나간 날은 낭비한 날이다. 배워야 할 것은 너무 많고 배울 시간은 너무 적다"라고 말했다. 그는 이런 신념에 따라 죽는 날까지 부지런히 연구하고 공부했다. 배움을 멈추지 않았던 수많은 위대한 인물들은 우리에게 감동을 준다.

WORLDWIDE
Laws of Life

13
대화의 법칙

당신의 입으로 들어가는 것이 아니라
입에서 나오는 것이 당신을 규정한다

무명씨

인생의 나락으로 떨어졌다고 생각한 중년 남자가 고민을 상담해주고 심리치료를 지원해주는 모임에 참석했다. 아내는 이미 그를 떠났고, 사업은 거의 파산 직전이었다. 지난 몇 년간 몸무게가 계속 불어나 비만은 매우 심각했고, 자부심은 크게 가라앉아 있었다. 머리숱마저 점점 줄어 대머리가 되어 있었다!

모임에 참석하자 사회자가 그 날 만남의 목적을 설명했다. 참석자들은 둥글게 둘러앉아 한 사람씩 자신이 처해 있는 상황을 간단히 소개한 뒤 현재의 상황을 바꾸기 위해 어떻게 해야 하는지 다같이 이야기했다.

이 중년 남자는 다른 사람들의 이야기를 열심히 들었다. 마침내 자기 차례가 되어 모든 얘기를 다 털어놓자 자신이야말로 이 모임에서 가장 딱한 사람처럼 여겨졌다. 그는 자신의 상황이 그토록 비참하다는 사실이 은근히 자랑스럽기까지 했다. 그는 다른 사람들은 왜 이 모임에 참석하게 되었을까 궁금해졌다. 그는 둘러앉은 사람들의 얼굴을 하나씩 찬찬히 살펴보기 시작했다. 그러다가 제일 마지막에 스무 살가량 된 잘생긴 남자를 발견했다.

그는 저렇게 젊고 잘생긴 사람이 여기에 왜 왔는지 이상했다. 그 젊은이는 다른 사람들의 이야기에 고개를 끄덕이며 공감하는 표정을 지어 보였다. 마침내 그 젊은이가 이야기할 차례가 되었다.

그는 미소를 지으며 다소 슬프게 무엇인가를 동경하는 듯한 표정으로 말을 시작했다. "여러분, 저는 말기암 진단을 받았습니다." 그가 힘겹게 말을 할 때마다 헐떡거리는 숨소리가 들렸다. "의사들은 제가 3개월 내지 6개월밖에 살지 못할 거라고 말했습니다. 나는 지금까지 한 달간 이 사실을 받아들이기가 어려워 몸부림쳤습니다. 그러나 이제 결론을 내리려고 합니다." 말이 이어지면서 그의 목소리에도 점차 확신이 깃들었다. "저는 비행기 조종하는 법을 배울 생각입니다!"

젊은이의 마지막 말이 방 안에 빙빙 맴돌고 있는 듯했다. 비행기 조종이라니?

젊은이는 말을 계속했다. "저는 살기로 결심했습니다!"

세상에 비행기 조종이라니! 말을 듣고 있던 중년 남자는 한숨을 내쉬었다. 그는 이 젊은이가 왜 여기에 왔을까 궁금해 하며 상상했던 모든 생각들을 지워버렸다. 그 젊은이가 겪고 있는 고통에 비하면 그 곳에 있는 다른 사람들은 그저 평범한 문제를 가지고 심각한 척하는 것일 뿐이었다. 그런 생각이 들자 그는 처음으로 자신의 사소한 문제에 대해 연민을 느끼지 않을 수 있었다. 그는 자기 자신이 부끄러웠다.

이 젊은이는 죽어가고 있다. 그는 오래 살 수 있는 기회를 얻지 못할 것이다. "나는 이 젊은이보다 두 배 이상 오래 살았는데 지금까지 무엇을 했던가?" 그는 스스로에게 물어보았다.

이 젊은이는 죽을 병에 걸렸음에도 불구하고 거의 승리한 사람의 표정으로, 만약 이렇게 표현할 수 있다면 거의 기뻐하는 사람의 모습으로 여기에 앉아 있다. 그리고 이 젊은이는 뭐라고 말했던가? 살기로 결심했다고 이야기했다! 그의 입에서 이런 말이 흘러 나온 것이다.

그 날 밤 모임을 마치고 돌아갈 때 사람들은 다시 한번 자신들의 삶에 믿음의 횃불을 올려보기로 결심했다. 그들은 다른 사람에게서 빛을 보았고 진리의 말을 들었다. 그들은 자신들에게 지워진 짐을 어떻게 질 것인지 선택할 수 있다는 사실을 기억해냈다.

언제 어디를 가든 우리가 누구이고 어떤 사람인지는 항상 우리 마음 속에 우리와 함께 있다. 때로는 길을 가다 마주치는 사람들의 얼굴만 봐도 그들이 어떤 사람인지 드러나 보인다. 반면 매우 분별력 있는 사람조차 판단하기 어려울 정도로 표정이 억제되고 미묘한 사람들도 있다. 진심으로 다른 사람의 입장에 서보지 않으면 그 사람이 어떤 사람인지 이해하기 어렵다. 그러나 우리는 대개 다른 사람이 하는 말을 통해 그 사람이 어떤 사람인지 판단할 수 있다. 겉으로 사랑스러워 보이는 사람들이 거칠다는 뱃사람들조차 당황할 정도로 험악한 말을 하는 경우가 얼마나 많은가?

말을 하는 것은 화살을 쏘는 것과 같다. 활을 떠난 화살은 되돌릴 수 없듯이 한번 내뱉은 말은 되돌릴 수 없다. 이미 해버린 말인데 말한 직후에, 혹은 시간이 지날수록 후회가 되는 말이 있다. 성경에 나오는 욥이란 인물은 "내 말이 내 마음의 징직함을 나타내고, 내 입술이 아는 바를 진실하게 말하리라"(욥기 33장3절)라고 선언했다. 지금이야말로 우리의 생각, 특히 말과 언어를 선택하고 구성하는 데 세심한 관심과 노력을 기울이기 시작할 때다. 우리는 부정적이고 불쾌한 말, 다른 사람에게 상처를 주는 말을 피할 수 있다. 우리 자신을 조화롭고 즐겁고 재치 있고 사려 깊은 방식으로 표현할 수 있다. 다른 사람을 흉보는 말이나 거짓말, 경솔한 말, 불필요한 말은 하지 않는 것이 좋다. 말을 많이 해서 다른 사람에게 우리 자신의 생각을 강요하지 않도록 노력해야 한다. 자신이 무슨 말을 하는지 잘 알고 있으면 삶에 오로지 축복과 기쁨이 되는 것만 더해진다. 말기암에 걸린 젊은이가 털어놓은 "살기로 결심했습니다"라는 말이 모임에 참석했던 다른 사람들에게 어떤 영향을 미쳤는지 기억하는가? 단순한 말 한마디가 다른 사람들의 삶에 직접적으로든 간접적으로든 얼마나 많은 영향을 미칠지 어떻게 알겠는가! 당신의 말이 다른 사람에게 어떤 영향을 끼쳤는지 누가 알겠는가? 어떤 말을 할지 잘 선택하라!

듣는 방법을 배우라
무명씨

신이 우리에게 두 개의 귀와 한 개의 입을 준 것은 많이 듣고 조금 말하라는 뜻이라는 이야기가 있다. 귀를 잘 사용하면 살아가면서 많은 것을 배울 수 있다. 잘 듣는 사람이야말로 진정한 대화의 기술을 가졌다고 할 수 있다.

한 기자가 뉴욕의 브롱크스 동물원을 찾아 원숭이 우리 앞에 섰다. 그는 끊임없이 요란스러운 소리를 내는 원숭이들을 보면서 이상하게도 언젠가 봤던 광경이라는 느낌이 들었다. 그는 지난주에 참석했던 칵테일 파티를 떠올렸다. 그는 방을 가득 메운 사람들을 보면서, 그들이 매우 빠르고 크게 떠들어대고 있지만 실은 아무도 진심으로 말하고 있지 않으며, 아무도 진실로 듣고 있지 않다는 사실을 깨달았다. 그는 원숭이 우리를 떠나며 "우리는 너무 많은 것을 잃어버리고 있다"는 생각이 들었다.

서로 말을 주고 받는 대화는 가장 즐겁고 보람 있는 정신적인 활동 중의 하나다. 대화는 진지한 공부와 마찬가지로 우리에게 정보를 준다. 대화는 여행과 마찬가지로 우리의 식견을 넓혀준다. 대화는 우정처럼 영혼을 살찌운다. 그러나 대화가 진행되기 위해서는 말하는 사람의 역할과 듣는 사람의 역할이 번갈아 가면서 바뀌어야 하고, 양쪽 모두에게 "대화를 소화하기 위한 정지의 순간"이 있어야 한다.

어떤 사람과의 관계가 깨지는 결정적인 이유 가운데 하나는 한 쪽에서 듣는 방법을 배우지 못했기 때문이다! 듣는 것은 '배워야 하는' 기술이며, 듣는 방법을 완벽하게 익히면 듣는 능력뿐만 아니라 다른 사람과의 관계를 건강하게 유지하는 능력까지 함께 키울 수 있다. 진정한 대화는 서로에 대해 무엇인가를 배울 수 있는 기회다.

듣는 행위에는 두 종류가 있다. 소극적인 듣기와 적극적인 듣기다. 대부분의 사람들은 소극적인 듣기에 익숙하다. 누구와 대화하면서 마음속으로는 전날 봤던 영화나 내일 입을 옷만 생각하는 식이다. 이렇게 속으로 다른 생각을 하고 있는 동안에도 우리는 마치 진지하게 듣고 있는 것처럼 보일 수 있다. 우리의 관심은 강의나 설교를 들을 때나 TV를 보고 있을 때, 심지어 친한 친구나 가족들과 함께 있을 때조차도 말을 하고 있는 사람에게서 멀리 벗어나 다른 곳을 헤맬 수 있다.

적극적인 듣기란 상대방이 무엇을 말하고 있는지 계속 집중해야 하기 때문에 무척 어렵다. 적극적인 듣기는 사진사가 카메라를 다루듯 우리의 귀를 어떻게 사용하느냐에 달려 있다. 사진사는 찍을 대상을 정확하게 포착할 때까지 렌즈를 조정해야 한다. 마찬가지로 적극적으로 듣는 사람은 상대방이 말하고 있는 것을 정확히 파악하기 위해 관심의 초점을 조정해야 한다. 더 많이 듣고 배울수록 내재된 잠재력을 더 많이 발전시킬 수 있다.

미국의 스페리 코퍼레이션이란 회사가 실시한 듣기에 관한 연구 결과에 따르면 학생들은 수업 시간의 60~70%를 듣는 데 쓰고 있었다. 기업에서는 임원이 갖춰야 할 가장 중요한 기술 중의 하나로 듣기를 꼽았다. 그러나 안타깝게도 대부분의 사람들은 듣는 데 매우 비효율적이다. 들은 것을 자신의 것으로 동화시키고, 그에 대한 반응으로 말을 조리 있게 만드는 과정은 매우 중요하다. 그럼에도 우리는 그런 중요한 과정이 이루어질 만한 틈을 거의 주지 않는다. 건성으로 말을 주고받는 대부분의 대화에서는 한 사람이 말하는 것을 그친 후 이어서 "듣고 있던 사람"이 본격적으로 말을 시작할 때까지의 간격이 거의 없다.

잘 듣는 것의 가치는 이미 수십 세기 전부터 강조되어 왔다. 기원전 1200년대 이집트의 작가 아멘-엠-오페트는 이렇게 말했다. "귀를 기울여 무엇이 얘기되고 있는지 잘 들으라. 수많은 말들이 난무할 때 귀 기울여 들은 것이 네 혀를 잡아매는 말뚝이 될 것이다." 기원전 2세기경

유대인 학자인 벤 사이러는 "듣는 것을 좋아하면 얻을 것이요, 귀 기울여 잘 듣는다면 현명해질 것이다"라고 말했다.

잘 듣기 위해서는 연습과 집중이 필요하다. 우리는 더 잘 들을 수 있다. 더 잘 들으면 더 잘 배울 수 있다. 신은 우리에게 두 개의 귀와 한 개의 입뿐만 아니라 배울 수 있는 능력까지 주셨다. 더 많이 듣고 더 많이 배울수록 신이 우리에게 주신 능력을 더욱 실감할 수 있을 것이다.

좋은 말 한 마디의 가치는 매우 크지만 비용은 거의 들지 않는다

조지 허버트

좋은 말은 은행에 예금해놓은 돈과 같다. 많이 쌓아서 당신의 인생에 많이 작용하게 할수록 당신은 부자가 된다. 페르시아의 작가 나시르 쿠스라우는 이렇게 말했다. "당신의 말은 씨앗이고 당신의 영혼은 농부다. 이 세상은 당신의 평원이다. 농부가 씨 뿌리는 것을 살펴보라. 땅이 풍요로운 수확을 거둘 수 있도록." 대화할 때 기쁨과 격려와 연민과 지지의 좋은 말들을 후하게 투자하면 선한 의지로 가득한 광활한 보물 창고에서 이익을 거둬들이게 된다. 그 이익은 언제든 마음대로 쓸 수 있으며 세금도 붙지 않는다. 아무도 불평으로 시간을 허비하기를 원치 않는다. 누구나 열정과 배려와 관심을 표현하는 사람과 함께 있기를 원한다.

 건설적인 말, 기분 좋은 말은 배당금을 많이 주는 주식에 투자하는 것과 같다. 과거에는 상대방의 눈을 똑바로 쳐다보고 힘차게 악수하면서 말하면 마치 12명의 변호사가 50쪽의 계약서를 작성한 것이나 마찬가지로 모든 문제가 확실하게 해결됐다. 말은 자신이 가진 최선의 능력을 다해 상대방과 합의한 내용을 지키겠다는 약속이다. 사랑과 이해가 깃든 사려 깊은 말은 약속과 같다. 그런 말은 세상에 존재하는 방식을 새롭게 만드는 것을 도와준다. 좋은 말은 그 말을 하는 사람과 듣는 사람 모두에게 더 풍요로운 삶을 약속해준다. 나이지리아의 작가 가브리엘 오카라는 말이 가진 힘을 너무나 적절하게 표현했다. "우리가 한 말은 무엇인가? 우리가 한 말은 생명으로 가득 찬 카카오 씨앗처럼 살아 있다. 우리가 한 말은 카카오 씨처럼 자라나 생명을 낳는다. 우리가 한 말은 어떤 사람의 안으로 들어가 그 곳에 머물며 옥수수가 강변의 기름진 땅에서 자라듯 풍성하게 자라난다."

 어떤 일을 하든 긍정적으로 말하고 긍정적으로 생각하라. 당신의 영혼 안에 눈에 보이는 어떤 한계보다도 더 높이 자랄 수 있는 생각의 씨앗을 심으라. 생각의 씨앗 중에 좋은 것만 드러나게 해달라고 빌라. 건강하기를, 조화롭기를, 풍요롭기를. 당신 주위의 빈 공간과 당신의 말을 무한한 신에 대한 생각으로 채우라. 그리고 신의 말을 씨앗으로 기억하라. 그 말은 반드시 자란다. 언제, 어디서, 어떻게 자랄 것인지는 우주의 신성한 존재에게 맡겨두라. 당신이 해야 할 일은 친절한 말을 하고 축복하는 것이다.

불평하는 사람들은 어렸을 적에 친절한 말과 칭찬하는 말을 많이 듣지 못해 마음의 상처를 입고 불평꾼이 되었는지도 모른다. 또는 중요한 믿음을 깨버린 친구 때문에 상처를 받았는지도 모른다. 그런 사람도 과거의 일들을 그대로 받아들이고 용서하면 속박에서 벗어나 좋은 말이라는 계좌를 자신의 이름으로 만들 수 있게 된다. 그에게, 또 이 세상에 주어진 계좌에는 이자가 매일 복리로 붙는다. "좋은 말 한 마디의 가치는 매우 크지만 비용은 거의 들지 않는다."

비판하는 것보다 칭찬하는 것이 더 낫다
존 템플턴

"'고마워, 고마워, 고마워'라고 말하고 싶다. 나는 이런 세상에서 '고마워'라고 말하고 싶다!" 이것은 옛날에 자주 불렀던 노래의 한 구절이다. 이 노래는 정말 감사하다고 느낄 때, 모든 일들이 순조롭게 진행되고 있고 세상의 절정에 올랐다는 느낌이 들 때 부르기에 완벽하다. 그러나 이 노래는 감사하다는 느낌이 전혀 들지 않을 때, 하고 있는 일들이 잘 진행되지 않고 빛을 발견하기 어려운 어둠 속에 있다고 느낄 때에도 부르기에 적당하다. "마치 무엇이 된 것처럼 행동하면" 우리가 원했던 것이 정말 현실로 이루어지기도 한다.

어떤 경우든 이 노래는 당신 자신과 인생에 대해 더 좋은 느낌을 갖게 해줄 것이다.

왜냐하면 찬양은 강력한 도구이기 때문이다. 입 밖으로 나온 말은 씨앗과 같다는 사실을 기억하라. 말은 반드시 자란다. 말이라는 씨앗이 언제, 어떻게, 어디서 자랄 것인지에 대한 판단은 신에게 맡기자. 우리의 임무는 감사를 말로 표현하는 순간 다른 사람들로부터 감사를 받기 시작할 수 있다는 사실을 인식하고, 선하며 축복이 되는 말을 하는 것이다. 만족과 성취감을 느끼기 위해서는 칭찬하는 법을 배우고 생명과 삶의 선함을 긍정하는 것이 중요하다. 긍정적인 태도로 살아간다는 것은 인생이 우리에게 제공하는 최선에 대해 "네(Yes)"라고 말하는 것을 의미한다. 결과를 위해 신에게 의지하라. 그의 가르침을 들으라. 그리고 신의 이루심을 기쁜 마음으로 받아들이라.

감사하라. 감사하는 태도는 어디에나 존재하는 신과 그의 힘을 당신 안에 더 깊이 깨닫게 해줄 것이다. 칭찬은 자극하고 격려하고 생기를 불어넣어 행동으로 옮기게 해주는 정신의 태도며, 이상의 매개체인 성품 안에 숭고한 이상을 세우게 해준다. 정신적인 활동의 고유한 원칙을 통해 당신이 칭찬하는 것은 무엇이든 확대된다. 칭찬하면 두려운 마음이 평화와 신념으로, 결핍이 풍요로, 질병이 활기찬 건강으로, 문제가 완벽한 해결책으로 변화된다.

때로 우리는 도전적인 상황에 둘러싸여 우리 자신이 어떤 일을 해내기에 적합하지 않다는 부담을 느끼곤 한다. 그러나 만약 우리 자신의 능력을 칭찬하면 어떤 일이 일어날까? 이 칭찬이 자아를 과장하지 않고 감사에 초점을 맞추고 있다면 어떤 일이 벌어질까? 우리가 경이로운 마음과 건강한 몸을 가졌다는 사실을 진심으로 감사한다면 무슨 일이 생길까?

우리는 다른 사람들에게 칭찬을 듣고 감사하다는 말을 듣는 것이 얼마나 좋은 느낌인지 경험을 통해 알고 있다. 칭찬을 하는 것도 똑같이 좋은 느낌을 준다. 칭찬과 격려를 받은 아이들은 자신이 한 일을 무시당한 아이들보다 학습과 놀이에서 더 좋은 결과를 낸다. 어떤 사람들은 모든 사물과 모든 사람 속에 정말로 선한 것이 있는지 의문을 제기한다. 그러나 모든 사물과 사람 속에서 선한 것을 찾는 것이 더 큰 행복과 만족으로 나아가는 길이라는 사실을 의심하는 사람은 거의 없다. 진정으로 나 자신과 다른 사람의 행복에 관심이 있다면 나쁜 점을 찾는 것은 시간 낭비다. 경이로운 일들이 우리를 기다리고 있다는 흥분되는 진리를 믿는 마음으로 모든 상황을 맞이하자. 우리 자신과 우리가 속한 세상에 감사하는 법을 배우면 우리는 놀랄 만큼 좋은 방향으로 번영하기 시작한다.

한번 내뱉은 말은 다시 주워담을 수 없다
웬트워스 로스커먼

화가 나서 말을 함부로 한 뒤에 그 말을 취소

할 수 있으면 얼마나 좋을까 하고 생각했던 경험이 누구나 한 번쯤은 있을 것이다. 그러나 불행하게도 한번 내뱉은 말은 다시 주워담을 수 없다. 게다가 우리가 한 말은 누군가가 엿들을 수도 있고, 누군가가 그 말을 그대로 다른 사람에게 전할 수도 있다. 당신이 불쾌한 말을 하면 그 말의 상대방은 물론 당신 자신도 큰 상처를 입는다. 당신은 별 생각 없이 그저 사소한 것이라 생각하고 그런 말을 했을 수도 있다. 예를 들어 "캐롤의 새 헤어스타일 말이야, 너무 안 어울린다고 생각하지 않니?"라는 말은 별 뜻 없는 개인 의견일 뿐 상처를 주려는 의도는 전혀 없을 수 있다. 그러나 캐롤이 그 말을 듣는다면 어떨까? 상처를 받을 수도 있다. 친구들이나 수업을 같이 듣는 사람들이 자신의 헤어스타일을 보고 이상하다고 생각하면 어떻게 하나 걱정할 수도 있다. 자신의 새 헤어스타일이 마음에 들어도 당신이 "이상하다"고 했던 말 때문에 마음이 불편해 헤어스타일을 또 다시 바꿀 수도 있다. 당신은 말을 통해 친구의 마음을 불편하게 만든 것이다. 당신이 그런 사려 깊지 못한 말을 하지 않았더라면! 당신이 그 말을 주워담을 수만 있다면! 그러나 당신은 그럴 수 없다. 되돌리기에는 너무 늦었고 친구는 이미 상처를 입었다.

매우 단순한 규칙만 지키면 이런 상황은 피할 수 있다. 언제나 말하기 전에 먼저 생각하라! 당신이 무엇을 말하려고 하는지 잠시만 생각해보라. 친구가 "캐롤의 새 헤어스타일 어때?"라고 물어봤다면 대답하기 전에 잠시 생각하라. 캐롤의 새 헤어스타일이 정말 마음에 들지 않는데, 거짓말도 하기 싫다면 "글쎄, 아직 그 헤어스타일이 익숙하지 않아서 말이야. 며칠 더 봐야지"라고 대답할 수도 있다. 그러면 당신은 거짓말을 한 것도 아니고 다른 사람에게 상처를 주는 말도 하지 않았다.

모래를 판 위에 뿌리고 판 가장자리를 바이올린 활로 켜면 판이 진동하면서 기하학적인 무늬가 생긴다. 이런 단순한 실험을 통해 우리는 소리의 진동이 물질 세계에도 영향을 미친다는 사실을 알 수 있다. 이는 우리가 매일 하는 말이 그 말의 본성에 따라 간접적으로 우리 몸의 형태를 형성하고 삶의 환경을 만들어가는 데 영향을 주고 있다는 의미는 아닐까? 잠시 생각해보라. 기쁨에 넘쳐 말할 때 당신의 얼굴과 몸에 어떤 일이 일어나는가? 걱정스러운 마음으로 말할 때는 어떤가? 화가 나서 말할 때는? 흥분해서 말할 때는? 또는 기대감을 갖고 말할 때는? 어떤 사람이 당신에게 기쁘게, 걱정스럽게, 화가 나서, 흥분해서, 기대감에 차서 말할 때 당신은 어떤 느낌을 받는가? 한 여인은 친구가 자신에게 화를 내며 말했을 때 느낀 감정을 "그 말이 너무나 강렬해서 마치 내 뺨을 실제로 때리는 것 같았다!"라고 표현했다. 이런 사실을 생각한다면 말할 때 자신이 어떤 버릇을 가지고 있는지 관찰하는 게 큰 도움이 될 것이다.

말하기 전에 생각하는 습관을 들이라. 절대 후회하지 않을 것이다.

영혼과 교감하는 기도의 시간에는 긍정문으로 말하라.

당신 자신은 물론 다른 사람들과 최선의 관계를 유지하는 것을 목표로 하라.

소문이나 뒷공론을 자제하라. 진실만을 말하라.

당신 자신을 객관적으로 바라보고 관찰하는 법을 배우라. 당신이 무슨 말을 하는지 인식하라.

펜은 칼보다 강하다

E. G. 벌워 리튼

러시아의 위대한 문호 레오 톨스토이가 저녁 때 산책을 나갔다가 수척한 모습의 거지를 만났다. 거지는 이미 몇 끼를 거른 인상이었다. 톨스토이는 돈을 주기 위해 주머니를 뒤졌다. 그런데 주머니에는 한푼도 없었다. 톨스토이는 거지를 도와줄 수 없다는 사실에 실망해 야위고 더러운 거지의 손을 덥석 붙잡고 슬프게 말했다. "용서하게 형제여, 당신에게 줄 게 아무것도 없구려." 그 말을 듣자 창백하고 지친 거지의 얼굴이 빛났다. "하지만 당신은 나에게 커다란 선물을 줬습니다. 당신은 나를 형제라고 불러주는군요!"

말의 힘을 절대로 과소평가하지 말라. 1896년 미국 네브래스카 주 출신의 별로 알려지지 않은 하원의원이 민주당 전국대회에 교체 대표로 참석했다. 그는 서른여섯 살에 불과했지만, 그의 연설은 너무나 강력하고 인상적이었다. 그날 그는 민주당의 대통령 후보로 선출됐다. 그의 이름은 윌리엄 제닝스 브라이언이었다. 그는 마음을 움직이는 말과 연설로 백악관에 들어갈 수 있는 기회를 얻게 된 것이다!

기억하라. 당신의 영혼은 강하다. 영혼은 말과 생각을 취해 그것들을 분류하고 어떻게 행동하고 느껴야 하는지 지침을 내린다. 만약 당신이 평온하고 조화로운 상태를 유지하고 싶다면 매일 최선의 노력을 다해 아름답고 사려 깊은 말을 하라. 그리고 어떤 상황에서도 인생이라는 여행에서 만난 모든 사람들을 친절하고 관대하고 포근하게 대하라. 매일 최선을 다하고 최선의 생각만 한다면 언제나 적절하고 성공적인 행동을 취할 수 있도록 인도해주는 이해력을 가질 수 있을 것이다.

긍정적인 메시지와 아름다운 생각들을 많이 받아들일 수 있도록 마음을 열라. 긍정적인 메시지와 아름다운 생각들은 강력한 연료가 된다. 의식적이든 무의식적이든 마음속에 떠오르는 말들에 관심을 기울이라. 그 말과 생각들은 적합한 결정을 내려야 할 때가 오면 당신의 마음이 사용할 수 있는 유용한 도구가 될 수 있다. 영혼이 의식하고 있는 상태에서 한 말은 정신적으로 위대한 힘을 가지고 있다는 사실을 기억하라. 강력한 사랑의 말은 의식 자체뿐만 아니라 사물과 바깥 환경까지도 바꾼다.

영국의 소설가이자 정치가인 E. G. 벌워 리튼은 "완벽하게 위대한 인간의 규율 아래서 펜은 칼보다 강하다"라고 말했다. 그는 이 말을 통해 입으로 한 말이든 글로 쓰여진 말이든 말이 갖는 힘에 대해 강조했다.

당신이 지금 알고 있는 영적인 힘을 사용하는 것이 중요하다. 하루는 비누 만드는 사람이 목사와 산책을 하면서 얘기를 나누고 있었다. 비누 만드는 사람은 세상의 수많은 종교가 세상을 위해 과연 어떤 일을 했는지 의문이라고 말했다. 그는 "사람들은 계속 미워하고 싸우고 속이고 훔치고 있습니다. 차라리 종교가 없었더라면 세상이 훨씬 더 나아지지 않았을까요?"라고 물었다.

목사는 비누 만드는 사람의 말을 듣고 도랑의 진흙 속에서 놀고 있는 아이를 가리켰다. "저 아이를 보세요. 진흙과 먼지로 뒤덮혀 있습니다. 지금 보면 비누가 저 아이에게 어떤 역할을 했는지 알 수가 없어요. 세상에 더러운 사람들이 얼마나 많은지 보세요. 비누가 없었더라면 세상이 더 낫지 않았을까요?"

비누 만드는 사람은 분개해서 말했다. "물론 아니죠. 모든 사람들이 비누가 좋다는 것을 압니다. 그리고 당신도 비누를 사용해야 하구요!"

목사가 웃으면서 말했다. "영적인 진리도 마찬가지입니다. 당신도 가장 위대한 은혜를 받으려면 영적인 진리를 사용해야 합니다."

부정적인 말은 부정적인 결과를 가져온다
존 템플턴

사람들은 일이 잘 진행되지 않을 때 다른 사람을 비난하고 싶은 유혹을 느끼곤 한다. 다른 사람의 잘못을 찾아내면 자신과 자기가 처한 상황에 대해 한결 기분이 좋아질 것이라고 생각한다. 혹은 다른 사람의 잘못을 찾아 단순히 동병상련을 느끼고 싶은 것인지도 모른다! 이런 '우울한' 순간에는 희망적이고 친절한 말이 아니라면 아예 하지 않는 편이 낫다. 부정적인 말은 부정적인 결과를 가져오기 때문이다. 부정적인 말은 주위 사람에게 쓸데없이 상처와 괴로움만 줄 뿐이다. 게다가 우리 자신의 문제까지 악화시키는 경우가 많다.

랍비 해롤드 쿠슈너가 쓴 《착한 사람들에게 나쁜 일이 일어날 때 When Bad Things Happen to Good People》라는 책을 보면 이런 글이 나온다. "신은 세상을 만들 때 나쁜 일보다는 좋은 일이 훨씬 더 많이 일어나도록 했다. 우리가 불행을 원망스러워 하는 것은 단순히 고통스럽기 때문만은 아니다. 그 불행이 예외적이기 때문이다. 대부분의 사람들은 대부분의 아침에 기분 좋게 일어난다. 대부분의 질병은 치료가 가능하다. 대부분의 비행기는 안전하게 이륙했다 착륙한다. 사건, 사고, 강도, 난치병 등은 우리의 삶을 산산이 찢어놓는 예외들이다. 그러나 매우 드문 예외들이다. 살아가다가 상처를 입었다 해도 그 상처를 마음속에 계속 담아두기는 어렵다. 당신이 아주 큰 물건 가까이 있을 때 당신이 볼 수 있는 것은 그 물건뿐이다. 그 물건에서 좀 떨어져야만 그 물건 주위의 배경까지 볼 수 있다. 어떤 비극적인 일로 충격을 받았을 때 우리는 오직 그 비극만 보고 그 비극만 느낀다. 시간이 지나고 거리가 생겨야 우리는 전체의 삶과 전체의 세상 속에서 그 비극을 바라볼 수 있게 된다."

이런 시각을 견지하면 자신이 처한 상황이 매우 어렵고 곤란할 때도 더 큰 그림 속에서 분명하게 볼 수 있을 때까지 "혀를 붙들어 매는 법"을 배울 수 있고, 수많은 부정직인 말을 피할 수 있게 된다. 삶의 곳곳에서 갖가지 문제들로 짓눌려 있는 사람들은 때로 그들 자신과 다른 사람들을 무기력하게 만드는 말을 한다. 그들은 긍정적인 것보다는 부정적인 것을 더 강조한다. 꾸준히 해결책을 찾으려 할 때 창조적인 생각을 할 수 있다는 사실을 기억하라.

"좋은 말을 할 수 없다면 차라리 아무 말도 하지 말라"는 오래된 금언은 무슨 말을 하든 입을 열기 전에 꼭 기억해야 할 교훈이다. 어떤 일로 낙담하고 있을 때는 필요하다면 친구나 다른 상담할 만한 사람에게 말하라. 누구에게나 어두운 순간은 있다. 그러나 기분이 나쁘다고 다른 사람들에게 냉소적인 말이나 상처가 되는 말은 하지 않도록 조심하라. 그들도 이해와 격려의 말을 필요로 하고 있을지 모른다. 당신이 다른 사람에게 무슨 말을 하고 있는지 항상 예민하게 살펴보라. 어려운 시간은 지나간다는 사실을 항상 기억하라. 그러면 어려운 시간이 지난 뒤 치료해야 할 불필요한 상처가 남지 않는다!

성공의 열쇠

커뮤니케이션은 인간관계를 성공적으로 맺고 효율적인 삶을 살아가는 데 핵심 요소다. 따라서 대화를 주고 받는 것은 정신적으로, 또 사회활동에서 가장 즐겁고 보람 있는 일 가운데 하나다. 대화는 학습처럼 정보를 전달해준다. 대화는 여행처럼 식견을 넓혀준다. 대화는 우정처럼 영혼을 풍요롭게 해준다. 듣는 방법에 대한 성찰을 담고 있는 글을 소개한다.

듣기

당신에게 내 말을 좀 들어달라고 하면 당신은 나에게 조언하기 시작합니다. 그러나 당신은 내가 물어봤던 것에 대해서는 조언하지 않습니다.

내가 당신에게 내 말을 좀 들어달라고 하면 당신은 왜 내가 그런 식으로 느끼면 안 되는지 말하기 시작합니다. 그리고 당신은 나의 감정을 짓밟습니다.

내가 당신에게 내 말을 좀 들어달라고 하면 당신은 내 문제를 해결하기 위해 무엇인가를 해야만 한다고 느낍니다. 그것은 나를 서먹하게 만들고 좌절감을 느끼게 합니다.

들어보세요! 내가 원하는 것은 단지 내 말을 들어주는 것뿐입니다. 당신이 말하거나 무엇인가를 해주는 것이 아닙니다. 단지 내 말에 귀를 기울여 주세요.

나도 내 자신을 위해 무엇인가를 할 수 있습니다. 나는 무기력하지 않습니다. 낙담하고 흔들릴 뿐 무기력하지는 않습니다.

내가 나 자신을 위해 할 수 있고, 또 해야만 하는 일을 당신이 해줄 때 나는 두려움과 무력감을 느낍니다.

그러나 내가 느끼는 감정이 아무리 이상하다 해도 내가 그렇게 느끼고 있다는 것을 단순한 사실로 당신이 받아들여주면 나는 당신을 확신시키려는 노력을 그만둘 수 있고 이 이상한 감정 뒤에 무엇이 있는지 이해하기 위해 노력할 수 있습니다.

그리고 그것이 분명해졌을 때 답은 명확해지고 나에게는 조언이 필요 없어집니다. 이상한 감정은 그 뒤에 무엇이 숨어 있는지 이해할 때 이치에 닿게 됩니다.

아마도 기도가 가끔 어떤 사람들에게 효과가 있는 것도 이 때문일 테지요. 신은 침묵하시고 어떤 조언도 하지 않으시고 문제를 해결해주려고 노력하지도 않으니까요.

신은 조용히 들으시고 나 스스로 문제를 해결하도록 내버려 두십니다.

그러니 부디 내 말을 들어주세요. 귀를 기울여 주세요.

만약 당신이 말하고 싶다면 당신의 차례가 될 때가지 기다려 주세요. 그럼 나도 당신의 말을 들을 테니까요.

-무명씨

WORLDWIDE
Laws of Life

14
가능성의 법칙

당신이 무엇을 가지고 있든 사용하지 않으면 잃어버리게 된다
헨리 포드

　　　　　세계적으로 유명한 치킨 체인점 KFC를 창업한 예비역 대령 할랜드 샌더스는 1956년 66세의 나이로 직장을 잃었다. 샌더스 대령에게 재산이라고 할 만한 것은 없었다. 다만 닭을 튀기는 방법과 맛있는 향신료를 만드는 조리법만은 자신이 있었다. 그는 자동차에 50파운드의 향신료 캔과 그가 아끼는 압력 조리기를 싣고 길을 떠났다. 그는 미국 곳곳을 돌아다니며 눈에 띄는 식당을 찾아가 이렇게 제안했다. "내가 닭튀김을 한번 만들어 볼 테니 맛을 봐주십시오. 맛이 좋다고 생각하면 당신에게 내가 개발한 향신료를 팔고 닭을 요리하는 방법도 가르쳐 드리겠습니다. 대신 당신은 닭튀김을 팔 때마다 내가 개발한 조리법을 사용하는 대가로 나에게 4센트씩만 지불하면 됩니다." 그의 이러한 판촉 방식은 매우 성공적이었다. 그는 매년 25만 마일, 한 해에 여덟 벌의 양복이 다 헤어질 정도로 미국 전역을 돌아다녔다! 샌더스 대령은 자신이 가진 유용한 가치를 제공할 수 있는 방법을 찾아내 실천했다.

　이 법칙은 우리의 신체 기능을 생각해보면 쉽게 이해할 수 있다. 자연스러운 상태에서 사람의 몸은 건강하고 유연하다. 그러나 몸의 여러 가지 기능들을 오랫동안 사용하지 않으면 어떻게 될까? 오랫동안 움직이지 않고 지내면 근육은 무력해지고 경직되고 약해지며, 신체의 내부 시스템도 활력을 잃게 된다. 몸이 이런 상태가 되면 마음도 영향을 받아 무기력해지고 우울해진다. 건강도 잃게 된다. 시간도 건강과 같은 방식으로 잃어버릴 수 있다. 하루는 누구에게나 똑같이 24시간이 주어진다. 그러나 건설적인 목표를 성취하는 데 활용하지 않는다면 시간은 헛되이 지나가버리고 다시는 되돌릴 수 없다. 마찬가지로 인간의 재능도 사용하지 않으면 무뎌진다.

내면의 재능은 사용할 때 분명하게 드러나지만 그렇지 않으면 사라진다. 신념이 좋은 예다. 당신에게 가치 있고 성공적이고 만족스러운 삶을 살아갈 수 있는 잠재력이 있다고 생각할 때 느껴지는 신념을 떠올려보라. 그 느낌을 발전시키고 그에 따라 행동하라! 무엇인가를 성취할 수 있을 것이다. 그 성취는 당신이 처음에 마음속에 생각했던 것과 똑같을 수도 있지만 같지 않을 수도 있다. 두려움과 의심, 망설임이 당신을 붙잡고 있도록 내버려 두면 모든 것은 단지 머리에서만 맴돌다 사라져버리고 당신의 신념도 희미해진다.

사랑이라는 인간의 본성도 이 법칙의 가장 기본적인 사례가 된다. 사랑은 우리가 경험할 수 있는 모든 형태의 선에 기초가 되기 때문이다. 자신의 삶을 사랑하고, 자기 자신과 다른 사람들을 사랑하면 확신과 권능, 기쁨, 완전한 관계, 관대함, 봉사, 선한 의지, 유머, 건강이 솟아난다. 이런 자질들은 여러 가지 다양한 형태로 사용되고 표현될 수 있다. 그러나 사랑을 쌓아두고 숨기고 억누르면 그 사랑은 시들어버린다. 사랑은 사용하거나 표현하지 않으면 유지할 수 없으며, 결국 사랑을 잃어버리게 된다.

W. G. 몽고메리는 그의 저서 《당신의 숨겨진 보물Your Hidden Treasure》에서 1845년에 뉴욕에 도착한 두 명의 형제 이야기를 소개했다. 형은 미국에 오기 전 독일에서 소금에 절인 양배추를 만들어 파는 방법을 배웠다. 그는 미국에 큰 돈을 벌기 위해 왔고, 곧 땅 값이 싼 캘리포니아로 갔다. 그의 꿈은 양배추를 키워 소금에 절인 뒤 판매하는 사업을 벌이는 것이었다. 그의 사업은 번창했다. 그는 더 많은 땅을 사서 더 많은 양배추를 심었고 더 많은 돈을 벌었다. 그는 자신의 성공에 만족했다.

반면 동생은 뉴욕에 머물며 낮에는 일하고 밤에는 학교에서 공부했다. 그는 지리학과 야금학 수업을 들으면서 여러 가지 무기질이 포함된 돌과 토양에 대해 배웠다. 몇 년이 지난 어느 날 그는 역마차를 타고 캘리포니아에 있는 형을 찾아갔다. 캘리포니아로 가는 길에 그는 다른 사람들에게는 보이지 않는 것을 보기 위해 눈을 크게 떴다.

형은 동생이 도착하자 양배추 밭을 구경시켜 주며 수확이 좋다고 자랑했다. 그러나 동생은 양배추에는 관심이 없었다. 그는 다른 것을 유심히 바라보고 있었다. 그는 흙을 한손 가득히 담더니 손가락으로 눌러보기도 하고 던져보기도 했다. 그리고는 더 많은 흙을 집어올렸.

동생은 부근에 있던 개울로 걸어가 개울 바닥에서 돌과 모래를 한줌 집어올리더니 우중충한 노란 빛의 조각들을 가리켰다. "형, 이게 뭔지 알아?" 양배추 왕은 고개를 흔들며 "아니"라고 대답했다.

동생은 흥분한 목소리로 말했다. "이건 금이야. 형은 금광 위에서 양배추를 키워왔던 거야!" 동생의 말은 사실이었다. 캘리포니아 최대의 금광이 그 양배추 밭에서 발견됐다. 양배추가 자라고 있던 땅 속에 눈에 띄지 않는 금광이 숨어있듯 우리 마음속에도 눈에 보이지 않는 재능이 풍부하게 들어있다. 새로운 가능성과 일을 하는 새로운 방법, 그리고 변화에 마음을 여는 것이 중요하다. 나비가 누에고치를 뚫고 나와 하늘로 날아오르는 것처럼 우리도 스스로 만든 보호막 속에 더 이상 머물러 있을 필요가 없다는 사실을 발견하게 된다.

세상에 필요한 사람이 되라, 그러면 세상이 먹을 식량을 줄 것이다
랄프 왈도 에머슨

미국의 유명한 사상가이자 저술가인 랄프 왈도 에머슨은 어린시절부터 할아버지와 아버지의 뒤를 이어 유니테리언(Unitarian: 기독교의 삼위일체설을 부인하고 하나님의 신성만을 인정하는 교파—옮긴이)의 목사가 될 것으로 기대를 모았다. 그러나 그는 목사 안수를 받은 후에도 할아버지나 아버지 같은 목사로서의 삶에 만족할 수 없었다. 그는 자신의 재능이 목사의 직분과는 좀 다르다는 것을 깨달았다. 에머슨은 도덕성과 자립성, 그리고 영혼에 대해 자신이 생각하고 있는 것을 표현하고 싶은 불꽃 같은 열정에 휩싸여 글을 쓰기 시작했다. 그의 생각은 당시 많은 사람들에게 새로운 것이었고, 그의 글을 읽고 따르는 사람들은 갈수록 늘어났다. 오래지 않아 그는 사상가이자 저술가로 성공을 거두게 됐다. 오늘날에도 세계 곳곳의 많은 서점과 도서관에서 에머슨의 글을 발견할 수 있다. 에머슨은 "세상에 필요한 사람이 되라, 그러면 이 세상이 먹을 식량을 줄 것이다"라는 자신의 원칙에 꼭 맞는 사람이었다. 그는 용기를 가지고 앞으로 나아가 세상에 제공할 수 있는 자신의 재능을 세상에 필요한 것으로 만들었다.

미국에는 일자리가 없는 예술가들이 모여 만든 굶주리는 예술가들(The Starving Artists)이라는 단체가 있다. 현재 이 단체에 소속된 예술가들은 자신들이 창작한 그림, 사진, 조각 등 예술작품을 미국 전역에 팔고 있다. 유명한 아모스 쿠키(Famous Amos Cookies)를 만든 왈리 아모스도 세상에 필요한 것을 사업화해 성공했다. 아모스는 초콜릿 칩 쿠키를 만들어 팔았는데 쿠키가 놀랄 만큼 맛있다는 소문이 퍼지면서 많은 사람들이 그가 만든 쿠키를 원하게 됐다. 찾는 사람이 많아지자 그는 작게 시작한 쿠키 사업을 미국 전역으로 확대할 수 있었다. 아모스는 사람들의 필요와 욕구를 발견했고 그것을 채워주었다!

이들은 세상에 제공할 수 있는 자신만의 특별한 재능을 세상이 원하는 것을 만드는 데 활용한다면, 세상도 자신의 필요를 채워줄 것이라고 믿었다. 당신에게 커다란 기쁨을 주는 활동이나 일은 무엇인가? 당신이 잘할 수 있는 일은 무엇인가? 정말로 하고 싶은 일을 할 수 있고, 또 그 일에서 실패하지 않을 것이라는 확신이 있다면 어떤 일을 할 것인가? 당신의 목표는 무엇인가? 당신은 정말로 하고 싶은 일이 무엇인지 연구해보고, 당신이 제공할 수 있는 것이 다른 사람들에게 어떤 식으로 혜택을 줄 수 있는지 생각해볼 수 있다. 그리고 세상이 필요로 하는 방식으로 당신의 재능을 제공할 수 있다! 에머슨이나 아모스나 여러 예술가들이 그랬던 것처럼 필요한 것은 약간의 좋은 어떤 것, 즉 당신이 세상에 제공할 수 있는 좋은 어떤 것이라는 사실을 깨달을 수 있을 것이다. 사람들은 곧 당신이 제공해주는 것을 점점 더 많이 갈망하게 될 것이다.

그렇다, 나의 친구여, 세상에 필요한 사람이 되기로 결심한 사람에게 기회는 많다. 그 보답으로는 "먹을 식량" 뿐만 아니라 당신이 진심으로 행한 봉사가 인류의 발전에 기여했다는 내면의 깨달음까지 주어진다.

엉덩이를 걷어차는 것보다 어깨를 두드려주는 것이 더 효과가 있다

윌리엄 주노

1960년대 말과 1970년대 초 미국의 텍사스 주 교육부에서 학생들의 직업 훈련을 위해 산업현장에서 숙련된 사람을 학교 교사로 투입하는 프로그램을 도입했다. 교사들에게 직업에 필요한 실무 지식을 가르치는 것보다는 기업에서 일했던 사람을 고용하는 것이 더 빠르고 쉬울 것이라는 판단 때문이었다. 이 프로그램은 매우 성공적이었고 기업체에서 뽑힌 사람들은 학생들에게 매우 흥미롭고 혁신적인 교육 기법을 소개했다.

이 사람들 가운데 한 명은 숙련된 건축가이자 장식장 제작자로 학생들에게 건축기술을 가르쳤다. 감독관은 그가 담당할 학급의 학생들이 전반적으로 성적이 좋지 못하고 배우는 것도 더디다며 많은 것을 기대하지 말라고 말했다. 이 감독관은 또 학생들과 친구가 되면 존경을 받을 수 없을 것이라고 조언해줬다. 학생들은 "너무 가까운" 사람에게는 굳이 배우려고 하지 않는다는 설명이었다.

그러나 건축가는 감독관의 지침을 따르지 않았다. 그는 학생들과 일정한 거리감을 유지하며 그들을 공식적으로만 대할 수는 없었다. 그는 필요하다면 벌을 주라는 지시를 받았지만 경험을 통해 사람들이란 긍정적으로 대하면 긍정적으로 반응하고, 부정적으로 대하면 부정적으로 반응한다는 사실을 알고 있었다. 그는 학생들의 모든 노력에서 긍정적인 면들을 발견할 수 있었다. 노력하는 것 자체가 긍정적인 행동이었기 때문이다. 그는 학생들이 어떤 일을 잘 해내면 칭찬하며 기술을 좀 더 개선시킬 수 있는 방법을 제안했다. 그는 학생들과 친구가 됨으로써 더 많은 일들을 성취할 수 있었다.

그가 가르쳤던 학생들은 졸업하던 해 27명 가운데 9명이 텍사스 주에서 개최한 기술경진대회의 결승까지 진출했고, 그 중 4명은 최우수상을 받았다. 학생들 대부분이 졸업 후에 좋은 직장을 얻었다. 그들은 학급에서 이룬 성공을 통해 자기 확신을 발전시킬 수 있었고, 선생님을 자신들을 보살펴준 친구로 기억했다.

알렉산더 대왕의 유명한 일화는 기억할 만하다. 데살리안은 부스팔

러스라고 불리는 아주 아름다운 말을 마케도니아의 필리포스 왕 앞으로 데려왔다. 그러나 말이 워낙 사납게 날뛰어 마케도니아의 손꼽히는 기수들조차 아무도 올라탈 수가 없었다. 어린 알렉산더는 아버지 필리포스 왕에게 자신이 말을 시험할 수 있게 해달라고 허락을 구했다. 왕은 주저하다가 말을 타는 데 실패하면 말의 가격에 상응하는 돈을 벌금으로 내야 한다는 조건을 걸고 허락했다. 알렉산더는 빠르게 말의 머리 쪽으로 다가가 말의 머리를 태양을 향해 돌렸다. 알렉산더는 말이 자신의 그림자를 보고 놀랐다는 사실을 눈치채고 말을 진정시킨 뒤 목을 두드려준 다음 말 위에 올라탔다. 말은 고분고분하게 알렉산더를 태우고 자신의 뛰어난 기량을 선보였다.

왕자의 안전을 걱정하던 사람들은 환호성을 질렀다. 필리포스 왕 역시 너무나 기뻤다. 그는 자신의 아들에게 키스를 하며 "너의 능력에 걸맞는 더 큰 왕국을 건설하거라. 마케도니아는 너에게 너무 좁구나"라고 격려해주었다.

거의 모든 경우 엉덩이를 걷어차는 것보다 등을 두드려줄 때 훨씬 더 많은 일을 이룰 수 있다.

생산적인 삶의 비밀은 누구나 찾을 수 있고 발견할 수 있다
존 템플턴

노먼 빈센트 필은 그의 저서 《확신에 찬 삶으로의 안내A Guide to Confident Living》에서 자신의 겪은 일화를 소개했다. 필은 우연히 철도역 가판대 앞을 지나다 살아가면서 부딪히는 일상적인 문제들에 대처하는 방법을 소개한 잡지와 책이 매우 많이 꽂혀 있는 것을 보고 그 이유가 궁금해졌다. 그는 가판대 아가씨에게 다가가 "이런 종류의 책들이 매우 많네요" 하고 말을 건넸다.

아가씨는 "네, 이런 책들이 잘 팔려요"라고 대답했다.

"미스터리 소설이나 영화잡지보다도 더 잘 팔리나요?"

"다른 어떤 책들보다도 더 잘 팔려요. 연애물보다도 더 잘 팔리는 걸요. 가판대에서 이익이 남는 이유는 이런 자기계발 책들 덕분이에요."

"이런 책이 잘 팔리는 이유가 뭘까요?"

"이유야 간단하죠. (손님들에게) 골치 아픈 문제들이 복잡하게 얽혀 있기 때문이겠죠. 사람들마다 벗어나고 싶은 수많은 어려운 문제들이 있는 것 같아요. 아마도 자기의 모든 문제를 해결해줄 수 있는 누군가를 찾고 있는 게 아닐까요?"

가끔은 이렇게 예상치 못했던 곳에서 지혜로운 깨달음이 불쑥 나타나곤 한다. 이 가판대 아가씨는 매일 많은 사람들을 만나고 그들을 관찰하면서 인간이 가진 본성과 필요에 대해 예리한 통찰력을 키워온 셈이다.

북미 인디언들은 저마다 자신이 속한 부족에서 중요한 역할을 담당했다. 젊은 사람들은 '비전 탐구'라고 알려진 활동을 통해 부족 내에서 자신의 역할을 찾아야 했다. 이 활동은 자제력과 영적인 훈련을 강조하며 일생 동안 마음과 육신과 영혼의 지혜를 추구하도록 독려하는 데 목적이 있었다. 인디언들은 비전을 탐구하기 위한 적절한 준비, 즉 기도와 금식, 명상, 정화움막 의식, 홀로 고독하게 보내는 시간 등을 통해 각자 살아가는 이유에 대해 특별한 비전을 얻을 수 있다고 믿었다. 정화움막 의식(Ceremony of the Sweat Lodge)이란 움막 안에 뜨거운 바위를 넣고 둘러앉아 함께 땀을 흘리며 기도하는 것을 말한다. 비전을 탐구하는 동안 젊은 인디언들은 계시를 받는 경험을 하게 되고, 이 계시는 각자의 인생을 인도하는 근본적인 힘이 되었다. 부족의 제례의식과 여러 종교적인 활동들은 각자가 비전을 통해 깨달은 생산적인 삶을 살아가는 데 부차적으로 도움을 주는 역할을 했다. 북미 인디언들은 각기 다르게 나타나는 비전 탐구를 통해 삶을 인도해주는 기본적인 힘을 발견할 수 있다고 믿었다. 이런 북미 인디언들의 전통은, 경험의 어떤 보편적인 측면을 드러내는 것으로 요가 수행자들이 말하는 삼매(三昧, 명상을 통한 최고의 정신 집중상태)나 선불교의 득도(得道), 레이몬드 벅 박사가 주장한 우주적 지각, 기독교 신비주의의 무아경 등과 유사하다.

아무것도 성취하지 못하고 있다는 생각에 괴로운가? 지금 이해하지는 못하지만 무엇인가 특별한 이유 때문에 이 지구상에 태어났다고 느끼고 있는가? 이 세상의 수많은 창조적인 업적들은 어떤 조건에서도 자신이 해야 할 일은 해냈던 사람들에 의해 이루어졌다. 당신도 이 세상에서 중요한 역할을 담당하고 있다는 믿음을 갖고 그 역할이 무엇인지 찾는 일부터 시작하라.

그 역할은 어떻게 찾을 수 있을까? 당신의 재능을 발휘할 수 있는 기회가 올 때마다 두 팔을 벌려 그 기회를 끌어 안으라! 당신이 알고 있는 것과 믿고 있는 것을 행동에 옮길 때 좋은 일들이 당신에게 끌려올 것이다. 그러니 당신이 아는 것을 "실천하고 또 실천하는" 것이 중요하다. 생산적인 삶을 사는 것이 어떤 느낌인지 상상해보고 그런 태도로 살아가라. 자기 확신과 신념을 가지고 앞으로 나아가 삶을 맞이하라. 사람들이 당신의 재능에 깜짝 놀랄 정도로 지금 하고 있는 일을 잘하라! 마음속의 기쁨이 다른 사람들에게 큰 힘과 따뜻한 격려가 될 수 있도록 하라. 생각과 말과 행동 속에 다른 사람에 대한 친절과 배려가 스며들도록 하라. "구하라, 그러면 찾을 것이요"라는 성경 구절은 생산적인 삶으로 인도하는 탁월한 길잡이다.

불가능해 보이는 것은 단지 우리가 시도하지 않았기 때문이다
세이예드 후세인 나스르

20세기 초에는 대부분의 사람들이 날아가고 있는 비행기에서 안전하게 뛰어내리는 것은 불가능하다고 생각했다. 이런 생각으로 인해 날고 있는 비행기에서 안선하게 뛰어내리리는 꿈을 불가능한 것으로 낙인 찍었더라면 지금까지 낙하산이나 공수부대 병력은 존재하지 않았을 것이다! 그러나 최소한 한 사람은 중력으로 인해 떨어지는 물건에 가속도가 문제를 해결할 수 있다고 믿었다.

처음에는 낙하산 실험이 실패했지만 발명가들은 결코 "불가능하다"고 단언하지 않았다. 그들은 연구를 거듭해서 가능한 해결책을 발견해냈다. 해결책을 찾기 위한 이런 진보는 우리의 개인적인 상황에서도 가능하다. 우리는 돈의 필요와 우정이나 영적인 필요, 또 학교나 직장에서의 필요에 대해 해답을 구해야만 한다. 시간이 부족하다고 불평하기보다는 시간을 효율적으로 사용하는 것이 분명히 더 중요하다. 그러나 "이것은 가능한 일이야. 난 할 수 있어"라고 말하지 않는다면 어떻게 부족한 시간 속에서 해결책을 찾을 수 있겠는가?

레베카는 태어날 때부터 왼쪽 팔이 팔꿈치 아래부터 없었다. 그러나 그녀의 부모는 불가능한 일이란 단지 시도하지 않았기 때문이라고 믿고 레베카를 적극 지원하고 격려했다. 이런 노력 덕분에 레베카는 수영을 하고, 자전거를 타고, 카드 놀이를 즐기고, 신발끈도 혼자서 묶을 수 있게 됐다. 그녀는 자부심과 자신의 능력에 대한 믿음, 그리고 다른 사람에게 도움을 주고 싶다는 소망을 갖고 성장했다.

"그건 불가능해! 그렇게는 절대로 할 수 없을 거야!" 이런 말을 얼마나 자주 듣는가? 세상에는 한계가 너무 많다고 믿으며 자라난 사람들은 성인이 된 뒤 그들의 삶이 실제로 그 한계들을 고스란히 보여주는 것을 경험하게 된다. 우리는 지금 지구 위에서 살고 있다. 우리의 생명은 한계를 지닌 육체 속에 자리하고 있다. 그 몸은 수줍음을 많이 타고 사교성이 없는 개성을 가지고 있을 수도 있고, 어떤 몸은 기능장애 속에서 자랐을 수도 있다. 어떤 몸은 언어 장애를 가지고 있을 수 있으며, 또 어떤 몸은 여러 가지 공포나 두려움을 가지고 있을 수도 있다. 그러나 이 몸은 온갖 기적을 일으킬 수 있는 위대한 마음이 사는 집이다. 어려운 문제에 직면했을 때 사람들은 초조한 의심에 사로잡혀, 사람들이 가장 자주 쓰는 단어 중의 하나로 도망가 버리고 싶은 생각을 하곤 한다. 그것은 바로 "불가능하다"는 단어다.

한계를 가지고 있다고 믿으면 "불가능"은 적절한 추론이 될 수 있다. 분명히 우리 삶에서 모든 것이 가능한 것은 아니다. 아랍의 철학자이자 언어학자인 알 칼리는 "어떤 일을 달성할 수 없다면 그것을 포기하고 달성할 수 있는 다른 일을 시작하라"고 말했다. 그러나 우리는 포기하는 편이 더 편하고 쉽다는 이유만으로 너무 자주 포기해 버린다. 어려운 문제에 직면했을 때 해결책을 찾기 위해 시간과 노력을 쏟기보다는 해결이 불가능하다고 생각해버리는 것이 정말로 더 쉬운 일일까? 갈등이 생긴 친구는 일찌감치 포기하고 그와는 속내를 털어놓지 않은 채 그저 아는 사람으로만 지내는 편이 속 편한 일일까? "불가능하다"는 말이 편리한 단어이긴 하지만 그 단어가 과연 당신이 원하는 것을 성취하는 데 도움이 될까?

사실 "불가능한 일은 단지 우리가 시도하지 않은 일"일 뿐이다. 정신력으로 말을 더듬는 습관을 극복한 사람이나 난독증에도 불구하고 대학에서 두 개의 공학학사 학위를 획득한 사람, 불우한 가정에서 자랐지만 조화롭고 성공적인 삶을 살아가는 사람에 대해 생각해보라. 이런 사람들은 "불가능해" 보이는 것의 가능성을 증명했다.

"불가능하다(impossible)"라는 단어를 참신한 관점으로 다시 조립해 "나는 가능하다(I'm possible)"로 바꾼다면 어떤 일이 일어날까? 둘다 영어 알파벳은 똑같고 문장 기호와 발음과 강조점만이 다를 뿐이다. 바라는 결과를 이루기 위해 별다른 시도도 해보지 않은 채 어떤 일이 불가능하다는 것을 어떻게 알 수 있는가? "밖에 있는 것"은 어떤 것도 당신 안에 있는 것을 조절할 수 없다. 당신이 생각하는 대로 당신은 된다. 당신의 생각은 당신의 것이며, 당신 내부에서 시작된다. "불가능한 일은 단지 시도해보지 않은 일"이라는 말은 이루기 어려워 보이는 일을 성취하고, 상상할 수 없는 일을 마음속에 그려내 실현할 수 있다고 격려해주는 삶의 법칙이다

이 우주에는 인간이 상상할 수 있는 것보다 훨씬 더 많은 가능성이 있다
무명씨

우리는 태어나면서부터 한계와 제한, 한도 등에 대해 생각하도록 배운다. 벽이나 울타리가 우리의 재산을 둘러싸고 있고, 속도 표지판은 운전을 천천히 하라고 지시한다. 심지어 "참는 데도 한도가 있다!"는 말도 있다. 그러나 인류가 진보할수록 모든 부문의 한계 역시 변해왔다. 세상의 끝은 점점 더 멀어지다 마침내 콜럼버스와 여러 탐험가들에 의해 사라져버렸다. 천문학자들은 돔 형태의 하늘이 지구를 둘러싸고 있다는 과거의 믿음을 밀어내고 수백 만 광년 너머의 은하에 대해 말하고 있다. 노인학자들은 가까운 미래에

사람들의 평균 수명이 100세로 늘어날 것이라고 전망한다. 실제로 주변을 둘러보면 100세 생일을 축하하는 사람들이 점점 더 많아지고 있다! 스포츠 기록은 너무나 빨리 경신되고 있어 과연 한계라는 것이 남아 있을까 의심스러울 정도다! 한때 인간의 한계라고 일컬어졌던 기록의 범위가 더욱 확장되는 일이 너무나 많이 일어나고 있다.

인생은 자각이다! 인생의 한계를 자각한다면 그것이 곧 한계가 된다. "억압 받는 우티카(북서아프리카의 옛 도시-옮긴이)가 우리의 힘을 위축시키지 못할지니, 무한한 우주 전체가 우리의 것이므로"라는 시 구절을 믿는다면 우리 인생에 한계는 없다. 이 세상에 물질도 에너지도 없는 완전히 빈 공간은 없다. 어떻게 바라보느냐에 따라 우리는 어떤 형태로든 생명이나 발전, 활력 등을 발견할 수 있다. 우리 주위의 모든 것이 우리가 만들고 창조한 결과다. 미국의 철학자인 조지 산타야나는 다음과 같은 흥미로운 의견을 밝혔다. "우주는 우리가 관찰할 수 있는 한 놀라우면서도 무한한 엔진이다. 만약 우리가 우주의 생명력을 표현할 수 있고 그 영혼을 깨달을 수 있다면 우리는 그 영혼의 장엄함에 놀라움과 충격과 흥분을 감추지 못할 것이다."

물질 세계에서 눈을 돌려 마음속 텅 비어 있는 공간을 찾아보면 우리는 마음이 아이디어와 생각으로 가득 차 끊임없이 활동하고 있다는 사실을 금세 알아차릴 수 있다. 위대한 신비주의자들은 마음을 고요히 한다는 것은 눈에 보이지 않는, 우리보다 훨씬 더 위대한 존재와 그 활동을 깨닫는 것이라고 가르쳤다.

이것은 "우주에 한계는 없다"라는 또 다른 위대한 삶의 법칙에 대해서도 알려준다. 주변에 있는 사람들이 만든 물건들을 둘러 보라. 이제 그 물건들을 만드는 데 쓰여진 당신 앞의 광대한 자원을 보라. 이런 자원 가운데 가장 위대한 것은 다름아닌 마음이다. 우리의 마음은 우리가 상상했던 것들을 어떻게 만들고 창조할 수 있는지 보여주는 아이디어와 생각으로 가득 차 있다.

남을 돕는 것이 스스로를 돕는 것이다
존 템플턴

직업을 신중하게 선택하고 당신이 하고 있는 일을 사랑하라. 지금 하고 있는 일을 사랑하고 그 일을 다른 사람들을 대표해서 하고 있다는 태도를 가질 때 당신의 인생과 일은 특별한 의미를 갖게 될 것이다. 즐겁고 기쁘게 나눠주는 사람으로, 항상 다른 사람을 도울 준비가 되어 있는 사람으로 살아가면 단지 먹고 살기 위해 일하는 사람보다 성공할 가능성이 훨씬 더 높아진다.

더 많이 일할수록, 더 많이 심을수록 더 많이 거둔다. 좋은 일을 더 많이 할수록 더 많은 성공을 성취한다. 배우 겸 가수였던 루 롤스는 자신이 하고 있는 일을 얼마나 사랑하는지 이렇게 표현했다. "노래가 나의 인생이었다. 나는 노래하는 것을 사랑한다. 분명 나는 노래를 부르는 대가로 돈을 받았다. 이 사실을 평가절하하지는 않는다. 그러나 내가 내 안에 있는 모든 것을 노래로 쏟아 냈을 때 청중들은 나에게 우리가 함께라는 것, 그리고 이것이 진짜 살아가는 일이라는 사실을 느끼게 해줬다. 나는 자기가 하는 일을 좋아하지 않는 사람이 있다면 좋아할 만한 다른 일, 특히 다른 사람과 함께하고 있다는 느낌을 주는 다른 일을 찾아보라고 권하고 싶다. 이것이 내 인생이었고 나는 이것으로 인해 신에게 감사한다."

"우리 자신을 내어줄 때" 우리의 삶은 더 큰 의미를 가지며 우리는 성취한 것 속에서 확장되는 기쁨을 누릴 수 있게 된다. 분명 이런 노력의 결과는 좀 더 오래 지속된다!

사도행전 3장 6절에서 베드로는 "은과 금은 내게 없거니와 내게 있는 것으로 네게 주노니"라고 말했다. 이 말은 주변 사람들의 필요에 좀 더 관심을 기울이라고 권면한다. 우리가 가지고 있는 줄 만한 것을 기꺼이 내어주기를, 그리고 우리가 무엇을 나눠주든 그것이 진정한 축복이 될 수 있다는 믿음을 갖기를 소망한다.

나는 시간을 줄 수 있다.

나는 사랑과 지지와 이해를 줄 수 있다.

나는 인내와 연민을 줄 수 있다.

나는 기쁨과 웃음의 선물을 나눠줄 수 있다.

나는 격려와 친교를 나눌 수 있다.

그리고 나는 아마도 가장 소중한 것으로 기도를 줄 수 있다. 기도하면 기도를 들으신 신이 우리에게 필요한 평안, 즉 기쁨과 격려와 지원을 부어주신다.

우리는 신의 사랑으로 흘러넘치는 가슴으로부터 즐겁고 풍요롭게 도와줄 수 있다.

마태복음 25장14~29절에 나와있는 달란트의 비유를 읽으면 하나님이 우리 모두에게 재능, 즉 달란트를 주셨다는 사실을 알게 된다. 그리고 하나님이 각 사람에게 재능을 고르지 않게 주셨다는 사실도 깨닫게 된다. 하나님은 어떤 사람에게는 다른 사람보다 더 많은 재능을 주셨지만 모든 사람들이, 그들이 가진 재능이 크든 작든 관계없이 최선을 다해 다른 사람들에게 도움이 되는 방법으로 그 재능을 사용하기를 바라신다. 핵심은 간단하다. 당신이 타고난 재능은 신의 책임이다. 그러나 그 이후의 책임은 당신의 것이다. 능력이 허락하는 최대한까지 그 재능을 더 멀리 더 깊이 발전시키는 것은 당신의 책임이다. 그리고 재능을 철저하게 사용하면, 무엇보다 재능이나 행운을 덜 받은 다른 사람을 사랑하고 도와주는 데 사용하면 보답을 얻고 성공할 것이다.

성공은 여러 가지 형태로 성취할 수 있다. 부나 명예는 성공의 한 가지 형태일 뿐이다. 어쩌면 당신은 재능을 덜 가진 다른 사람을 도와주는 재능을 가지고 있을 수 있다. 도와주는 모든 행동은 우리의 삶을 "좋아(Yes)!"라고 말하며 긍정하는 한 가지 방법이다.

우리는 밖에서 기적을 찾고 있지만 그 기적은 우리 안에 있다

에릭 버터워스

갓난아기는 자신의 필요와 욕구만 의식할 뿐 다른 것에는 아무런 관심도 없다. 아기는 배가 고프거나 기저귀가 젖으면 부모가 잠을 자고 있든 식사를 하고 있든 상관하지 않고 울음으로써 원하는 것을 요구한다. 그러나 자라면서 생존에 필요한 기본적인 욕구가 충족될 것이라는 사실을 알게 되면 주변의 다른 것들에 대해서도 관심을 갖기 시작한다. 아기가 자신의 발가락이나 손가락을 가지고 놀고 있는 모습을 본 적이 있는가? 아기에게 그것은 완전히 새로운 세계를 탐험하는 매혹적인 일이다. 당신도 어렸을 때 발가락과 손가락을 가지고 놀았을 것이며, 몸의 작은 부분들까지 마음먹은 대로 다룰 수 있게 될 때까지 몸에 대한 당신의 탐험은 계속됐을 것이다.

어린아이로 큰 뒤에는 부모님의 기대가 가장 큰 관심거리였을 것이고, 학교에 들어간 뒤에는 선생님의 기대에 부응하기 위해 노력했을 것이다. 사춘기 때는 친구들이 당신을 어떻게 생각하는지가 중요한 문제였을 것이다. 성인이 된 후에는 만족스러운 삶을 살아가기 위해 노력하며 다양한 기회를 가졌을 것이다. 인생의 각 단계마다 당신은 보다 심오한 진리를 발견할 수 있도록 준비를 갖추게 된다. 삶을 경험하는 방식에 정말로 차이를 만드는 것은 당신이 자기 자신에 '대해' 가지고 있는 믿음과 당신이 '할 수 있다'고 믿는 것이다.

우리는 처음에는 부모와 가족으로부터, 그 다음에는 선생님과 같은 다른 권위자로부터, 그 다음에는 친구들로부터 사랑과 인정을 얻기를 바란다. 그러나 다른 사람들로부터 구하는 사랑과 인정은 우리가 자신을 사랑하고 인정할 때 훨씬 더 쉽게 얻을 수 있고 경험할 수 있다. 아담 스미스는 이 주제와 관련해 다음과 같은 글을 남겼다. "우리가 하는 식사는 정육점 주인이나 빵집 주인, 혹은 양조업자가 자비심으로 베풀어주는 것이 아니다. 그들 자신의 이익 때문에 제공하는 것이다. 우리는 그들의 인류애가 아니라 자기애에 호소해야 한다."

어렸을 적에 무엇인가를 해보려고 열심히 노력했던 기억이 있는가? 그 일을 해냈을 때 당신은 아마 무척 자랑스러웠을 것이다. 부모나 다른 사람들이 당신에게 잘 했다고 칭찬하면 당연하다고 생각했을 것이고, 자신감을 느꼈을 것이다. 반대로 도망가버렸으면 하고 느꼈던 때도 기억나는가? 아마도 누군가가 당신에게 어떤 일을 제대로 하지 못했다거나 최선을 다하지 않았다고 지적했을 때일 것이다. 그때 느꼈던 부끄럽고 당황스럽고 숨고 싶은 듯한 감정을 기억하는가?

다시 자랑스러웠던 기억으로 돌아가자. 그때 정말로 있었던 일이 무엇인지 이제 알 수 있는가? 그때 있었던 일은 어떤 사람이 당신 자신과 관련한 사실을 단지 인정해줬다는 것뿐이다. 당신이 가치 있다고 느꼈던 감정은 다른 사람에게서 온 것이 아니라 단순히 그들에 의해 확인됐을 뿐이다.

운이 좋다면 존경할 수 있고 무엇인가 배울 수 있는 인생의 스승이나 조언자가 있을 것이다. 당신은 때로 존경하는 그 사람을 바라보며 결코 그 사람처럼 될 수 없을 것이라고 생각할 것이다. 그러나 당신도 할 수 있다. 그 사람에게 끌린다는 것은 당신도 그 사람의 어떤 품성을 표현할 능력을 갖고 있다는 증거다. 이는 반대 사례에도 적용된다. 우리는 가끔 다른 사람에게 싫다거나 피하고 싶다는 느낌을 갖는다. 이런 감정은 우리 역시 그 사람처럼 매력적이지 않게 행동할 수 있다는 내면의 경고나 마찬가지다. 그럴 때는 당신에게 사랑스럽고 친절하고 사려 깊은 품성을 표현할 수 있는 선택권이 있다는 사실을 기억하라.

물질적으로 발전하려면 창조적 기업가 정신이 필요하다
존 템플턴

이집트의 피라미드는 세계 7대 불가사의 가운데 하나로 꼽힌다. 카이로 근처에 있는 대피라미드는 넓이가 축구장 10개를 수용할 정도다! 고대사회에서 이런 거대한 피라미드를 만들기 위해 어떤 도구들을 사용했을까 생각해보면 피라미드가 얼마나 놀라운 건축물인지 새삼 놀라게 된다. 고대 이집트인들은 현대적인 기계의 도움 없이 어떻게 이런 거대한 건축물을 만들 수 있었을까? 이 건축물을 짓기 위해 어떤 청사진을 사용했을까? 누가 처음으로 피라미드를 만들 생각을 했을까? 그 때는 어떤 자연 재료를 사용할 수 있었을까? 고대 이집트의 건축가들은 통찰력과 선견지명으로 장애물처럼 보이는 것조차 기회로 활용했을 것이며, 신념과 창의력을 동원해 세상에 이런 인상적인 신물을 남겼을 것이다.

어떤 의미에서는 우리도 이 같은 건설 과정의 한 부분이 될 수 있다. 사실 어떤 어려움이 도사리고 있을지 모르는 하루하루는 우리가 바라는 것을 만들거나 만들 수 있는 기회를 제공하고 있다. 우리의 선조들은 강이 있으면 다리를 만들고 저수지를 건설했으며, 숲에 들어가면 집을 짓고 집을 따뜻하게 만드는 방법을 고안해냈다. 그들은 황무지를 개간해 씨앗을 뿌리고 경작물을 수확했고, 산을 뚫어 터널을 만들고 극한의 열기와 냉기를 견뎌냈다. 그러나 그들은 계속 앞으로 전진했다.

우리는 사업체를 조직하거나 프로젝트를 추진할 때 기업가가 될 수 있는 자유와 기회를 누릴 수 있는 축복 받은 시대에 살고 있다. 세상이 발전하기 위해서는 기업가가 필요하다. 실행할 만한 청사진이나 계획이 있으면 시작하는 것은 그리 어렵지 않다. 구체적이고 이해하기 쉬운 계획은 귀중한 시간을 낭비하지 않도록 도와준다. 목표에 대한 헌신과 진지한 노력은 꿈을 실현시킬 수 있도록 도와주는 중요한 요소다. 자동차 제작자인 할로 허버트 커티스는 이렇게 말했다. "일을 할 때마다 이전보다 좀 더 잘하라. 그 일을 할 수 있는 다른 어떤 사람보다도 더 잘하라. 그 일을 진행하는 데 필요한 것보다 더 열심히 하라. 당신과 어려운 임무 사이에 어떤 사람이나 어느 무엇도 끼어들지 않도록 하라. 나는 이것이 매우 고리타분한 말이라는 것을 안다. 그러나 이것이야말로 세상을 만들어온 정신이다."

정신과 의사인 W. 버랜 울프는 이런 식으로 표현했다. "진정으로 행복한 사람을 관찰해보면 아마도 그는 보트를 만들거나 교향곡을 작곡하거나 아이들을 가르치거나 달리아를 키우거나 또는 고비 사막에서 공룡 알을 찾고 있을 것이다. 그는 난로 밑에 굴러 들어간 단추를 찾는 것처럼 행복을 찾고 있지 않을 것이며, 행복 그 자체를 목표로 여기고 그것을 얻으려 힘쓰지도 않을 것이다. 그는 하루하루 바쁜 일정으로 가득한 24시간을 살아가는 과정 중에 행복하다는 사실을 알고 있을 것이다."

"하루하루 삶을 살아나가는 것"이 우리의 꿈을 만들어가는 중요한 토대가 아닌가? 당신의 내면에, 당신의 마음속 창조적인 재능 안에 진정한 기회의 땅이 있다. 당신 안에 통찰력과 선견지명과 힘과 용기, 믿음, 자유, 그리고 기회를 받아들이고 표현할 수 있는 능력이 있다. 주위 환경에서, 당신이 지금 처해 있는 상황에서, 당신이 맺고 있는 관계에서 당신은 창조적으로 될 수 있다!

깊은 생각과 많은 기도를 통해 신중하게 당신이 원하는 것을 선택하라. 당신의 소망은 에너지와 시간과 창조력을 쏟을 만한 가치가 있으며 다른 사람들에게 도움이 되는 축복을 가져올 수 있다는 사실을 확신하라. 당신이 성취하기를 원하는 것이 무엇인지 알고 어떻게 그 목표에 도달할 수 있을지 차근차근, 매일매일 계획을 세우라. 피라미드 건축가들은 한 번에 돌 하나씩을 올려 놓으며 피라미드를 만들었다. 그들은 피라미드의 맨 밑바닥부터 시작해 돌을 쌓아 올라갔다. 대부분의 계획도 피라미드와 똑같이 한 번에 하나씩 이뤄지는 과정을 밟는다. 우리는 출발선에서 시작해 결승선까지 가야 한다. 우리가 마음을 열고 받아들일 준비가 되어 있다면 필요한 자원은 제공될 것이다.

혁신가가 되기 위해 필요한 것은 무엇인가? 첫째는 당신 내면에 창조적으로 될 수 있는 힘이 있다는 사실을 깨달아야 한다. 그 다음으로 발전적인 활동의 기회가 있는 새로운 분야를 발견하기 위해 기꺼이 새로운 경험에 도전해야 한다. 마음을 열고 받아들일 준비를 하면 세상에 대해 더 많은 것을 배울 수 있고 혁신적인 기업가가 되는 데 도움을 얻을 수 있다. 성공하기 마련인 사람들은 자기 자신을 믿는 것이 중요하다는 사실을 안다. 미지의 영역은 바로 그들 안에 존재하고 있기 때문이다.

성공의 열쇠

당신이 다이아몬드 광산에 가서 발견할 수 있는 것은 그저 어디에나 있는 흙과 돌무더기들뿐이다. 천연 상태의 다이아몬드는 보석상점 진열대나 다른 사람의 몸에서 반짝거리는 아름답고 가치 있는 보석과 닮은 점이 거의 없기 때문이다. 다이아몬드는 광산에서 캐낸 뒤 전문기술자의 손끝으로 깎이고 다듬어져야 비로소 눈부신 아름다움과 가치를 지닌 값비싼 보석이 된다.

다이아몬드의 화학 성분은 개별적으로 분리해 놓았을 때는 거의 가치가 없다. 그러나 신의 손이 이 성분들에 서서히 작용하면 비할 데 없이 아름다운 작품으로 탄생한다.

당신도 마찬가지다. 당신은 신이 주신 삶의 원칙에 따라 오늘날의 모습으로 서서히 다듬어지고 변해왔다. 신은 당신에게 인생이라는 보석을 주셨다. 당신은 이 천연 상태의 다이아몬드를 아름답고 빛나는 보석으로 다듬을 수 있는 기회를 가지고 있다.

모든 사람은 인생이라는 다이아몬드를 다듬는 존재다. 당신이 가진 다이아몬드를 어떤 각도로 깎을지 결정할 수 있는 사람은 바로 당신이다. 우리의 모든 행동과 어떤 상황에 대한 반응이 보석의 광채와 가치와 아름다움을 결정짓는다. 잘 다듬고 깎을 수 있는 기술이 다이아몬드의 가치를 결정하듯 인생의 가치도 당신이 인생을 어떻게 깎고 다듬느냐에 따라 결정된다. 당신이 다듬을 수 있는 면은 많다. 당신은 당신의 다이아몬드를 깎아 사랑과 이해, 성실, 관용, 믿음, 아름다움, 정직, 지혜, 자비, 겸손, 감사, 희망의 면들을 만들고 있는가? 아니면 미움과 탐욕, 편협, 부조화, 불신, 두려움, 정욕, 탐욕, 분노, 의심, 부정직, 오해의 면들을 만들고 있는가? 인생의 각 경험들을 통해 당신이 인생을 어떻게 다듬어 어떤 면들을 만들고 있는지 스스로에게 물어보라. 다이아몬드가 화려한 광채를 뿜어내는 것은 깎여진 각 면들이 빛을 반사하기 때문이다.

다이아몬드는 다른 다이아몬드로 문지를 때 더욱 매끄러워지고 윤이 난다. 이것은 매일 다른 사람들과 만나고 접촉하는 당신에게도 일어나고 있는 일이다. 당신의 다이아몬드는 끊임없이 다른 사람의 다이아몬드와 부딪치면서 매끄러워지고 윤이 나는 과정을 거친다. 다른 사람들과 만나고 그들을 이해하면서 당신의 거친 면들이 부드럽게 만들어질 때 당신의 삶은 더욱 아름답게 빛난다. 이것이 인생이다. 아름답게 다듬어지고 부드러워져 영적인 광채를 발산하는 것, 이것이 당신이 다른 사람들과 함께 이 세상에 존재하는 이유다.

완벽하게 다듬어진 다이아몬드는 반지나 목걸이 등에 장식되어 아름다운 모습으로 전시된다. 당신의 인생이 자리해야 할 '세팅' 장소는 인류애다. 당신이 "신성한 사랑(Divine Love)"을 완벽하게 반사하면 당신은 아름다움과 빛을 발산하게 될 것이다.

WORLDWIDE
Laws of Life

15
배려의 법칙

자기를 잊음으로써 자신을 발견할 수 있다
성 프란시스

독일의 화가 로젠탈의 작품 중에 『노동의 축복The Blessing of Work』이라는 영감이 넘치는 그림이 있다. 이 그림은 실제 사람 크기의 성모 마리아 상을 조각하고 있는 청년의 모습을 담고 있다. 거의 완성된 성모 마리아 상은 젊은 예술가 위로 세워져 있고, 청년은 앉아서 조각상의 발을 세밀하게 표현하는 데 열중해 있다. 성모 마리아 상은 사랑으로 그를 내려다보며 두 손을 뻗어 축복하고 있다. 그 청년은 창조적인 흐름에 자기 자신을 온통 바치고 있는 동시에 역동적으로 무한한 축복을 받아들이고 있다. 하지만 이 작품은 이보다 훨씬 더 많은 것을 표현하고 있다. 그림 속에는 열린 창문을 통해 빛이 들어오고 있는데 빛이 내뿜는 광선이 예술가를 감싸고 있다. 벽에 걸린 큰 액자에는 천상의 성가대가 그를 향해 찬양의 노래를 부르고 있다. 예술가의 옆에는 그의 어머니라고 생각되는 여자의 사진이 있는데 그는 그 사진을 성모 마리아의 모델로 사용하고 있다. 사진 속의 여자는 두 손을 헌신적으로 꼭 잡고 그를 축복하고 있다. 이런 식으로 그림의 전체 분위기는 청년이 고요히 창조적인 노력 속에 몰입해 있는 동안 우주 전체가 그를 향해 흘러들어 넘치고 있음을 나타내고 있다. 이 그림은 "주라, 그리하면 너희에게 줄 것이니"(누가복음 6장

38절)라는 예수의 가르침을 시각적으로 아름답게 증거하고 있다.

우리 삶의 대부분은 우리가 그것을 어떻게 바라보느냐에 달려 있다. 당신의 인생은 아름드리 나무가 자라고 있는 고요한 강가를 걷는 것과 같은가, 바닷가 모래사장을 산책하는 것과 같은가? 아니면 소란스러운 도시 한가운데를 지나가는 것 같은가? 먼 곳에서 보느냐, 가까운 곳에서 보느냐, 즉 관점에 따라 사물의 모습도 달라진다. 우리의 생각이 어떤 방식으로든 다른 사람들에게 주는 쪽으로 향해 있을 때 우리 시각의 지평선은 더욱 확대된다.

찰스 E. 하비 주니어는 입사 면접시험을 보기 위해 자동차를 운전하던 중이었다. 이미 15분이나 늦었는데 한 중년 여성이 타이어 바람이 빠진 자동차 옆에 서있는 모습이 보였다. 그는 도저히 그냥 지나칠 수 없어 자동차를 멈추고 타이어를 갈아준 뒤 면접 장소로 향했다. 그는 너무 늦었기 때문에 직장은 물 건너간 것이나 마찬가지라고 생각했다. 그래도 그는 인사 담당자의 사무실로 들어갔다. 인사 담당자가 즉석에서 그를 채용하기로 결정했을 때 그가 얼마나 놀랐을지 상상해보라. 인사 담당자는 그가 면접하러 오는 길에 만났던, 자동차 타이어 바람이 빠져 고생하던 그 여성이었다!

에드워드는 52세가 되어서야 자신이 알코올 중독자라는 사실을 인정했다. 다른 많은 알코올 중독자들처럼 에드워드에게도 알코올 중독 치료 및 예방 단체(Alcohol Anonymous: AA)가 유일한 선택이었다. 에드워드는 마지못해 AA를 찾았다. 그는 육체적으로나 감정적으로 완전히 소진된 상태였지만 패배를 인정하고 싶지 않아 AA를 찾는 것을 극히 꺼려왔다. 그는 또 AA에 가게 되면 다른 사람들이 그가 알코올 중독자라는 사실을 알게 될까 두렵기도 했다. 그러나 사실은 이미 모든 사람들이 그의 상태에 대해 잘 알고 있었다.

AA모임에 참석한 지 몇 주일이 지나자 그는 마음속에서 안개가 걷히는 듯한 느낌을 받았다. AA에서는 에드워드에게 "그것을 유지하기 위해서는 그것을 나눠줘야만 합니다"라는 이해하기 어려운 말을 했다. '그것'은 술 취하지 않은 맑은 정신을 말했다. AA는 그에게 일단 정신이 맑아지면 맑은 정신 상태를 유지하기 위해 그 느낌과 경험을 다른 사람들과 공유해야 한다고 설명했다. 그러나 불행하게도 에드워드는 자기 중심적이었고 이기적이었다. 그는 속으로 이렇게 생각했다. "절대 안 되지. 무엇이든 얻기만 하면 나는 그것을 꼭 끌어안아 나만의 것으로 유지할 거야."

무엇이든 나누지 않고 쌓아두기만 하면 가치가 떨어진다. 더 큰 만족은 "자기를 잊음으로써 자신을 발견할 수 있다"는 성 프란시스의 말을 실천할 때 얻을 수 있다. 개인적인 자아를 넘어서 사랑이 넘치는 관대한 영혼으로 행동할 때 우리는 우리가 나눠주는 것 이상으로 돌려받는다!

그렇지만 자신에게 이득이 되는 것임에도 불구하고 그 가치를 알지 못해서 받지 않으려 하거나 변하지 않으려는 사람들이 있다. 어떻게 그 사람들이 필요한 것을 받을 수 있도록, 또 변할 수 있도록 도와줄 수 있을까? 아마도 실제 사례를 보여주는 것이 최선의 방법일 것이다. 우리가 다른 사람을 위해 기꺼이 봉사하고자 하면 다른 사람들도 우리의 행동을 따르려 할 것이다. 그리고 이제 역설이 작용한다. 예를 들어 사랑을 받아들이는 것이 어렵다고 느끼는 사람은 다른 사람에게 사랑을 줄 수도 없다. 주기 위한 첫 번째 단계는 신의 사랑을 남에게 베풀기 위해 받아들이는 것이다. 왜냐하면 우리가 가지고 있지 않은 것은 줄 수 없기 때문이다. 진정으로 베푸는 사람이 되기 위해서는 주는 동기가 순수해야 한다. 진정으로 주고 싶다는 마음으로 주라. 삶이 선하다는 사실을 믿으므로 주라. 기꺼이 즐겁게 주라. 그러면 평화와 기쁨이 당신에게 돌아올 것이다.

에드워드의 이야기로 돌아가자. 그는 마침내 다른 사람들이 나눠준 여러 가지 선물을 통해 진정으로 변할 수 있었다. 그는 자신의 경험과 희망과 힘과 시간과 사랑을 열성적으로 나눠주는 사람으로 변했다. 그는 자신이 받은 것을 열린 마음과 손으로 다른 사람에게 나눠주는 것을 배웠다. 가끔 그가 나눠준 것이 받아들여지지 않는 경우도 있었지만 그가 베푼 선은 그에게 어떤 방식으로든 돌아왔다.

연못에 돌을 던질 때 일어나는 잔잔한 물결처럼 사랑과 나눔도 퍼져 나간다. 그리고 이 움직임을 보고 경험하는 특권을 가진 사람들은 자신들이 받은 좋은 것을 다른 사람들에게 도움이 될 수 있도록 나눠주는 데 앞장서야 한다. 다른 사람들에게 득이 되면 우리에게도 득이 된다.

당신을 도와주는 모든 사람들에게 신뢰와 도움을 주라
존 템플턴

에드워드는 대기업 사장이었다. 그는 이 위치에 오르기 위해 열심히 일했다. 그는 자신이 마치 마지막 목적지에 도달한 사람인 것처럼 말하곤 했다. 그리고 자신을 "성공한 사람"이라고 생각했다. 그는 불행하게도 성공이란 목적지가 아니라 여정이라는 사실을 깨닫지 못하고 있었다. 그의 앞에는 밟아나가야 할 단계들이 아직도 많이 남아 있었다. 그의 여행은 끝나지 않았다. 더욱 불행한 것은 에드워드가 자신의 주위에서 일하고 있는 성공한 사람들을 알아채지 못하고 있다는 사실이었다. 그들 가운데 많은 사람들이 자신의 성공에 기여하고 있다는 사실을 몰랐다.

밀리는 어머니가 중병에 걸리는 바람에 열여섯 나이에 학교를 그만둬야 했다. 그러나 밀리는 아버지가 일을 끝내고 돌아와 어머니를 간호할 수 있는 밤을 이용해 야간 고등학교에 다녔다. 고등학교를 졸업한 뒤 경영대학교를 야간으로 다녔다. 어머니가 세상을 떠나자 밀리는 비서실에서 일하게 되었다. 그녀는 개인 비서가 되고 싶어 다시 야간학교에 다니기 시작했다. 밀리는 곧 멋있는 젊은이를 만나 약혼했고 몇 년을 전업주부로 헌신하며 아기를 낳은 뒤에 다시 일을 시작할 수 있는 기회를 찾았다. 밀리는 성공이라고 불리는 여행을 하고 있는 중이다.

빌은 고등학생 시절 수업이 끝나면 남성용 구두 가게에서 아르바이트를 했다. 졸업한 뒤에는 구두가게에서 전업으로 일했다. 처음에는 가게에서 물품을 관리하다가 곧 영업을 하게 되었다. 얼마 뒤 주문 구두를 제작하기 위해 발 치수를 재는 방법을 배웠고, 지금은 두 번째 구두 가게의 점장 후보가 되기 위한 훈련을 쌓고 있다. 빌은 성공으로 향하는 길을 걷고 있다.

　직업이 우리 존재의 중요한 부분임에는 틀림없다. 그러나 우리의 직업이 진실로 성공이 무엇인지 그 전부를 대변하거나, 우리가 어떤 사람인지 보여주는 것은 아니다. 성공적인 삶이란 개인적인 인간관계, 가족과의 경험, 정신적인 상태 등을 포괄하는 것이다. 행복도 성공의 한 부분이지만 시련이나 질병, 또는 살아가면서 겪는 어떤 문제에 대처하는 능력과 그 어려움들을 의연하고 꿋꿋하게 받아들이는 태도 역시 성공의 한 부분이다. 성공은 평생이 걸리는 여행으로 우리 앞에 펼쳐져 있다. '성공'이라고 불리는 어떤 확실한 목표 지점에 도달한 뒤 앞으로 일어날 일에 대해서는 전혀 걱정 없이 앉아 있을 수는 없다. 매일매일의 24시간이 선사하는 흥분과 도전 속에서 최선을 다하는 사람은 성공할 수 있다. 그들은 중요한 지위에 오르거나 큰 돈을 벌거나 유명해질 필요가 없다. 성공이란 인생이라는 여행을 최대한 깊고 심오한 경험으로 만드는 것이라고 할 수 있다. 그것은 경험을 얻는 것이 아니라 경험을 주는 것이다.

　사람들의 인생은 저마다 엄청나게 복잡하다. "우리 각자의 내면에는 우리가 선택한 인생과 우리가 살았을 수도 있는 인생이 들어있다"는 말이 있다. 우리가 이루었으면 했던 꿈, 우리가 했으면 했던 일들이 우리 안에 살아 있다. 어린아이들은 어느 날은 소방관이 되고 싶다가 다음 날이면 경찰관이 되고 싶어한다. 몇 주 동안은 꼭 의사가 될 것이라고 생각할 수도 있다. 아이들은 성장해가면서 자신의 꿈들을 곰곰이 살펴보고 선택을 시작하게 된다. 여행을 하고 있는 것이다. 그리고 선택하고 생각하고 조사하는 방법을 배웠다는 점에서 성공한 사람이라고 할 수 있다. 아이들은 또 마음을 바꿀 수 있으며, 실수할 수 있으며, 상황이 언제나 계획이나 희망대로 전개되는 것은 아니라는 사실을 깨닫는다. 그러나 이 모든 것이 다 괜찮다. 변화에 대처할 수 있고 변화에서 배울 수 있기 때문이다.

우리 삶에는 많은 가능성들이 있다. 성공은 이 모든 가능성 중에서 가장 의미 있는 하나를 발견해내는 것이다. 선택을 통해 우리 자신의 가치와 일과 결혼할 사람과 아이를 키우는 방식과 다닐 교회와 먹을 음식을 골라낸다. 어떤 선택은 우리의 미래를 바꾸고 지배한다. 어떤 선택은 영향력이 크지 않다. 우리가 어떤 선택을 하고, 그 선택으로 무엇을 하는가는 삶이라는 여행길의 표지판과 같다. 우리가 올바른 길을 따라가면 좋을 때나 나쁠 때나 성공은 우리와 함께 있다. 성공은 여정이다. 성공은 목적지가 아니다. 목적지란 여행이 끝났음을 의미하기 때문이다.

외로운 사람을 도와주면 절대 외롭지 않다
존 템플턴

"홀로, 홀로, 완벽하게 홀로; 넓디 넓은 바다 위에 홀로." 영국의 시인 콜리지가 표현한 이런 외로움을 느껴본 적이 있는가? 버려진 듯한 겨울 해변의 풍경을 보며, 혹은 새벽 5시 텅 빈 거리의 황량함과 마주하며, 혼자라는 느낌이 그 풍경 속에서 당신을 고립시키는 듯한 생각으로 떨어본 적이 있는가? 외로움이라고 불리는 이런 느낌은 과연 무엇인가? 단순히 혼자 있는 것일까? 아니다. 어떤 작가가 "대중 속에서 혼자라고 느낄 수는 없는가?"라고 반문했듯이 그렇지는 않다. 거꾸로 말해 혼자 있다고 해서 사랑하는 사람들과 친밀하게 느낄 수 없는가?

외롭다는 느낌은 혼자라는 것과는 다르다. 외로움은 마음의 상태, 즉 영혼의 결핍을 의미하며 이 결핍된 느낌을 극복할 때 해결할 수 있다. 외로움은 무엇을 얻는 것으로는 해소될 수 없다. 외로움은 무엇인가를 줌으로써 치유될 수 있다.

나의 오랜 친구는 어머니가 마을 사람들로부터 얻은 양배추와 순무, 고구마 등으로 감칠나게 맛있는 음식을 만들어주던 어린 시절의 추억에 잠기곤 한다. 그의 아버지는 미국 남부 미시시피 주 한 마을의 존경받는 목사였다. 그의 집을 방문하는 사람들은 누구나 풍성하게 대접받았다. 손님이 찾아오면 그의 어머니는 급히 달려나가 손님에게 따뜻한 말을 건네며 환영의 포옹과 키스로 맞아들였다. 그의 아버지는 언제나 하얀 칼라가 달린 검은색 양복의 전형적인 성직자 차림으로 부인을 따라가 밝게 웃으며 "신의 축복이 함께 하기를……어서 오세요"라고 말했다. 이들의 친절한 태도는 손님이 친한 친척이든, 먹을 것을 구하는 거지든, 마을의 시장이든 늘 한결 같았다.

시간이 흘러 그의 아버지가 세상을 떠난 뒤 홀로 남은 어머니는 이미 독립한 자녀들과 더 가까운 곳에서 살기 위해 다른 주의 항구 도시로 이사를 갔다. 그 곳에서도 어머니는 50년 이상 계속해온 생활방식을 그대로 이어갔다. 동 트기 전에 일어나 단정하게 옷을 차려 입고 작은 베일을 쓰고 교회로 향했다. 어머니는 교회 예식에 필요한 모든 장비들을 깨끗하게 닦아 준비했다. 또 교회의 온갖 사소한 일들을 모두 챙겼다. 교회에서 일이 끝나면 병원을 찾아가 아픈 사람들을 위로했다. 그리고는 집 안에서만 지내는 외로운 사람들을 찾아가 기쁨과 친절을 베풀고, 그녀의 얼마 안 되는 연금으로 산 물건들을 나눴다.

그의 어머니가 세상을 떠난 뒤 감동적인 이야기가 전해졌다. 그의 어머니는 세상을 떠나던 날도 여느 때와 마찬가지로 교회에서 봉사한 뒤 집으로 돌아와 깨끗이 빨아 말린 그녀의 옷들을 잘 접어 소파 뒤에 뒀다. 그녀는 얼굴에 미소를 띤 채 평소 가장 아끼던 의자에 앉아 눈을 감고 쉬는 듯한 모습으로 세상을 떠났다. 작은 베일도 여전히 쓰고 있었다. 이 특별한 여인과 몇 시간만 함께 보내면 감사와 기쁨의 본질에 대해 어떤 설교나 강연을 듣는 것보다 더 많은 것을 배울 수 있었다. 친구의 어머니에게 외로움은 보살핌을 받아 치유해야 할 병이었다. 그녀는 깨어있는 모든 순간을 다른 사람들에게 행복을 주는 일에 썼다.

인도의 성녀 테레사 수녀는 오늘날과 같이 부유한 세상에서 오히려 극심한 가난과 외로움을 발견한다고 말했다. 인류애에서 부족한 것을 채우려 한다면 기회는 한없이 많다. 당신이 사는 집에서 세 블록 안에 좌절에 빠진 무기력한 사람이 있을 수 있다. 가장 고통스러운 사람들은 자신이 느끼는 고통의 원인을 알지 못하는 사람들인 경우가 많다. 배고픔이나 피할 곳, 더 많은 생산에 대한 필요성 등은 쉽게 파악할 수 있다. 그러나 정신적인 고통과 내적인 좌절에는 따뜻한 노력과 세심함이 더 많이 필요하다. 당신의 내면을 들여다보면 다른 사람들과 나눌 수 있는 가치 있는 자산과 특별한 자원, 그리고 재능을 발견할 수 있을 것이다. 다른 사람들에게 도움이 되고 싶다는 생각이 밖으로 향할 때 외로움은 눈 녹듯 사라져 버린다.

아무것도 바라지 않고 당신에게 별로 도움이 되지도 않을 것 같은 사람과 한 시간을 함께 지내보라. 이런 식으로 한 가지 노력부터 시작하라. 그러면 주는 사람과 받는 사람 모두에게 기적이 생긴다. 이 두 사람이 어려움에 빠진 다른 친구를 기억해내고, 함께 그 친구를 도와주면 이제 세 명이 사랑의 전도사로 활동하게 되고 이런 과정을 통해 점점 더 많은 사람들이 사랑의 전도사가 될 것이다. 사랑과 기쁨은 전파하고 슬픔과 결핍은 몰아내는 에너지의 긍정적인 힘은 배증된다. 보살핌과 격려와 감사와 칭찬이라는 값비싼 선물을 나누면 감사가 우리의 하루하루를 풍요로운 목적으로 가득 채워준다.

친구를 얻는 유일한 방법은 친구가 되어주는 것이다
랄프 왈도 에머슨

친구는 우리가 자기 자신에게 주는 선물, 우리 자신의 또 다른 일부, 거울에 반사된 영상이라고 말할 수 있다. 웹스터 영어사전에서는 친구를 "개인적으로 잘 알고 있는 사람, 따뜻한 관심과 애정을 느끼는 사람"으로 설명하고 있다. 우정은 우리와 관련된 것일 뿐만 아니라 우리에게서 시작한다. 우정이 갖고 있는 매력적인 힘의 원천은 개인적인 행동에 있다. 친구가 무엇을 할까? 친구가 어떻게 행동할까? 친구가 다른 친구에게 무엇을 요구할까? 이 질문에 대한 모든 대답은 '사랑'이라는 단어가 중심이 된다. 친구는 사랑한다!

사도 바울은 고린도 교회에 보낸 편지에서 진정한 친구의 특징을 다음과 같이 나열했다. "사랑은 오래 참고, 사랑은 온유하며, 투기하는 자가 되지 아니하며, 사랑은 자랑하지 아니하고, 교만하지 아니하며, 무례히 행치 아니하며 자기의 유익을 구하지 아니하며, 성내지 아니하며, 악한 것을 생각지 아니하며, 불의를 기뻐하지 아니하며, 진리와 함께 기뻐하고, 모든 것을 참으며, 모든 것을 믿으며, 모든 것을 바라며, 모든 것을 견디느니라."(고린도전서 13장 4-7절)

우리가 사랑으로 다른 사람에게 다가간다는 것은 우리에게 돌아오기를 원하는 사랑을 발견하기 위해 내면으로 다가간다는 의미다. 자기 자신을 사랑할 때, 자기 자신의 친구가 될 때, 우리는 친구를 얻을 수 있는 준비를 갖추게 된다. 자기 자신의 최고의 친구로서, 그 선물을 다른 사람에게 줄 수 있게 되는 것이다.

건강한 우정이 다른 사람과 관계를 맺기 위해 밖을 향해 나아갈 때 우정은 양방향으로 난 길이 되며, 길 하나는 서로 의견이 다를 때 돌아서가는 우회로를 포함하게 된다. 제 2차 세계대전 당시 미국 해군 함정의 함장이었던 에디 리켄배커 대령은 임무를 수행하다 함정이 파손돼 태평양에 표류하게 됐다. 그와 부하들은 21일간 바다에서 표류했다. 훗날 그는 이 때의 경험을 이렇게 적었다. "처음에 우리 대부분은 신이 없다고 믿는 무신론자거나, 초월적인 존재는 설혹 있다 해도 인간이 알 수는 없다는 불가지론자였다. 그러나 끔찍한 저주의 막바지에 도달했을 때 우리 모두는 각자의 방식대로 신을 발견했다. 광활하고 텅 빈 바다의 외로움 속에서 신을 발견했다. 우리 모두는 구원과 강건함과 기도와 공동체 의식이 자라나는 것을 느꼈고, 그 속에서 인류애와 존경심, 온화한 평화의 감정이 솟아났다." 리켄배커가 말하고 있는 친구들, 함께 표류했던 그 승무원들은 스스로 그런 상황을 선택한 사람들이 아니었다. 그들은 전쟁의 과정 속에서 함께 던져진 존재였다. 이런 비참한 환경 속에서 그들은 육체적인 생존의 차원에서 뿐만 아니라 마침내는 영적인 성장이라는 더 높은 차원에서도 서로를 의지하게 됐다. 그들은 친구가 됐다.

　친구들 사이에서는 어떤 공통점을 갖고 있느냐가 서로에게 최대의 관심사다. 친구들은 공존하고, 서로 보완하고, 더 위대한 선을 향해 함께 성장해나가는 것을 추구한다. 우리는 캐나다와 미국에서 활동했던 피아니스트 루스 아이젠버그와 마가렛 패트릭의 관계에서 이런 우정의 사례를 찾을 수 있다. 뇌졸중의 후유증으로 인해 한 여성은 오른손으로 피아노를 연주했고 다른 한 명은 그녀의 왼편에 앉아 왼손으로 피아노를 연주했다. 이 두 사람은 서로의 최선을 기꺼이 공유한 덕분에 모두가 사랑하는 조화로운 음악을 연주해낼 수 있었다.

　우정은 어떻게 자기 자신에게 가장 좋은 친구가 될 수 있는지 배울 때 시작된다. 사랑은 언제나 힘이 있다. 사랑은 그 자신을 내어준다. 우리가 자기 자신에게 깊은 우정을 느끼게 되면 다른 사람에게도 우정이라는 선물을 선사할 수 있게 된다. "친구를 얻는 유일한 방법은 친구가 되어주는 것이다."

아낌없이 주면 아낌없이 받는다
무명씨

크리스 하틀리는 관광사업을 하는 젊은이다. 그는 세상에서 가장 낚시하기 좋은 곳 가운데 하나인 바하마에서 자신의 배를 갖고 있었다. 바하마의 맑은 청록색 바다는 다양한 물고기로 가득 차있고, 주변의 전세 보트들은 관광객들을 태우고 나소를 떠나 낚시여행을 떠났다. 그러나 크리스는 자신의 보트에서 낚시하지 않았고 다른 사람들에게 낚시하라고 자신의 보트를 빌려주지도 않았다. 게다가 그는 어떤 사람이 잡은 물고기도 먹지 않으려 했다. 이런 사람이라면 낚시사업에서 성공하기가 매우 어려울 것이라는 생각이 들 것이다. 그러나 크리스는 열심히 노력했고 사업은 번성했다.

크리스는 바다 속에 있는 것을 좋아했다. 마치 거기에 그의 일부가 있는 것처럼 보였다. 그는 자신의 이 같은 바다 사랑을 활용해 보트와 장비를 구입한 뒤 하틀리의 신비로운 바다 속 세상(Hartley's Underwater Wonderland)이라는 회사를 세웠다. 크리스는 관광객을 보트에 태워 가까운 산호초로 데리고 간 뒤 그 곳에서 잠수모를 쓰고 바다 속으로 들어가 15피트 아래의 바닥을 걸을 수 있게 한다. 그 동안 크리스는 관광객에게 바다 속의 장려한 식물과 동물들의 모습을 소개해준다.

바다 속 여행이 절반 정도 지나갈 무렵 까맣고 하얀 줄무늬 물고기들이 크리스 쪽으로 헤엄쳐 온다. 크리스는 이 물고기를 마치 애완동물 다루듯 "해리, 그루퍼(농어과의 식용어)"라고 부른다. 그러면 해리는 관광객들 사이로 헤엄쳐 가 사람들이 자신을 만질 수 있게 해주고 사진도 찍을 수 있게 포즈를 취한다. 크리스는 관광객과 해리가 함께 있는 모습을 사진으로 찍어 뭍으로 돌아와 관광객에게 판다. 어느 해에는 해리에게 산타클로스 모자를 씌우고 사진을 찍은 뒤 특별한 크리스마스 카드와 기념품을 만드는 데 사용했다.

해리가 어쩌면 그렇게 크리스의 말을 잘 듣고 잘 따르는지 궁금할 것이다. 그러나 그것은 아주 단순한 삶의 법칙일 뿐이다. 크리스가 살면서 지켜온 삶의 법칙 중 하나인 주면 받는다는 원칙을 연습해온 것이 비결이었다. 크리스는 사업을 시작할 때 산호초 주위에 잘 길들여진 물고기들이 있다면 관광객들이 매우 흥미로워 할 것이라고 생각했다. 그러나 대부분의 물고기들은 사람들을 무서워했고 생존에 대한 원초적인 본능으로 인해 사람으로부터 멀리 도망치려 했다. 크리스는 물고기들에게 그들을 죽이지 않을 것이며, 그가 친구로서 다가간다는 믿음을 심어줘야만 했다. 크리스는 미끼가 달린 낚싯대가 아니라 물고기들이 먹을 수 있는 것을 가지고 바다로 나가기 시작했다. 크리스의 보트가 나타날 때마다 물고기들이 산호초 주위로 몰려들었다. 크리스는 물고기들에게 사랑이 깃든 관심과 먹을 것을 베풀었고, 곧 물고기들은 우정으로 대했다. 크리스는 이 우정을 관광객들과 공유함으로써 엄청난 이익을 얻었다.

기억해야 할 중요한 사실이 있다. 우리 문 앞에 서있는 풍요로움이 반드시 우리 삶의 풍요로움을 보장해주는 것은 아니라는 사실이다! 왜 그럴까? 우리가 해야 할 다른 무엇인가가 있을 수도 있기 때문이다. 우리는 그것을 요구해야 한다. 우리는 그것을 감사한 마음으로 받아들이고 그 풍요로움을 최고로, 또 최선으로 다른 사람들을 돕는 데 사용해야 한다. 예전에 한 잡지에서 사람들이 부자가 되겠다는 목표를 이루지 못하는 이유를 말해주는 만화를 본 적이 있다. 한 사람이 신에게 "복권에 당첨되게 해주세요!"라며 소원을 빌고 있었다. 구름 위에서 신의 것으로 여겨지는 천둥 같은 소리가 들려왔다. "일단 복권을 사라!" 여기에 문제가 있다. 사람들은 부자가 되기를 바라지만 대가를 치르려고는 하지 않는다. 무엇이 대가일까? 나누고 주고 사랑하고 보살피는 것이다. 물이 깨끗하고 신선하게 유지되려면 어떤 물이든 흘러 들어오고 흘러 나가야 하듯 풍요로움에도 유입과 유출이 필요하다. 그렇지 않으면 침체된다. 사해가 여기에 해당된다. 사해에는 물이 빠져나갈 데가 없다. 물이 흘러 들어오기만 한다. 그래서 물이 정체돼 있고 거기에서는 거의 아무것도 자라지 못한다.

어쩌면 당신은 사업에서 이익을 일으려면 누군가는 잃어야 힌다고 믿고 있을지도 모른다. 다시 말해 인생이라는 이 게임에서 당신이 이기려면 누군가는 져야 한다고 생각하고 있을지도 모른다. 크리스 하틀리가 증명한 것은 물고기를 위한 먹이든 친구를 위한 사랑이든 줌으로써 잃어버리는 경우는 거의 없다는 사실이다. 받을 것이라는 보장이 없어도 아낌없이 줄 때 선함의 위대한 추진력이 가동되기 때문이다. 주면 모든 사람이 승자가 된다.

성공은 스스로를 먹고 자라 더 큰 성공을 만들어낸다
존 템플턴

집집마다 찾아 다니며 우표 한 장에 25센트씩 받고 파는 소년이 있었다. 이 소년이 어느 집을 방문해 우표를 사달라고 말하자 집주인은 우표를 팔아 무엇을 할 것이냐고 물었다.

소년은 "교회 건물을 새로 짓기 위해 10만 달러를 모금하고 있어요"라고 대답했다.

집 주인은 깜짝 놀라 다시 물었다. "그 많은 돈을 너 혼자 모금할 수 있다고 생각하니?"

소년은 진지한 표정으로 솔직하게 대답했다. "아니요, 다른 아이들이 저를 도와주고 있어요!" 이 소년은 어렸지만 성공할 수 있는 정신을 가지고 있었다!

당신이 교회의 성가대원이든, 식당의 웨이터든, 야구팀의 코치든, 혹은 창고에서 중고자동차의 엔진을 만지작거리는 신참 기술자든, 지금 당장 당신이 성공했다는 것을 깨닫고, 내면 깊이 그 사실을 느껴보라. 이것이 더 큰 성공을 준비하는 것이다. 성공은 일회성 이벤트가 아니다. 성공이란 수많은 승리와 또 다른 경험들이 쌓여 성공적인 삶을 만들어가는 과정이다.

성공에도 연습이 필요하다. 성공한 사람들은 젊었을 때부터 성공하는 연습을 한다! 성공을 연습한다는 것이 어떤 의미인지 잠시 생각해보자. 음악가는 거장이 되기 위해 부지런히 연습해야 한다. 의사는 몇 년 간 학교에서 공부한 뒤, 또 얼마간 인턴 과정을 거쳐야 환자를 치료할 수 있게 된다. 운동선수는 오랜 기간 맹렬하게 훈련을 쌓아야 스타가 될 수 있다. 성공을 경험하기 위해서는 연습이 필요하다. 성공한 사람처럼 느끼고 싶다면 지금 당장 당신의 성공을 인정하는 것이 중요하다.

자신의 타고난 재능이 뛰어나다고 해서 그것을 성공이라고 말하지는 않는다. "내가 쉽게 할 수 있는데 다른 사람이라고 못하겠어? 내가 할 수 있으면 그리 어려운 일이 아닐 거야." 이런 식으로 생각하기 쉽다. 그러나 부모님과 선생님, 회사 상사나 친구들이 당신의 재능을 인정해줄 때는 귀를 기울이라. 당신과 친하기 때문에 인정해주는 것뿐이라고 무시해버리지 말라. 그들이 "이제 성공했는데!"라고 말해줄 때는 진심으로 "고맙다"고 대답하라. 다른 말은 할 필요가 없다. 당신 자신을, 혹은 당신의 성과를 깎아 내리는 말은 하지 말라. 그것은 잘못된 겸손이며, 동시에 당신에게 주어진 찬사를 부정하는 것이다.

때로는 당신이 듣는 찬사에 비판이 섞여 있다면 그만 포기해버리고 싶은 생각이 들기도 할 것이다. 어떤 일도 충분히 잘한 것이 아니라면 왜 굳이 노력해야 하는지 회의가 들기도 할 것이다. 그런 감정에 굴복하지 말라! 많은 사람들이, 특히 당신 가족들이 당신의 재능을 높이 평가하고 있으며, 뒤에서 적극 후원하고 있다는 말을 당신에게 분명히 전달하지 못하고 있는지도 모른다. 그들은 당신이 가진 재능을 최대한 발전시키기를 원하지만 이런 생각을 말로 표현하는 데 어려움을 느끼고 있는지도 모른다. 그들이 당신의 실수를 지적했더라도 사실은 이렇게 말하고 있는 것이다. "다음에는 좀 더 잘 할 것이라고 믿는다. 너를 지켜보고 있단다. 그리고 정말 너에게 도움이 되고 싶구나."

우리는 때로 우리 자신의 가장 혹독한 비판자가 되며, 다른 사람의 칭찬은 무시한 채 비판에만 귀를 기울이곤 한다. 좋은 조언을 해주는 사람들의 칭찬과 건설적인 비판을 함께 들을 수 있도록 노력해야 한다. 지금 경험하고 있는 성공을 인정하고 그 성공을 토대로 삼기 시작하면 당신은 성공의 느낌을 삶의 다양한 측면에서 계속해서 만들어낼 수 있다는 사실을 깨닫게 될 것이다.

다른 사람이 당신에게 "잘했어"라고 말할 때마다 당신 자신에게 이렇게 말하라. "그래, 잘했어. 나는 이번 일에 성공한 거야." 자신의 능력을 인정하는 것이 자만심은 아니다. 특히 부모님과 선생님, 친구와 동료 등 주위 사람들의 도움과 가르침이 없었다면 결코 성공하지 못했을 것이라는 사실을 인정한다면 더욱 그렇다. 그들이 당신에게 "괜찮았지만 지금보다 더 잘할 수 있을 거야"라고 말한다면 당신에게 더 쏟아내야 할 것이 많다는 사실을 깨닫고, 그들의 조언을 열린 마음과 가슴으로 받아들이라. 최선을 다하겠다고 결심하라. 혜택을 얻는 사람은 다름아닌 당신이다.

성공의 열쇠

19세기 말 어느 영향력 있는 영국 하원의원이 중요한 연설을 하기 위해 스코틀랜드의 황량한 시골길을 비와 안개를 뚫고 지나가고 있었다. 목적지까지 몇 마일 남겨두고 마차가 길을 벗어나면서 바퀴가 진흙 속 깊이 빠져버렸다. 말과 마부가 바퀴를 빼내려고 애를 썼지만 마차는 꼼짝도 하지 않았다. 너무 중요한 연설이 기다리고 있었기 때문에 귀족 출신의 국회의원도 정장 차림으로 바퀴를 빼내는 데 거들었다. 그러나 아무 소용도 없었다. 마차는 전혀 움직이지 않았다.

말떼를 몰고 가던 스코틀랜드 시골 소년이 우연히 어찌할 바를 모른 채 허둥대고 있는 의원 옆을 지나갔다. 소년은 자진해서 마차를 꺼내는 것을 도와주겠다고 말했다. 많은 수고와 고생 끝에 가까스로 마차를 진흙에서 꺼낼 수 있었지만 소년은 마차를 진흙에서 끄집어내느라 옷이 더러워지고 일부는 찢어지기까지 했다. 의원은 소년에게 자신을 도와준 데다 옷까지 못 쓰게 되었으니 대가로 돈을 주겠다고 말했다. 그러나 소년은 단호하게 거절했다. 의원은 소년에게 자라서 무엇이 되고 싶으냐고 물었다.

"의사입니다, 선생님. 저는 의사가 되고 싶어요." 의원은 소년에게 강한 인상을 받은 데다 소년이 베푼 친절이 너무나 고마워 "내가 너를 돕고 싶구나"라고 말했다. 의원은 훗날 자신의 이 말을 지켰다. 의원은 소년이 대학에 다닐 수 있도록 지원했다.

이로부터 50여 년이 지난 후 윈스턴 처칠 영국 총리가 모로코에 머무는 동안 폐렴에 걸려 중태에 빠졌다. 그러나 그는 페니실린이라고 불리는 신약 덕분에 목숨을 구할 수 있었다. 페니실린은 몇 해 전 스코틀랜드 출신의 의사 알렉산더 플레밍이 발견한 신약이었다.

플레밍은 50여 년 전 스코틀랜드에서 비 오는 어두운 밤에 의원을 도와줬던 그 시골 소년이었다. 그렇다면 그 의원은 누구였을까? 윈스턴 처칠의 아버지 랜돌프 처칠이었다!

존 템플턴의 성공론
Worldwide Laws of Life

1판 1쇄 펴낸날 2006년 4월 20일
1판 3쇄 펴낸날 2008년 11월 20일

지은이 존 템플턴
옮긴이 권성희
펴낸이 서정예
표지디자인 디자인이유
펴낸곳 굿모닝북스

등록 제2002-27호
주소 경기도 고양시 일산구 일산동 576-9 동해빌딩 410호
전화 031-819-2569
FAX 031-819-2568
e-mail image84@dreamwiz.com

가격 9,800원
ISBN 89-91378-06-4 03320

*굿모닝북스를 통해 단체 주문하시면 할인해 드립니다.
**잘못된 책은 바꾸어 드립니다.